电学领域专利审查疑难案例评析

主　编：郭永菊
副主编：邹　斌
编　委：苏　丹　尹璐旻　田丽娜
审　校：李永红

知识产权出版社
全国百佳图书出版单位

图书在版编目（CIP）数据

电学领域专利审查疑难案例评析/郭永菊主编. —北京：知识产权出版社，2018.1
ISBN 978-7-5130-5324-2

Ⅰ.①电… Ⅱ.①郭… Ⅲ.①电学—专利权法—案例—中国 Ⅳ.①D923.425

中国版本图书馆 CIP 数据核字（2017）第 304570 号

内容提要

本书涉及半导体、元器件、电力、计算机四大技术领域，收录了电学领域在专利审查实践中发现的典型问题、疑难问题和争议问题，通过案情分析和技术分析、法条释义、审查规则适用标准等方面解读，给出案件指导意见和撰写及答复建议。

责任编辑：黄清明　李　瑾　　　　　　责任出版：孙婷婷

电学领域专利审查疑难案例评析
郭永菊　主编

出版发行：知识产权出版社有限责任公司	网　　址：http://www.ipph.cn
社　　址：北京市海淀区气象路 50 号院	邮　　编：100081
责编电话：010-82000860 转 8392	责编邮箱：lijin.cn@163.com
发行电话：010-82000860 转 8101/8102	发行传真：010-82000893/82005070/82000270
印　　刷：北京虎彩文化传播有限公司	经　　销：各大网上书店、新华书店及相关专业书店
开　　本：787mm×1092mm　1/16	印　　张：14.25
版　　次：2018 年 1 月第 1 版	印　　次：2018 年 1 月第 1 次印刷
字　　数：320 千字	定　　价：59.00 元
ISBN 978-7-5130-5324-2	

出版权专有　侵权必究
如有印装质量问题，本社负责调换。

序

生活在 21 世纪的人们可以切身体会到电学领域技术的迅猛发展带来的种种变化。例如，信息技术的发展不仅改变了我们的生产方式、生活方式，甚至改变了我们的交流方式与思维方式。与此同时，作为与技术息息相关的专利审查也不断面临新的挑战与难题。

在传统行业中人们似乎不难判定何为技术。然而，当计算机技术与商业方法相融而至，当数据处理技术依托数学算法相伴而生，当人机交互技术嵌入了用户体验的关注，当信息传输效率与人为制定的协议紧密相关，以往所惯用的技术划分不再显而易见。于是，专利保护客体的判断、创造性的判断就出现了疑问：什么是"技术特征"？"技术特征"在专利保护客体判断中究竟具有怎样的意义？在判断创造性时，又该如何考虑那些所谓的"非技术特征"？诸如此类的问题，不仅困扰着初入专利行业的代理人、审查员，也是许多资深的代理人、审查员争执不休的问题。

近年来，国家知识产权局为统一专利审查标准，建立了各领域业务指导体系。作为电学领域审查业务指导部门，电学发明审查部集部门之力，对来自电学领域的疑难案例进行研究并及时给出业务指导意见，为梳理相关领域的审查理论、统一相关领域的审查标准奠定了一定的基础。

本书对部分会审案例进行了编辑，按照法律难点进行归类并逐案进行了较为详细的评述，从案件的关键事实出发，基于相关法律依据的原理及规则进行了深入浅出的分析。希望可以给电学领域从事专利审查、专利代理工作的同人提供一定的借鉴。

电学领域技术发展要求我们不断深化该领域专利规则的理解。为此，期望读者对本书中存在的不足不吝赐教，使专利审查实践与技术发展同步而进，相得益彰。

李永红
2017 年 7 月

前　言

本书汇集了电学领域近年来在专利审查实践中发现的典型问题和争议问题，这些问题有的属于电学领域长期未能解决的疑难问题，有的属于新技术新业态下出现的新问题。全书共分为五章，涉及半导体、元器件、电力、计算机四个技术领域，以实际案例为依托，按照法条梳理各种典型情形，对于厘清法律概念、阐明审查规则、指导专利申请和审查实践具有较强的时效性和实用性。

第一章涉及客体判断，主要介绍计算机领域专利保护客体判断中遇到的各种疑难问题，分别针对涉及商业方法、算法、模型/建模、阈值范围、仪器和设备操作说明以及疾病诊断和治疗的不同情形，阐述《专利法》第二十五条和第二条第二款的适用标准。第二章涉及创造性评判，这部分内容是专利审查中遇到争议最多的问题，本章分别从对比文件的事实认定、材料的技术效果认定、技术启示、超长权利要求的创造性评判、区别在于人为制定的规则、区别在于治疗方法以及多个区别的整体考量等多个角度，对电学领域创造性评判中涉及的各种争议问题进行了详细剖析。第三章涉及说明书充分公开，分别从无法解决技术问题、缺乏实验证据、明显笔误以及技术手段含糊不清等四个方面介绍了如何判断说明书是否满足《专利法》第二十六条第三款的规定。第四章涉及实用性判断，从违背自然规律、无积极效果和涉及独一无二的自然条件三个方面阐述了实用性判断的难点问题。第五章涉及其他法律及程序问题，主要包括权利要求应当清楚、涉及《专利法》第五条的问题以及驳回时机相关问题，其中权利要求清楚的问题以及驳回时机的问题是专利审查中经常遇到的难点问题，而《专利法》第五条的相关问题在专利审查中比较少见，但一旦涉及，就将成为难点问题。

各章的编者如下：

第一章由苏丹和田丽娜编写，第二章和第四章由尹璐旻和田丽娜编写，第三章和第五章由苏丹、尹璐旻和田丽娜编写。

本书统稿人员为郭永菊和邹斌。

本书编写过程中采用的案例主要来源于电学发明审查部业务指导组指导的案例，在此对参与过这些案例研讨和指导的所有人员表示衷心感谢！

目 录

第一章 客体判断 …………………………………………………………… (1)

第一节 涉及商业方法的客体判断 ………………………………………… (1)

案例1：一种室内地图要素分类编码的方法 …………………………… (2)

案例2：一种数据一致性保护方法 ……………………………………… (7)

案例3：一种绩效考核方法 ……………………………………………… (11)

案例4：一种多规则调度方法 …………………………………………… (17)

第二节 涉及算法的客体判断 ……………………………………………… (23)

案例5：一种优化遗传算法进化质量的方法 …………………………… (23)

案例6：一种克服遗传算法过早收敛的方法 …………………………… (25)

案例7：一种人体健康数据分析方法 …………………………………… (29)

案例8：一种变参数迭代估计方法 ……………………………………… (32)

案例9：一种聚类方法和系统 …………………………………………… (35)

案例10：一种有价物品的防伪技术 ……………………………………… (39)

第三节 涉及模型/建模的客体判断 ………………………………………… (41)

案例11：一种软件可靠性增长模型 ……………………………………… (42)

案例12：一种误差建模方法 ……………………………………………… (45)

案例13：一种生物质炉燃烧优化建模方法 ……………………………… (50)

第四节 涉及阈值范围的客体判断 ………………………………………… (54)

案例14：一种气体传感器的检测方法 …………………………………… (55)

案例15：一种钢筋锈蚀状况的测评方法 ………………………………… (57)

案例16：一种数据质量检测方法 ………………………………………… (61)

· 1 ·

第五节 涉及仪器和设备操作说明的客体判断 ·········· (64)
  案例17：环宇微盘的使用方法 ·········· (64)

第六节 涉及疾病诊断和治疗的客体判断 ·········· (67)
  案例18：一种用于分析病理变化的医学成像系统 ·········· (68)
  案例19：一种分割乳腺病灶的方法 ·········· (71)

第二章　创造性评判 ·········· (75)

第一节 对比文件的事实认定 ·········· (75)
  案例1：一种晶片承载装置 ·········· (75)

第二节 材料的技术效果认定 ·········· (80)
  案例2：一种耐高温复合磁性材料 ·········· (80)
  案例3：一种复合的导电银浆 ·········· (83)

第三节 技术启示 ·········· (88)
  案例4：一种用于锂电池的电解质溶液 ·········· (88)
  案例5：一种换肤方法 ·········· (91)

第四节 超长权利要求的创造性评判 ·········· (96)
  案例6：一种LED太阳能路灯装置 ·········· (96)
  案例7：一种通信电源模块的过热保护电路 ·········· (106)
  案例8：一种银行卡空中充值的方法 ·········· (114)

第五节 区别在于人为制定的规则 ·········· (122)
  案例9：一种信息处理设备 ·········· (122)
  案例10：一种左右记账处理方法 ·········· (127)

第六节 区别在于治疗方法 ·········· (133)
  案例11：一种治疗心理疾病和矫正人格的装置 ·········· (134)

第七节 多个区别的整体考量 ·········· (139)
  案例12：一种呈现共享在线空间成员的方法 ·········· (139)

第三章　说明书充分公开 ·········· (145)

第一节 无法解决技术问题 ·········· (145)
  案例1：一种翻转式磁能电池 ·········· (145)

第二节　缺乏实验证据 ··· (148)
    案例2：一种应急照明装置 ·· (149)
  第三节　明显笔误 ·· (152)
    案例3：一种CMOS传感图像可视度增强方法 ···························· (152)
    案例4：一种基于模数转换的数据采集系统 ······························ (158)
  第四节　技术手段含混不清 ·· (162)
    案例5：一种仿脑计算虚拟化的方法 ···································· (162)
    案例6：一种基于边际成本的微网逆变器改进下垂控制方法 ················ (169)

第四章　实用性 ·· (173)
  第一节　违背自然规律 ·· (173)
    案例1：一种磁悬浮磁能动力机 ·· (173)
    案例2：一种由多个电源单体构成的电池组 ······························ (178)
    案例3：一种多相氢-催化剂动力系统 ··································· (182)
  第二节　无积极效果 ·· (184)
    案例4：一种发电装置 ··· (185)
  第三节　涉及独一无二的自然条件 ·· (189)
    案例5：一种湿地生态系统健康综合评价方法 ···························· (189)

第五章　其他法律及程序问题 ·· (195)
  第一节　权利要求应当清楚 ·· (195)
    案例1：一种计算机领域的计算公式检测方法 ···························· (195)
    案例2：一种浇铸过程的优化预测方法 ·································· (200)
  第二节　《专利法》第五条相关问题 ······································ (204)
    案例3：一种电能币使用方法 ·· (204)
    案例4：一种具有电击功能的监狱管理用腕带式标签 ······················ (207)
  第三节　修改超范围 ·· (210)
    案例5：一种多通道心电波形绘制自动调整基线输出位置的方法 ············ (211)
  第四节　驳回时机 ·· (216)
    案例6：一种电容式触摸屏导电线路制作方法 ···························· (216)

第一章　客体判断

发明专利申请的保护客体判断是审查实践中长期以来的难点问题，从《专利法》不予保护的情形来区分，一种情形是主题本身就不属于《专利法》所规定的发明创造的范畴而不能被授予专利权，例如，科学发现，智力活动的规则和方法，声、光、电、磁信号等，这种情形适用于《专利法》第二十五条第一款第一、二项或《专利法》第二条第二款；另一种情形则涉及主题虽然属于发明创造的范畴，但是出于人道主义的考虑和社会伦理的原因、国家重大利益等因素，不宜给予保护或者不宜以专利方式予以保护，例如疾病的诊断和治疗方法、动植物新品种等，这类情形由《专利法》第二十五条第一款第三～六项予以排除。

本章前五节重点关注《专利法》不予保护的第一种情形，分别针对涉及商业方法、涉及算法、涉及模型/建模、涉及阈值范围、涉及仪器和设备操作说明的五种典型问题，结合具体案例，探讨《专利法》第二十五条第一款以及《专利法》第二条第二款的审查思路和适用标准。第六节则聚焦于不宜或者不予保护的情形，着重探讨涉及疾病诊断和治疗相关专利申请的审查思路。

第一节　涉及商业方法的客体判断

近年来，商业模式创新成为热议话题，而互联网经济下的商业模式创新孕育出大量商业方法相关的发明专利申请，当然，商业方法相关申请的范畴并不仅限于商业经营。所谓"商业方法"，是指实现各种商业活动和事务活动的方法，除商业经营方法外还包括行政管理、事务安排等相关领域管理方法。第 8 版国际专利分类中，G06Q 小类将其定义为"专门适用于行政、商业、金融、管理、监督或预测目的的处理系统或方法"。

2017 年 4 月 1 日起实施的修改后的《专利审查指南 2010》（以下简称为《审查指南》）第二部分第一章第 4.2 节"智力活动的规则和方法"（2）中增加了以下内容："涉及商业模式（或方法）的权利要求，如果既包含商业规则和方法的内容，又包含技术特征，则不应当依据《专利法》第二十五条排除其获得专利权的可能性。"

这部分修改内容向社会公众进一步明确：利用计算机和/或网络技术实现的，涉及

电学领域专利审查疑难案例评析

金融、保险、证券、租赁、拍卖、投资、营销、广告、经营管理等商业内容的发明专利申请，如果其权利要求含有技术特征，不排除其获得专利权的可能性。"不排除专利权的可能性"是否等同于不存在保护客体问题？不属于智力活动规则是否即为技术方案，因而无须根据《专利法》第二条第二款进行进一步的审查？本节通过多个案例来解答上述问题，阐述涉商领域专利申请的客体判断标准。

案例1：一种室内地图要素分类编码的方法

（一）案情说明

该案涉及一种用于地图导航的室内地图要素分类编码的方法，对各种地图要素进行分类和编码，利于室内室外地图导航一体化。

1. 说明书相关内容

电子导航系统主要依靠卫星定位，在汽车导航、民用建设、军事应用上都获得极大的成功，但是室内导航系统仍然不够成熟。除了卫星定位技术受室内信号衰减的影响外，室内导航地图不够成熟也是其中一个重要原因。

室外导航有较为成熟的各类地图及相关要素分类编码标准作为支撑，而室内导航中采用平面示意图作为其地图基础。平面示意图通常是固定于建筑物内部墙面等处的实物图形，面向出入该场所的各类人群并尽可能顾及不同方面的需求，其制作方法依据GB/T 20501.3—2006《公共信息导向系统要素的设计原则与要求 第3部分：平面示意图和信息板》。室内平面示意图未进行明确的数据分类分层，而各数据层是位置服务中空间查询及路径分析的必备基础，未进行合理数据分类分层的平面示意图仅起到图形展示的功能，而无法提供进一步数据组织管理及更新、空间查询以及路径分析等功能。此外，各种地理要素分类与编码标准、各类地图POI分类编码标准的分类编码方法及粒度不适用于室内导航的深度属性信息融合、精细模型构建全息位置信息查询与分析等需要。把已有的地理要素分类与编码标准用于室内导航地图要素则缺乏精确性与科学性。因此，明确室内地图数据分类编码方法的工作具有重要意义。

在室内地图导航和要素分类与编码领域，目前已有的专利申请大多涉及室内地图定位和制作的技术，未涉及室内地图要素的分类编码。室内地图要素的分类编码，目前国内尚没有相应的研究成果，国外已有部分文献进行了研究，例如《Special Issue Semantic Perception, Mapping and Exploration》《A detailed analysis of a new 3D spatial feature vector for indoor scene classification》《Smart Lightweight Indoor Maps》等，然而上述文献仅探讨了室内地图要素分类编码的若干原则，并未对其具体的分类编码的方法和流程做研究。

该案提供一种室内地图要素分类编码的方法，采用的室内数据分类和编码的方法，适用于各类室内环境（如商场、机场、大厦等）中对采集的地图要素进行分类和编码。

对室内地图数据进行分类时,采用线性分类方法,将制图数据分为13大类要素;每一大类进一步划分为中类,中类进一步划分为小类;对室内地图要素进行编码时,每一类要素都采用6位十进制数字编码,编码的依据是2位大类编码+2位中类编码+2位小类编码,如果没有小类要素,编码后两位就用两个0代替。部分编码规则见表1-1。

表1-1 室内地图要素编码规则示例

大类	中类代码	中类	小类代码	小类	类型代码
01 公共卫生	01	卫生间/洗手间	01	公共卫生间	010101
			02	员工卫生间	010102
			03	无障碍洗手间	010103
	02	卫生间附属设施	01	洗手池	010201
			02	母婴护理台	010202
			03	烘手器	010203
			04	水池	010204
	03	化妆室			010300
	04	沐浴室/淋浴间			010400
	05	洗漱间			010500
	06	消毒室			010600
	07	吸烟室			010700
	08	垃圾桶			010800
	99	其他相关			019900
02 公告信息	01	公告栏/信息板			020100
	02	指示牌/引导牌	01	消防指示牌	020201
			02	交通指示牌	020202
			03	便民指示牌	020203
	03	警告/示牌			020300
	04	广告牌			020400
	99	其他相关			029900

续表

大类	中类代码	中类	小类代码	小类	类型代码
03 连接类	01	直达电梯	01	乘客电梯	030101
			02	载货电梯	030102
			03	医用电梯	030103
			04	杂物电梯	030104
			05	观光电梯	030105
			06	车辆电梯	030106
			07	建筑施工电梯	030107
			08	无障碍电梯	030108
			09	其他类型电梯	030109
	02	自动扶梯	01	向上自动扶梯	030201
			02	向下自动扶梯	030202
	03	自动人行道			030300
	04	步行楼梯	01	主要楼梯	030401
			02	辅助楼梯	030402
	05	走廊	01	走廊/走道	030501
			02	空中走廊	030502
	06	出口			030600
	07	入口			030700
	08	出入口			030800
	99	其他相关			039900

该编码体系依照了相关国家标准、行业规定，遵循了一定的规则和结构，便于指导数据的生产，也保证了编码体系有利于编辑、存储、识别等。该编码方法便于室内地图数据的组织、建库及管理，有利于室内地图数据的集成分析与共享利用，服务于室内导航，便于室内外导航一体化。

2. 权利要求请求保护的方案

该案的独立权利要求如下：

权利要求1. 一种室内地图要素分类编码方法，其特征在于，包括以下步骤：

步骤1：根据室内地图要素的属性或特征，将室内地图要素分为13大类，然后每一大类分成若干中类，每一中类分成若干小类；

步骤2：采用6位十进制数字编码对分类后的要素建立编码体系，分别给每个大类、中类和小类各赋2位十进制数字编码，并按顺序排列大类数字编码、中类数字编码、小类数字编码；

步骤3：综合要素所在的大类、中类和小类，确定每个要素的类型代码值。

其中，步骤1所述的13大类要素分别是：公共卫生、公告信息、连接类、通行类、交通类、金融服务类、邮政通信类、消防安全类、餐饮类、购物类、便民设施、功能区域、建筑构件类；步骤2中所述的分别给每个大类、中类和小类各赋2位十进制数字编码，如果没有小类要素，则小类数字编码用两个0代替。

（二）争议焦点

该案请求保护的方案是否仅是一种人为规定的分类规则，属于智力活动的规则和方法？

观点1：该分类编码方法仅是对一些常见且已经归类的地图要素进行描述，其实质是一种单纯的分类规则，属于《专利法》第二十五条第一款规定的智力活动的规则和方法。

观点2：该案主题为一种室内地图要素分类编码方法，根据室内地图要素的属性或特征，分为13大类，并对不同的类进行编码，从而确定每个要素的类型代码值，解决了室内地图数据的组织、建库及管理方面的技术问题，建立了一种编码体系，采用了包含"数据编码"这一技术特征的技术手段，不是单纯的分类规则，属于专利保护的客体。

（三）指导意见

地图编码是将已经划分的地图区域按照比例尺大小和所在位置的要素，用文字符号和数字符号进行编号。常见的地图编码方法包括自然序数编号法、行列式编号法、行列－自然序数编号法。随着电子地图和导航技术的普及，电子地图的编码规则逐步形成行业规范，并进一步形成一系列国家标准。无论室外地图还是室内地图的编码规则，都涉及对不同层次的地图要素以一定的规则进行文字、字母或者数字形式的编号。

该案提出一种对室内地图要素进行编码的方法，权利要求请求保护的方法包括三个步骤，即将室内地图要素划分为13个大类以及下属的中类和小类，对分类要素进行编码，综合所属的类别来确定要素代码值。可见，执行上述方法步骤仅是按照一种人为定义的分类规则对室内地图要素进行类别划分，并分别赋予2位十进制数字编码的过程，其方案的实质是一种人为规定的地图编码的编排规则。《审查指南2010》第二部分第一章第4.2节列举了属于"智力活动的规则和方法"的若干情况，其中包括图书分类规则、字典的编排方法、情报检索的方法、专利分类法等，该案请求保护的地图要素编码方法与上述列举的情形类似，也是一种人为规定的编排方法，属于智力活动的规则和方法。

至于观点2提及权利要求中限定了"编码体系"相关特征是否属于技术特征的问

题，可类比汉字编码规则的相关审查标准。审查实践中，通常认为单纯的汉字编码方法属于智力活动的规则和方法，但是将汉字编码方法与特定的键盘（如计算机键盘）相结合而构成汉字输入方法则属于专利保护客体，两者的分界线在于请求保护的方案是否限定了编码码元（如汉字输入法所涉及的字根、笔画、部首、字形结构，或者声母、韵母、音调等）与用于进行汉字输入所使用的特定键盘上键位之间的映射关系以及输入汉字的步骤。可见，单纯的汉字编码规则仅是人为定义的、用于汉字输入的规则，只有当其与特定键盘的键位产生映射关系，并根据相应的输入步骤激发计算机设备执行一系列电处理过程以实现汉字输入功能时，才符合《专利法》第二条第二款关于技术方案的规定。与之类似，单纯的分类编码规则仅是一种人为规定的分类规则，虽然说明书记载该室内地图要素的编码规则适用于地图导航，但是从权利要求的撰写来看，其请求保护的方案没有体现出与导航技术的结合，更未体现出该编码规则如何应用于导航技术中，方案整体上并未体现出《专利法》意义上的"技术性"，因而不属于专利保护的客体。

此外，观点2还提及该方案构造的编码体系能够解决室内地图数据的组织、建库及管理方面的技术问题。然而，权利要求记载的方案中并未体现出这种地图要素编码规则与计算机技术，尤其是与数据库技术的结合。例如，采用何种存储设备和存储结构来实现编码数据的存储，采用何种索引结构来组织大类、中类、小类的类别关系，采用何种查询及关联手段来实现字段提取等。也就是说，从整体上看，该解决方案仅是人为定义的数据条目的编排规则及表达形式，编码体系并没有映射为数据库中的数据结构及其相关操作以构成数据库相关的技术手段，因而，权利要求1请求保护的方案没有体现出编码体系与计算机技术的结合，即方案没有体现出利用数据库技术解决室内导航地图数据管理中的技术问题，仅是一种智力活动的规则和方法。

（四）案例启示

传统的纸质地图发展为电子地图，基于电子地图开发的各类导航软件，这其中显然包含了大量的技术创新点。但是对于电子地图而言，哪些内容适合以专利的形式保护，哪些内容适合以其他的知识产权形式保护，是需要区别对待的。

该案提出的地图要素编码方法，方案涉及地图要素的选择、分类、编排与呈现，就其表现形式而言是一种信息的编排或者编码方式，侧重于信息的组织和表达形式，由于《专利法》保护的是创新方案背后的技术思想而不是表达形式，因此，类似该案的这类信息编码规则更适于采用版权的形式寻求保护。

此外，该案的说明书还提及某些关于室内地图定位和制作的专利申请，正是由于这些申请请求保护的方案侧重于如何以技术手段获取、组织、存储、管理和呈现地图要素相关的数据或信息，方案侧重于利用计算机技术处理数据和信息，而并非仅是"编码方案"本身，通常来说，这类方案符合《专利法》关于技术方案的定义，因而适于采用专利的形式寻求保护。

案例 2：一种数据一致性保护方法

（一）案情说明

该案涉及一种信息数据传输领域的数据一致性保护方法，基于时间戳对多个指数行情计算服务器中的股票行情数据进行一致性处理，保证系统发布的指数行情唯一并且正确。

1. 说明书相关内容

股票行情是指证券交易所上市的每只股票在特定时间的价格、成交量和成交金额等关于个股的信息。而指数行情是指数所包含的所有股票的一个加权值，一只指数的行情会由若干个股票的行情计算获得，因此，一只指数一般对应多只股票，指数行情包括当前指数值、开盘指数值、收盘指数值、当天历史最大值、当天历史最小值等信息。

现有指数行情计算系统的功能是：周期性地接收股票行情，通过计算得到指数行情，并向下游市场对外发布。为了安全和可用性考虑，证券指数行情的计算是由主从两台服务器同时运作，由于股票在任何时刻都可能成交，所以行情是随时间不断变化的量，是连续的。而指数行情是每秒向市场发布一次，是离散的。同时，指数计算系统会从多个源头获取股票行情数据，所以两台指数计算系统会获取到连续时间轴上不同时刻的股票行情数据，以不同的价格进行计算，就会得出不同的指数行情（见图1—1）。

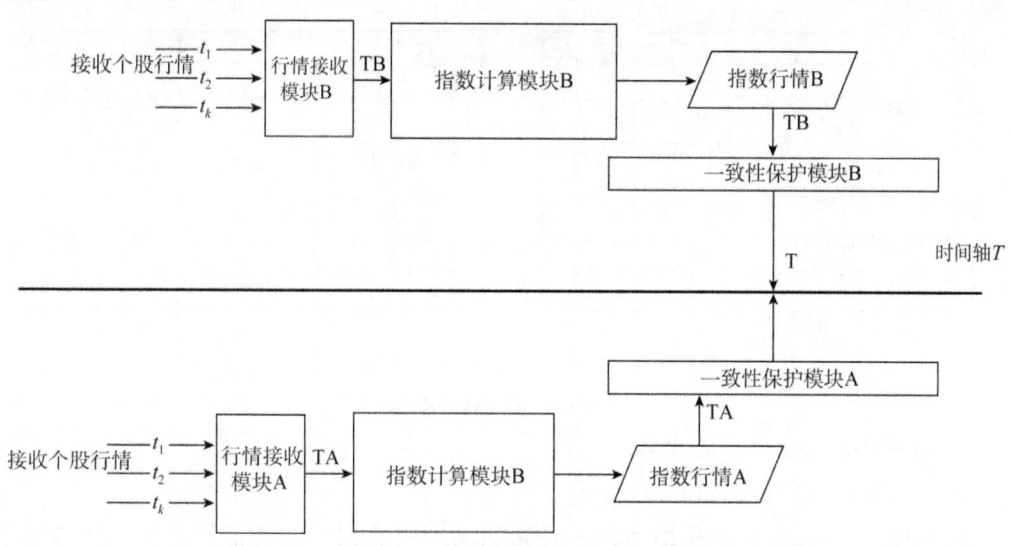

图1—1 股票指数计算的时间轴视图

由于在进行一只指数计算的时候，其来源的多只股票的成交时间不可能相同，而计算出的指数值只有一个，被赋予的时间也只能有一个，被称作这个时间点的指数值。所以这就存在由多个连续的时间向一只指数的离散时间的转换问题。两台主机独立地

电学领域专利审查疑难案例评析

进行转换操作,如果没有指数行情的一致性保护机制,两台指数行情计算服务器独立地向下游发布各自的计算结果。那么独立发布的两路指数行情,有可能存在先发布的指数行情时间戳却大于后发布的行情时间戳,或者先发布的指数行情的成交量大于后发布的指数行情的成交量,或者先发布的指数行情的最大值却小于后发布的指数行情的最大值等情况,这些都是违反实际情况的,对于目前市场上交易者参考指数结果进行交易会造成很大的危害,甚至对算法交易一类交易机制造成毁灭性的打击,不够安全可靠,造成的后果严重、社会影响恶劣。

为了解决现有技术中的不足和缺陷,针对指数计算系统的双主机双源头获取数据并行计算指数行情的特点,提供一种安全可靠,并保证发布信息唯一、准确的基于时间轴的行情数据一致性保护方法和系统(见图1—2),A系统接收到的若干只股票行情其时间分别为 t_1, t_2, …, t_k,根据这样的数据源计算出的指数行情时间为 Ta,$Ta=h(t_1, t_2, …, t_k)$,B系统也会根据接收到的股票行情的时间计算出指数行情的时间 Tb,两者在向下游进行发布的时候,通过各自的一致性保护模块进行交互,使得输出的指数行情结果一致,并映射在时间轴上的同样位置 T,该一致性保护模块由行情交互模块、结果对比模块和映射模块构成。通过两个系统中各自包含的一致性保护模块进行交互,能够保证发布的指数行情唯一并且正确,给下游交易者提供一个稳定可靠的交易参考环境。

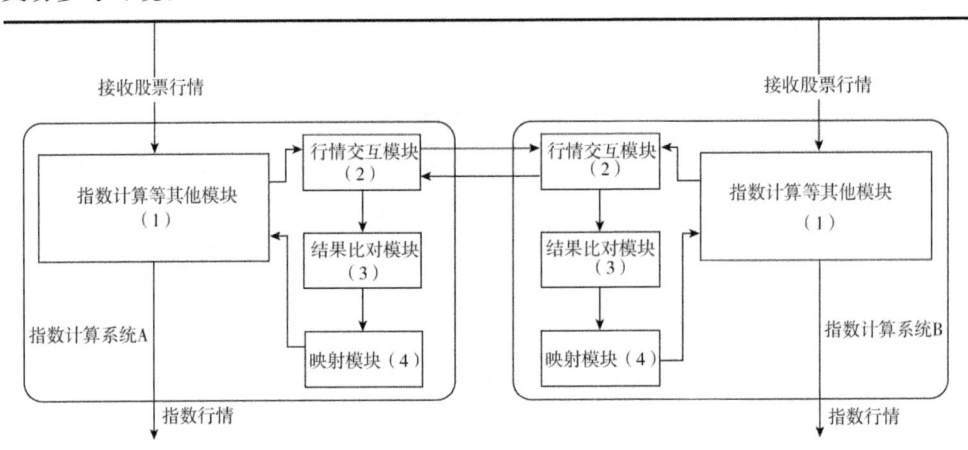

图1—2 系统结构框图

2. 权利要求请求保护的方案

该案的独立权利要求如下。

权利要求1. 一种数据传输中基于时间轴的行情数据一致性保护方法,其特征在于,A系统接收到的若干只股票行情其时间分别为 t_1, t_2, …, t_k,根据这样的数据源计算出的指数行情时间为 Ta,$Ta=h(t_1, t_2, …, t_k)$,B系统也会根据接收到的股票行情的时间计算出指数行情的时间 Tb,两者在向下游进行发布的时候,通过各自的一致性保护模块进行交互,使得输出的指数行情结果一致,并映射在时间轴上的同样位置 T，所述的一致性保护模块由行情交互模块、结果对比模块和映射模块构成，操作方法为：

a) 指数计算主系统计算出指数行情之后，向一致性保护模块 M 发送启动消息；

b) 一致性保护模块 M 收到指数计算主系统发送的消息之后，开始启动，此时 MA 和 MB 都获取到了本机的计算结果 $I(Ta)$、$v(a)$ 和 $I(Tb)$、$v(b)$；

c) 行情交互模块与另一台服务器进行交互，接收另一台指数计算服务器的计算结果，同时发送本地的指数行情结果；实现 MA 和 MB 两个模块的数据交换功能，本步骤的结果是 MA 和 MB 都会获得 $I(Ta)$、$v(a)$ 和 $I(Tb)$、$v(b)$；对应于指数行情一致性保护模块的运行步骤中横线 A－B 之间的流程步骤，由行情交互模块完成；

d) 结果对比模块按照指数行情的对比准则进行指数行情比对；根据两个计算结果的各个参数进行比较，如果有不同，则需要同步；对应于指数行情一致性保护模块的运行步骤中横线 B－C 之间的步骤，由指数行情比对模块完成；

e) 映射模块根据比对的结果进行指数行情映射，根据两个不同 $v(a)$ 和 $v(b)$ 选取 $I(Ta)$ 和 $I(Tb)$ 得到一致的结果 $I(T)$ 的过程；从而映射到时间轴上统一的一个时间点，结束后通知指数计算系统向外发布；

f) 指数计算系统将此回合映射后的指数行情发送到市场，进行下一回合的运算；

指数行情时间点的确定是将映射到时间轴上很多不同的点的股票行情，确定映射到一个点的指数行情的过程；而一致性保护模块的工作任务是将两个映射在时间轴上不同的指数行情数据，按照一定的规则进行合并，变为映射到时间轴上相同的数据，向市场发布。

（二）争议焦点

权利要求 1 请求保护的方案是否具备技术三要素，是否属于《专利法》意义上的技术方案？

观点 1：该方案虽然包括服务器、计算系统、发送/接收消息等技术特征，但是其应用于股票行情的指数计算，解决的是商业领域的问题而非技术问题，获得的是保障股票交易安全可靠的效果而非技术效果，因而请求保护的方案不属于技术方案。

观点 2：该方案虽然应用于商业领域，具体应用于股票交易中的指数行情计算，但是该方案实际要解决的问题是多数据源环境中主/从服务器并行计算导致数据计算结果不一致的问题，该问题属于技术问题；其采用了相应的技术手段，获得了主/从服务器发布数据准确、一致的技术效果，因而构成了技术方案。

（三）指导意见

对于该案而言，其应用环境是股票行情指数计算，从其应用领域来看是一种典型的商业方法相关发明。那么，应用于商业领域的解决方案是否一定不属于技术方案呢？新修改并于 2017 年 4 月 1 日实施的《审查指南》在第二部分第一章第 4.2 节中增加了以下规定："智力活动的规则和方法"（2）中增加："【例如】涉及商业模式（或方法）

的权利要求，如果既包含商业规则和方法的内容，又包含技术特征，则不应当依据《专利法》第二十五条排除其获得专利权的可能性。"由此可见，应用领域并非检验权利要求请求保护方案是否符合专利保护客体的唯一标准，对于具备"技术特征"的方案而言，应当从解决的问题、采用的手段、获得的效果是否具备"技术性"进行整体考量。

结合该案的说明书相关记载可知，该数据一致性保护方法所基于的硬件环境是分布式系统中多台执行并行计算的服务器。在并行计算系统或者并行数据库环境中，由于数据来自不同的数据源并且分散存储在不同的节点上，因此涉及不同节点之间的数据同步问题，即对于不同节点上的数据如何区分它们的时间顺序和版本信息。时间戳策略是一种广泛应用的解决方案，例如，对系统中的每一组数据附加一个时间标记，不同节点在获取不同组的数据并对其进行计算、处理或存储时，可依据时间标记来判断数据的时效和版本。在不同的业务系统中，时间戳策略具有多种不同的具体应用，然而，各种解决方案要解决的根本问题都是为了保证分布式系统中的数据一致性问题。

具体到该案，其声称解决的问题是提供安全可靠、快速稳定、保证发布信息唯一性、准确性的数据传输中的数据一致性问题，虽然该方案的处理对象是商业领域的股票指数行情数据，但从方案实质来看，其解决的根本问题在于分布式环境中多个并行服务器之间的数据一致性问题，该问题属于技术问题。

其次，从该方案采用的手段来看，该数据一致性保护方法运行在由A系统（即用于指数计算的主服务器）和B系统（即用于指数计算的另一个服务器）构成的分布式并行环境中，系统中各个功能模块相互配合实现数据的获取、计算、对比、映射以及各种消息的发送和接收，可见，该方案基于并行服务器和网络通信架构，采用时间戳策略，通过多个软件模块之间的交互来解决数据一致性问题，整体方案采用了技术手段，获得了保证数据一致性的技术效果，具备技术三要素，属于专利法意义上的技术方案，不能仅因为其涉及的数据对象是股票行情数据，应用领域属于商业领域就直接否定其可专利性。

（四）案例启示

本次审查指南修改进一步明确了涉及"商业模式/商业方法"的相关专利申请，不会仅因为方案被应用于商业领域而非传统的工业领域就直接被排除在《专利法》保护范围之外，所形成的解决方案是否符合《专利法》对于保护客体的要求仍然要从方案整体上是否具备"技术三要素"来客观评判。

从申请文件的撰写来看，说明书对于整体方案的描述不能仅从商业运营规则或者商业运作需求的角度进行描述，而应当体现出如何基于计算机、网络通信、物联网等底层支撑技术构建特定的业务系统，或者体现出在商业应用环境中如何对硬件或者软件作出具体改进以解决特定业务问题。当然，这里所说的业务问题应当是技术层面的问题（例如，该案要解决的是股票指数计算系统中的数据一致性问题），而非商业运营层面的问题（例如，如何进行股票交易以赢利的问题）。权利要求的撰写，一方面要避免写入不必要的非技术特征，另一方面，权利要求的主题名称与限定特征均应当体现出方案的技术性，围绕方案解决的技术问题来描述所采用的技术手段，例如，系统架构、数据获取、处理逻辑、验证手段等。

案例3：一种绩效考核方法

（一）案情说明

该案涉及一种基于在线学习全过程的绩效考核的方法，通过对在线学习过程中的网上学习时间、参与课堂讨论、作业抄袭及自测考试四方面要素分别进行学习绩效评分后，加权计算在线学习全过程的学习绩效。

1. 说明书相关内容

在线教育的一个重要环节是对学生的在线学习情况进行考核，传统教育一般通过考试成绩来决定学生的学习绩效，然而，这种考核方式忽略了学习过程，而学习过程的记录和追踪正是在线教育非常重要的一个优势。如何对在线学习进行绩效考核，帮助系统设计者及教师更好地分析学生在线学习全过程中的学习情况，对学习者在线学习的全过程进行全面考核是一个需要解决的问题。

该案针对在线教育日益发展的现状，以及传统的学习绩效考核方法相对于在线教育的缺点，提出了一种基于在线学习全过程的学习绩效考核方法和系统（见图1-3）。该方法针对在线学习者学习的全过程，包括网上学习时间、参与课堂讨论、作业抄袭及自测考试四方面要素，每方面分别用不同的方法进行绩效计算，然后通过线性回归模型对系统运行过程中产生的数据进行训练得到每一部分所占的权重，进而用这四部分的加权值对系统中学习者进行全过程学习绩效考核。

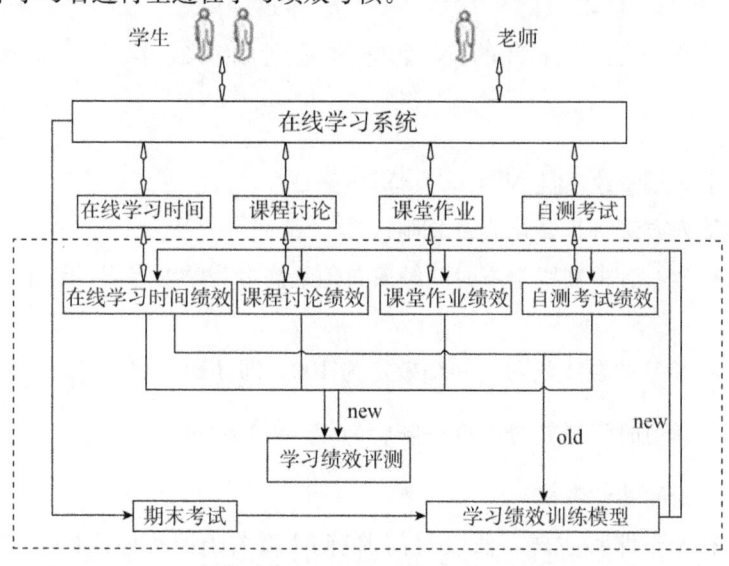

图1-3 在线学习考核系统框图

电学领域专利审查疑难案例评析

与现有考核方法相比,该学习绩效考核方法能够带来以下有益效果:(1)针对在线教育全过程中学习的参与情况来总体考核学习者的学习绩效,能更真实、全面地体现在线教育全过程中学习者所获得的学习绩效;(2)绩效指标权重的训练方法采用机器学习中的线性回归方法,该方法不用人工设置权重,只需要用系统运行过程中产生的数据进行训练即可得到指标权重,最后将训练得到的权重用于评估学习者的整体学习绩效,能够真实、客观地体现出学习者的学习绩效。

2. 权利要求请求保护的方案

该案的独立权利要求如下:

权利要求1. 一种基于在线学习全过程的绩效考核的方法,其特征在于:该方法包括对在线学习时间、课程讨论、课堂作业和自测考试四个部分的绩效考核;各部分的具体考核方法分别是:

(1)在线学习时间的绩效考核

假设学习者A共有N个资源,当$N=0$时,他的在线学习时间绩效为0;当$N \geqslant 1$时,设每个资源的预学习时间分别为$S_1, S_2, \cdots, S_N$,学习者A对这些资源的实际学习时长分别为$T_1, T_2, \cdots, T_N$,则A的在线学习时间绩效T的计算方法为:

1) A的平均在线学习时长为:$\overline{T} = \dfrac{\dfrac{T_1}{S_1} + \dfrac{T_2}{S_2} + \cdots + \dfrac{T_N}{S_N}}{N} = \dfrac{\sum\limits_{i=0}^{N} \dfrac{T_i}{S_i}}{N}$;

2) A学习第i个资源与平均值的偏差为:$b_i = \dfrac{\dfrac{T_i}{S_i} - \overline{T}}{\overline{T}}$;

3) A学习第i个资源的学习绩效为:$e_i = \dfrac{1}{b_i^2 + 1}$;

4) A通过学习自己拥有的N个资源得到的在线学习时间绩效总值为:$e_A = \sum\limits_{i=0}^{N} e_i$;

其中,N和i是整数,且$N \geqslant 0$,且$N \geqslant i \geqslant 1$;

然后通过下列方法将其转化成百分制:

①假设所有学习者中在线学习时间绩效总值最高者为学习者B,其在线学习时间绩效总值为e_B;

②将该学习者B的在线学习时间绩效定为100,即$TB=100$;

③A的在线学习时间绩效转成百分制后为$T_A = \dfrac{e_A}{e_B} \times 100$;

(2)课程讨论的绩效考核

每门课都有若干课程主题,假设每门课有M篇关于课程介绍的小文章,分别为$C_1, C_2, \cdots, C_M$,M是整数且$M \geqslant 1$;某学习者A该课程共发表N篇博文,N是整数

且 $N \geq 0$；当 $N=0$ 时，他的课程讨论绩效为 0；当 $N \geq 1$ 时，设 N 篇博文分别是 B_1，B_2，$\cdots$，B_N，则学习者 A 的课程讨论绩效的计算方法如下：

1) 将 M 篇课程介绍文章及 N 篇博文进行分词，即将一篇文章分割成一个一个的词，这样一篇文章就变成了大量词语的列表；然后去除停用词，停用词是指常用的没有实际含义的功能词；

2) 将所有分词结果排序整理成词汇列表，假设共有 W 个词，W 是整数且 $W \geq 1$；

3) 由 M 篇文章及 N 篇博文的分词结果，分别根据它们在词汇列表中出现的顺序及次数写成向量的形式，共有 $M+N$ 个向量，且每个向量都有 W 个元素，若词汇列表中第 w 个元素在某个文章或博文中的词汇中出现过 m 次，则该文章或博文所表示的向量的第 w 个元素为 m；$w=1,2,\cdots,W$，m 是整数且 $m \geq 0$；

4) 分别计算该学习者 A 的 N 篇博文与第 i（$i=1,2,\cdots,M$）个文章的相似程度，通过计算它们词汇向量的余弦相似度实现，公式为：

$$\text{sim}(x,y) = \frac{\vec{x} \cdot \vec{y}}{||x|| \cdot ||y||}$$

其中 x，y 是两个元素个数相等的向量，通过该公式可知第 j（$j=1,2,\cdots,N$）篇博文与第 i 篇文章的相似度为它们各自的词汇向量之间余弦相似度，即 $\text{sim}(j,i)$，则所有 N 篇博文的总相似度为 $\sum_{i=0}^{M}\sum_{j=0}^{N} \text{sim}(j,i)$，记为 b_i；

5) 计算学习者 A 的 N 篇博文与 M 篇课程介绍文章的平均相似度，也就是 A 的课程讨论绩效，即 $b = \dfrac{\sum_{i=0}^{N} b_i}{M}$；

6) 将 A 的平均相似度转化成百分制的课程讨论绩效，方法如下：

①假设所有学习者中平均相似度最高者为学习者 B，且其平均相似度为 b_B；

②将该学习者 B 的课程讨论绩效定为 100，即 $B_B=100$；

③A 的课程讨论绩效转成百分制后为 $B_A = \dfrac{b_A}{b_B} \times 100$；

(3) 课堂作业的绩效考核

假设一次作业提交过程中共有 N 个学习者提交了作业，提交内容分别为 h_{w_1}，h_{w_2}，$\cdots$，h_{w_N}，N 是整数且 $N \geq 1$；则其中某学习者 A 的课堂作业绩效 H 的计算方法如下：

1) 将这 N 个学习者的作业进行分词，然后去除停用词；

2) 将所有分词结果排序整理成词汇列表，假设共有 W 个词，W 是整数且 $W \geq 1$；

3) 将 N 个作业根据在词汇列表中出现的顺序及次数写成向量的形式，共有 N 个向量，且每个向量都有 W 个元素，即若词汇列表第 w（$w=1,2,\cdots,W$）个元素在某作业的词汇中出现过 m 次，则该作业所表示的向量的第 i 个元素为 m；

4）分别计算某一学习者 A 的作业 i（$i=1, 2\cdots, N$）与其他所有学习者的作业 j（$j=1, 2, \cdots, N$，且 $j\neq i$）的相似度，也通过计算它们词汇向量的余弦相似度实现，作业 i 和 j 之间的相似度为它们各自的词汇向量之间的余弦相似度，即 $\text{sim}(j, i)$，则它们之间的逆相似度 $cp(j, i) = 1-\text{sim}(j, i)$，学习者 A 作业总逆相似度为 $\sum_{j=0}^{N}cp(j,i)$，记为 h_A；

5）将学习者 A 的总逆相似度转化成百分制的课堂作业绩效，方法如下：
①假设该次作业提交过程中总逆相似度最高者为学习者 B，其总逆相似度为 h_B；
②将该学习者 B 的课堂作业绩效定为 100，即 $H_S=100$；
③A 的课堂作业绩效转成百分制后为 $H_A=\dfrac{h_A}{h_B}\times 100$；

（4）自测考试的绩效考核

假设某个自测题共有 N 道题，学习者 A 在该次自测中答对了 M 道题，M 是整数且 N、$M\geqslant 0$；则其该次自测考试的绩效 Q 的计算方法为：$Q=\dfrac{M}{N}\times 100$。

权利要求 2. 根据权利要求 1 所述的方法，其特征在于，该方法还包括：在每一部分绩效考核所占的权重未知的情况下，通过线性回归模型对系统运行过程中产生的数据进行训练得到每一部分所占的权重，进而用这四部分的加权值对系统中学习者进行全过程的学习绩效考核；具体的训练方法为：

假设训练过程中共有 N 个学习者，N 是整数且 $N\geqslant 1$；他们的四部分绩效分别为 (T_i, B_i, H_i, Q_i)，$i=1, 2, \cdots, N$，该线性回归模型的输入为 N 个学习者四部分绩效的成绩，输出为 N 个学习者的期末考试成绩，则模型权重的训练方法如下：

$$y=w_0+\sum_{j=1}^{4}w_jx_j=\sum_{j=0}^{4}w_jx_j=w^{\mathrm{T}}x_i$$

其中 $y=(y_1, y_2, \cdots, y_i, \cdots, y_N)^{\mathrm{T}}$ 是一个列向量，每个元素 y_i 表示第 i（$i=1, 2, \cdots, N$）个学习者的期末考试成绩，w_0 是平衡参数，$x_j=(x_{1j}, x_{2j}, \cdots, x_{ij}, \cdots, x_{Nj})^{\mathrm{T}}$（$j=0, 1, 2, 3, 4$）是一个列向量，$x_j$ 表示所有学习者的在线学习时间绩效、课程讨论绩效、课堂作业绩效及自测考试绩效；$x_i=(x_{i0}, x_{i1}, x_{i2}, x_{i3}, x_{i4})^{\mathrm{T}}$（$i=1, 2, \cdots, N$）也是一个列向量，其中 $x_{i0}=1$，$x_{i1}, x_{i2}, x_{i3}, x_{i4}$ 分别表示第 i 个学习者的在线学习时间绩效、课程讨论绩效、课堂作业绩效及自测考试绩效；$w=(w_0, w_1, w_2, w_3, w_4)^{\mathrm{T}}$，$w_1, w_2, w_3, w_4$ 分别是在线学习时间绩效、课程讨论绩效、课堂作业绩效及自测考试绩效的权重；矩阵 $\boldsymbol{X}$ 为：

$$\boldsymbol{X}=\begin{bmatrix} 1 & X_{11} & X_{12} & X_{13} & X_{14} \\ 1 & X_{21} & X_{22} & X_{23} & X_{24} \\ \vdots & \vdots & \vdots & \vdots & \vdots \\ 1 & X_{N1} & X_{N2} & X_{N3} & X_{N4} \end{bmatrix}$$

它的第 i 行代表学习者 i 的在线学习时间绩效、课程讨论绩效、课堂作业绩效及自测考试绩效,而第 i 行的每个元素 x_{i1},x_{i2},x_{i3},x_{i4} 分别表示第 i 个学习者的在线学习时间绩效、课程讨论绩效、课堂作业绩效及自测考试绩效;通过最大似然估计法求得权重向量 $w_{ml} = (\boldsymbol{X}^T\boldsymbol{X})^{-1}\boldsymbol{X}^T y$;

将 N 个学习者的四部分绩效及期末考试成绩用上述的权重训练方法进行训练,记训练得到的权重向量为 $w_{ml} = (w_0,w_1,w_2,w_3,w_4)$,其中 w_0 是线性回归模型的平衡参数,w_1,w_2,w_3,w_4 分别是在线学习时间绩效、课程讨论绩效、课堂作业绩效及自测考试绩效的权重,最后将权值做归一化处理,即:$w_i{}^* = \dfrac{w_i}{w_1+w_2+w_2+w_4}$,$i=1$,2,3,4;

最终即为归一化之后的权重,该权重即是在线学习时间绩效、课程讨论绩效、课堂作业绩效及自测考试绩效的权重;

得到 w_0 及在线学习时间绩效、课程讨论绩效、课堂作业绩效及自测考试绩效的权重 w_1,w_2,w_3,w_4 之后,便用来计算某一学习者全过程的学习绩效;假设该学习者四部分绩效分别为 T,B,H 和 Q,则该学习者全过程的绩效 Y 的计算公式如下:$Y = w_0 + w_1 \times T + w_2 \times B + w_3 \times H + w_4 \times Q$。

(二)争议焦点

权利要求 1 规定了如何计算在线学习时间、课程讨论、课堂作业和自测成绩四部分的绩效,并根据这四部分绩效得分进行加权计算以获得在线学习绩效得分,是否可以认为该方案仅是一种人为规定的考核规则,属于《专利法》第二十五条第一款第二项所述的智力活动的规则和方法?

针对权利要求 2,其附加特征还涉及通过线性回归模型对系统运行过程中产生的数据进行训练来得到每一部分所占的权重,这部分限定特征是否体现了利用"模型训练"或者说"机器学习"来解决问题的"技术性",因而相关特征属于技术特征,权利要求 2 不再适用《专利法》第二十五条第一款第二项?如果这部分特征属于技术特征,整体方案是否解决了技术问题,获得了相应的技术效果,是否符合专利保护客体要求?这些问题仍然存在争议。

(三)指导意见

该案涉及一种在线学习环境下如何进行学习效果考核的方案,权利要求 1 请求保护的绩效考核方法分别基于在线学习时间、课程讨论、课堂作业和自测成绩这四个部分的考评评分进行加权求和,每个部分则分别采用特定的计算规则评分,例如,在线学习时间绩效是根据学习者对每个学习资源的在线学习时长,按照特定的公式计算和转换为绩效考核值。该方案虽然体现了计算方法的应用领域,不是一种通用的抽象算法,但是权利要求限定的全部内容仅是如何综合计算学习成绩,实质上是一种人为规定的评分方法，属于智力活动的规则和方法，不属于专利保护的客体。

权利要求2进一步限定的特征涉及通过线性回归模型对系统运行过程中产生的数据进行训练以获得每一部分所占的权重，虽然采用了线性回归模型这种基于计算机执行的数学算法，但是运行该算法的目的仍然是执行一种数学计算，属于智力活动的规则和方法，而非专利保护的客体。

权利要求中记载的"模型训练"和"机器学习"不应视为构成该权利要求解决方案的技术特征。脱离开具体的方案，这些专业术语的记载无法作为判断一项解决方案是否构成技术方案的因素。对于是否构成技术方案的判断因素应紧密围绕"技术三要素"进行，围绕方案要解决的问题和采用的手段之间的关联是否符合自然规律的约束，进而判断是否构成技术方案。仅从权利要求字面描述的内容中抽取个别专业术语或技术术语，无法得出正确的结论。例如，假设权利要求中记载有"所采用的颜色为黄色"这一特征，那么脱离方案要解决的问题，我们无法判断该特征是否为符合自然规律的技术手段。倘若方案要解决的问题是车辆在大雾环境下难以被辨识，由于黄色光的波长穿透雾的能力较强，从而将雾灯的颜色设置为黄色，那么"所采用的颜色为黄色"这一特征属于技术特征，并构成技术手段。倘若方案要解决的问题是提高手机对年轻女性购买群体的吸引力，那么为了美观而将手机的颜色设置为黄色显然不构成受自然规律约束的技术手段。

（四）案例启示

利用计算机按照一定计算规则去处理特定领域的计算问题，并不意味着拥有算法应用的方案就一定不属于《专利法》第二十五条第一款所排除的范畴。该案中，虽然计算规则是针对在线学习这一具体应用场景，但权利要求请求保护的方案其实质上仅是如何基于各种在线学习的数据进行计算的人为定义的计算规则，然而，如果方案中体现了如何利用计算机和网络技术获取、存储、处理在线学习数据，而不是仅限于描述按照何种计算规则来计算学习绩效，或许会有不一样的结论。

假如申请文件（尤其是权利要求）中描述了利用怎样的方式来获取多个学习者的学习绩效数据，例如，利用不同用户浏览器上的 cookie 文件，读取 session 信息，通过对话框/输入界面获取用户输入，从后台数据库读取 BBS 留言，利用网页搜索工具获取用户发表的博文等，那么，从方案整体来看，该绩效考核方法所基于的学习者在线学习数据（例如，学习时长、BBS博文、作业、自测成绩）的获取需要借助计算机和网络通信技术，是对用户在学习网站上进行的网络历史行为的记录、存储、获取和处理，这部分特征具备"技术性"，属于技术特征，因此，该方案既包括计算规则又包括技术特征，不仅是一种人为规定的智力活动的规则和方法，不适用《专利法》第二十五条第一款，而是需要进一步判断该方案是否具备"技术三要素"，是否满足《专利法》第二条第二款的规定。

一个方案中包含了技术特征并不意味着其一定构成技术方案,技术特征与技术方案的相互关系,可以借助专利侵权判定中的一些原则和理念来帮助分析。

北京市高级人民法院《专利侵权判定指南》第五条规定:"技术特征是指在权利要求所限定的技术方案中,能够相对独立地执行一定的技术功能,并能产生相对独立的技术效果的最小技术单元或者单元组合。"只有当技术特征与其实现的技术功能相关联,成为解决特定技术问题的技术手段时,整体方案才构成技术方案。虽然权利要求1中绩效考核方法所依据数据(时长、BBS博文、作业、自测成绩)的获取需要借助计算机和网络通信技术,但是基于以上数据计算在线学习绩效的计算规则并不受自然规律的约束,根据人为设定的公式计算或者向量计算方法来确定学习者的考核值,通过计算机和网络通信技术获得的数据在该方案中发挥的作用只是作为数学计算规则的操作数或运算对象,仅发挥了其数学功能而未体现出技术功能,其解决的问题是如何全面考核学习者的在线学习情况,不是《专利法》意义上的技术问题;获得的效果是在线学习的全过程考核,考核效果具有主观性,不是客观的、受技术约束的技术效果。因此,即使权利要求中体现了如何利用计算机和网络技术获取在线学习相关数据,但是,整体方案仍然不具备技术三要素,不构成《专利法》第二条第二款规定的技术方案。

案例4:一种多规则调度方法

(一)案情说明

该案涉及一种基于作业区域的半导体封装线随工单LOT多规则调度方法,通过优化生产调度规则,提高调度系统执行速度,适用于半导体封装线上多任务、多并行机调度环境。

1. 说明书相关内容

半导体封装线在装片、键合工序的设备数量庞大。在半导体封装企业实际生产中分成多级区域进行管理,每个区域中存在大量的并行机(见图1—4);同时,半导体封装线上能够完成同一个工序的设备型号多,生产年代不统一,通信接口方式不同,加工能力和工艺指标不同。在生产调度前需要建立一种有效的手段,对半导体封装线复杂的生产组织结构和庞大数量的设备进行描绘和管理。

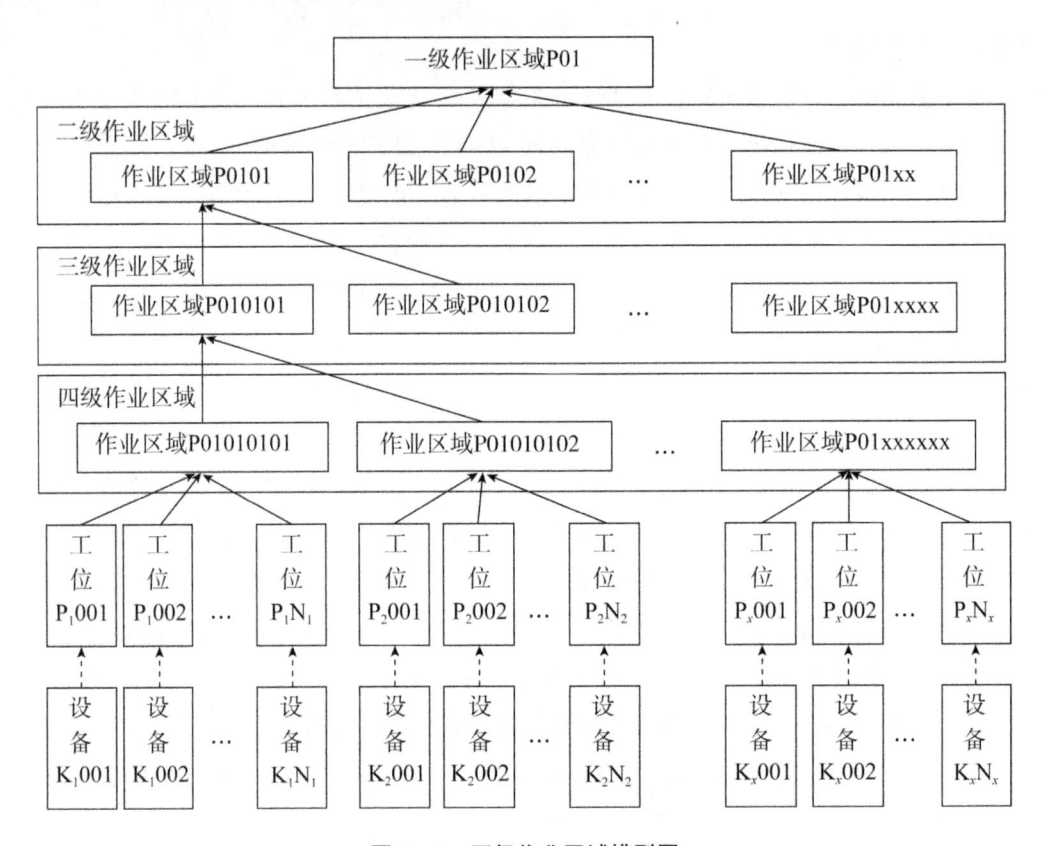

图 1—4　四级作业区域模型图

此外，由于半导体封装线是面向客户订单进行生产，客户会指定加工设备或加工外形，存在大量的绑定工序的调度规则。生产线上的设备不断跟随客户订单需求变化重新组合，改变生产设备之间的关联关系，建立的半导体封装生产线多级作业区域模型应该能够满足生产线上设备不断迁移的需求。

随工单（LOT）是指生产型企业在生产线上内部控制的一种单证信息。每个半导体后段封装测试制造厂家中，内部的生产任务的流动形式基本上都是根据芯片的周转形式而决定的，生产任务流动形式是以制造过程中的周转盒的容量来决定的，命名为随工单，即 LOT。一个随工单的大小也就是周转盒的容量大小。

现有技术中，由于封装芯片的型号种类和数量庞大，导致加工时间不能精确统计，设备加工能力也存在很大差别，加工状态也受到多种因素影响。当进行生产线上多个工序连续的大范围调度时，很难保证调度结果的准确性和有效性。同时半导体封装行业封装生产线虽然有大量的高度自动化的封装设备，但是这些设备仍需要人工管控和喂料，在工序间 LOT 也是人工进行周转的。而芯片在封装过程全程每一个工序质量都有很高要求，为了实现精确 LOT 派工、有效作业指导和良好进程监控，需要通过为调度人员分配权限实现管控相应的作业区域，并需要在调度人员管控调度区域内完成基于设备多规则调度过程。

该案提出一种对半导体封装线采取多级分区管理的方法，能够与企业生产组织结构匹配，便于分配作业区域给生产线上调度人员管控，降低设备管理的复杂性，也能满足生产线设备迁移和设备之间关系频繁变更的需求。该方法的程序流程图如图1-5所示。

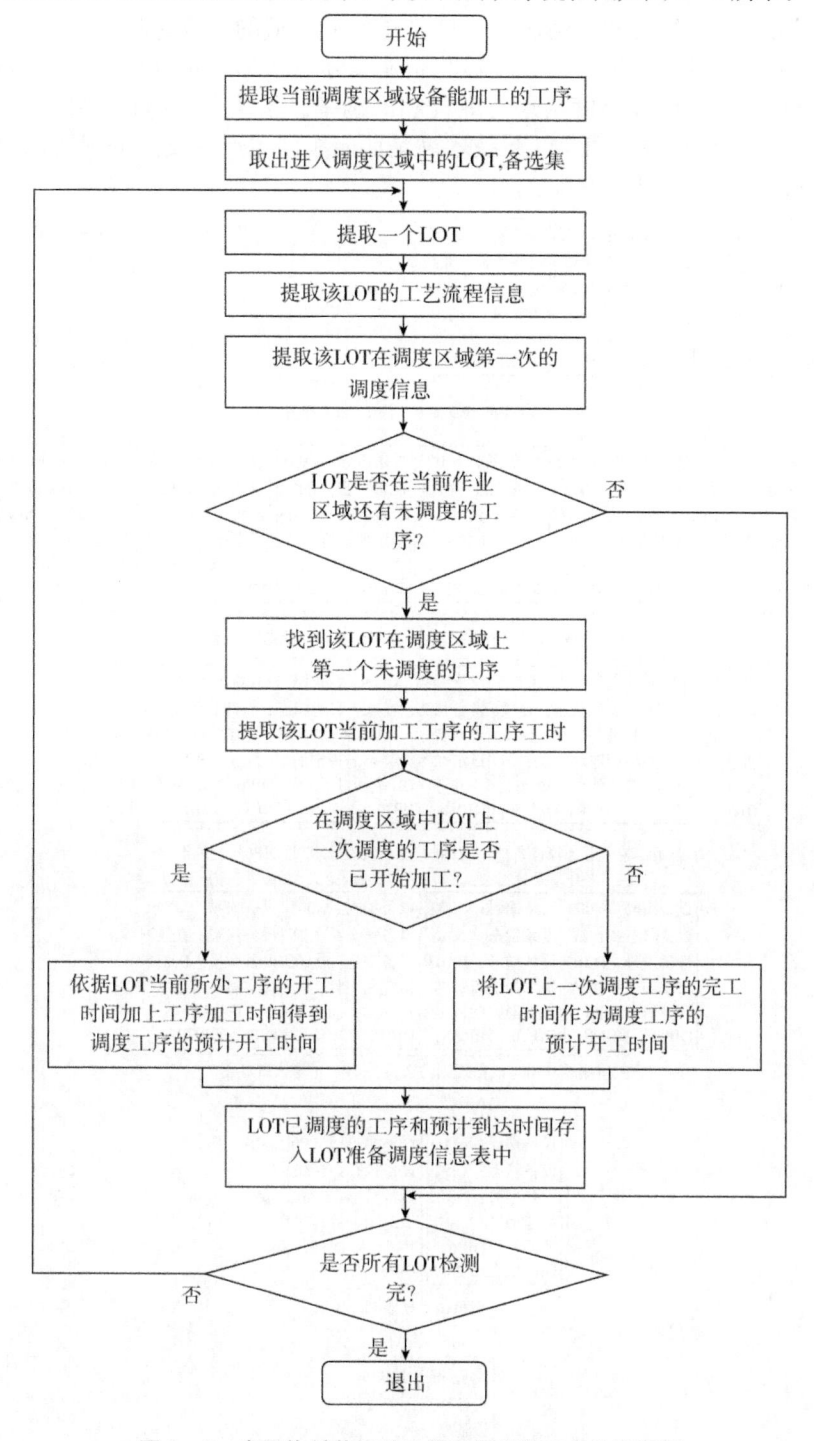

图1-5 半导体封装线随工单多规则调度方法流程图

该方案在调度过程中运用多种具有半导体封装线特色的调度规则选定加工设备（见图1-6），预先将多条规则绑定到单个工序，使得调度规则直接参与LOT到设备的

电学领域专利审查疑难案例评析

调度过程，有利于调度系统的高效运行，提高调度系统执行速度，适用于半导体封装线上的多任务、多并行机调度情况。采用基于作业区域的调度过程，有利于调度人员很好地控制调度区域的加工进程，能够与企业实际生产运行很好地结合，能够实现生产任务的合理指派，增强调度结果有效性和准确率。系统在实施过程中运用WPF技术，增强可视化效果，并采用WCF技术满足面向车间生产线复杂的网络化应用需求，并可以实现同步调度和并行调度。

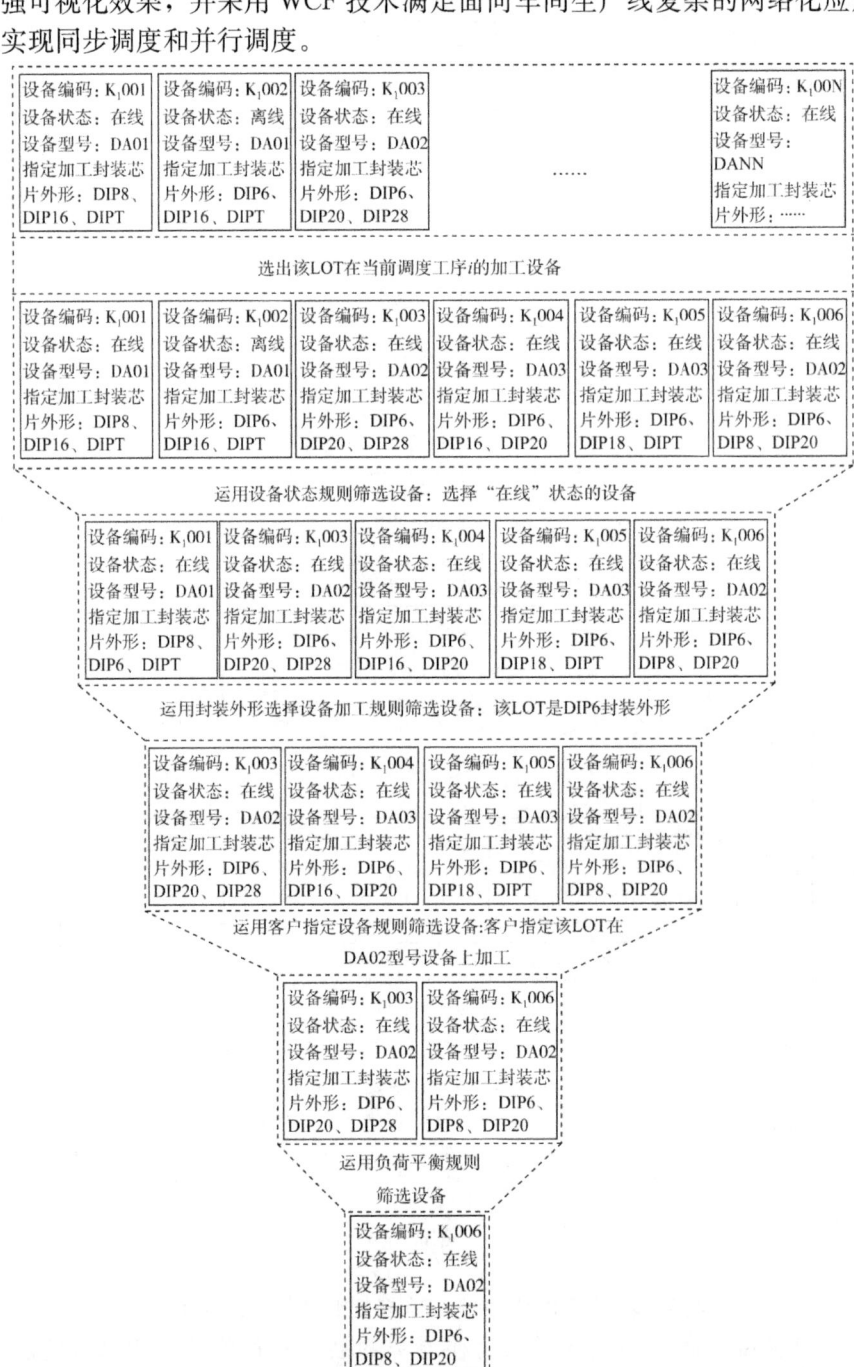

图1-6 运用多调度规则筛选设备过程示意图

2. 权利要求请求保护的方案

该案的独立权利要求如下：

权利要求1. 一种基于作业区域的半导体封装线随工单（LOT）多规则调度方法，其特征在于，包括以下步骤：

（1）建立生产线模型：描绘半导体封装线设备管理组织结构，并将设备绑定到底层作业区域的工位中；将调度人员与作业区域关联，每个作业区域绑定若干个工位，每个工位绑定一个设备，每个设备用于完成若干个工序；

（2）加载将要调度的随工单（LOT）：获取随工单（LOT）相关信息，构造将要调度随工单（LOT）集合；

（3）调度：逐一对随工单（LOT）进行调度，在设备选择过程中根据基于优先级的单工序多设备选择规则来确定随工单（LOT）的加工设备；

（4）将随工单（LOT）分配选定设备加工，并根据随工单（LOT）信息和设备信息，得到加工工时、计划开工时间、计划完工时间，完成随工单（LOT）调度过程；

所述随工单（LOT）是以传输过程中的周转盒容量而定的组织加工单位。

（二）争议焦点

权利要求1请求保护的调度方法是否属于智力活动的规则和方法？

观点1：该多规则调度方法，是将调度方法应用于半导体封装线的一种方法，方案中需要将半导体设备信息、生产批次所需要的工艺信息的优先级与调度方法相结合，以解决加工时间的精确控制，从而保证调度结果的准确性和有效性，并非单纯的人为规定，不属于智力活动的规则和方法。

观点2：权利要求1的主题名称为一种半导体封装线LOT多规则调度方法，其实质是一种规则的选取和适用方法，其中所涉及的"将LOT分配选定设备加工"等限定特征，虽然貌似具备"技术性"，但其只是规则的适用对象，类似于规则方法中的考量参数，而非限定实体部件本身，因此，权利要求1仅涉及封装规则的选取调配，并未涉及技术特征，而规则的选取与调度也均是人为设定的智力规则，因此权利要求1整体上应属于智力活动的规则和方法。

（三）指导意见

随工单是企业根据客户订单需求，为了调配和控制内部生产过程而使用的一种单证信息，通常，随工单包含了多项生产加工相关信息，例如工序编号、工序名称、零部件、原材料、型号规格、加工工艺、加工数量、生产班组、工位信息、操作人员信息、生产时间等。可见，随工单是企业对生产过程进行电子化管理的重要手段，随工单既包括生产工艺、零部件、原材料等生产物资相关信息，也包括人员调度、工序安排、时间安排等管理相关信息。随工单是企业生产调度的最小单位，可根据客户订单以及生产线情况变化进行动态规划。

电学领域专利审查疑难案例评析

该案请求保护一种应用于半导体封装生产线的随工单多规则调度方案，权利要求中限定了"建立生产线模型""加载 LOT""构造 LOT 集合""对 LOT 调度"等依赖计算机技术、通过机器执行指令集合实现特定功能的技术特征，生产线模型是对生产区域的组织结构、作业区域、工位、设备等实体信息的建模，由于权利要求包含"技术特征"，因而不属于单纯的智力活动的规则和方法，不适用《专利法》第二十五条第一款。

从方案整体解决的问题和获得的效果来看，该多规则调度方法是为了控制和优化半导体生产过程，与半导体封装过程中的设备兼容、优化加工工序、缩短工期时间等技术问题密切相关，利用该调度方法能够提高调度系统的运行效率，从而提高半导体封装生产线的加工速度和准确度，即获得了有益的技术效果。从采用的手段来看，权利要求1所要求保护的方案里涉及计算机建模、构造规则集合、根据优先级调度生产设备等步骤，可见该调度方法利用计算机技术实现了实体信息到模型的映射，并通过计算机执行加载操作，后续的"构造 LOT 集合""逐一对 LOT 调度"是基于该加载步骤进行的。权利要求1的方案中进一步限定了"LOT 的调度是基于优先级的单工序多设备选择规则来确定加工的时间"，综合来看，上述建模、构造集合、根据优先级确定设备的过程是一种加工调度算法的体现，"加载"明确了该调度算法是由机器执行的，而非人工操作的。可见整个调度方法是一种应用于半导体封装领域、采用了调度算法的自动化工艺流程控制过程，能够解决加工精确控制的技术问题，并能获得相应的技术效果，具备技术三要素，属于《专利法》第二条第二款规定的技术方案。

（四）案例启示

计算机技术越来越广泛地应用于工业生产过程，从生产自动化到生产过程监控和工业流程优化，产生了大量应用于生产过程控制的发明专利申请，这些申请大都依赖计算机程序来执行机器控制、工况监控、工业数据处理、流程优化等功能。这类方案一方面与生产设备（硬件装置）密切关联，另一方面又不可避免地涉及一些貌似"非技术性"的规则，在保护客体的判断中，应当从方案整体入手，客观考虑"规则"是否与其他特征共同构成了符合自然规律的技术手段。具体而言，需要考虑以下判断因素：

其一，规则的作用对象是否是技术数据？例如，该案中调度规则的作用对象是半导体封装生产过程中的工序，属于工业生产过程中的一种技术数据。其二，规则本身是否符合自然规律的约束？该案中，半导体封装线的生产工序显然受加工的半导体产品类型、生产工艺、生产设备、加工材料等客观因素制约，符合自然规律，而非人为主观定义的规则。其三，设置规则的目的是否用于工业生产中的技术问题？该案中，多规则调度的目的是解决半导体封装过程中设备兼容、优化工序、缩短工期等技术问题。因而，"规则"相关特征与其他特征共同构成了解决技术问题的技术手段。

涉及生产流程优化的方案在撰写申请文件时应当注意，体现出"规则"与工业生产过程的关联性，例如，各种参数、指标代表的物理含义，规则与工艺、工件、材料等生产要素之间的映射关系，规则与加工过程之间的约束关系。如果权利要求的撰写只停留在规则设置层面，没有体现出上述"技术关联性"，通常难以满足专利保护客体的相关要求。

第二节 涉及算法的客体判断

涉及算法的专利申请，如果权利要求限定的全部内容仅是算法本身的描述，即抽象的内容，未体现出算法的应用，则属于《专利法》第二十五条第一款规定的智力活动的规则和方法。而现阶段，涉及算法的专利申请，权利要求请求保护的方案往往不限于记载算法步骤、数学规则、数学公式本身，通常还限定了算法的执行载体（如分布式系统、并行计算机等）、算法的应用环境、参数的物理含义及获取途径等特征。这类方案不仅包括算法本身的描述，还包括其他相关特征的描述，因而，权利要求请求保护的方案不再是单纯的智力活动的规则和方法，不适用《专利法》第二十五条第一款，在判断这类方案是否符合专利保护客体时，需要进一步判断其是否属于《专利法》第二条第二款规定的"技术方案"。然而，《专利法》第二条第二款的适用一直是审查实践中的难点问题，本节拟用若干案例来说明算法相关发明的客体判断思路。

案例5：一种优化遗传算法进化质量的方法

（一）案情说明

该案涉及一种优化遗传算法进化质量的方法，通过改进遗传算法相关步骤，用于克服传统遗传算法在进化前期早熟以及进化后期收敛过慢的问题。

1. 说明书相关内容

传统的遗传算法中，适应度函数用于评价种群中个体的优劣程度，并用来度量在优化计算中，群体中各个个体有可能达到或接近于最优解的优良程度。适应度较高的个体遗传到下一代的概率较大，而适应度较低的个体遗传到下一代的概率相对较小。遗传算法的控制参数包括种群大小、交叉率、变异率和最大进化代数。其中，种群的大小对种群多样性、模式生成和计算量都有显著的影响：种群过小造成有效等位基因先天缺乏，生成最优个体的概率极小；过大将使个体适应度的计算量急剧增加，收敛速度显著降低。交叉率越高，将越快地收敛到期望的最优解区域，但过高的交叉率也可能导致过早收敛，出现"早熟"现象。变异率控制新基因导入种群的比例，从而影响种群的多样性。较高的变异率有利于增加样本模式的多样性，然而，变异率过高会使遗传算法变为随机搜索，影响算法的稳定性。

电学领域专利审查疑难案例评析

传统遗传算法对于具有多个局部极值点的多峰函数存在着早熟收敛（即收敛到某个局部极值）和后期收敛速度过慢的缺陷。产生上述两个问题的主要原因是：在算法进化的前期，各个个体随机选取，个体之间的差异较大，算法容易进入局部最优区域导致早熟；而在进化的后期，种群中的个体都普遍接近最优解，各个个体的适应度值也比较接近，个体之间被选中的概率相差不大，降低了收敛速度。

针对传统遗传算法的缺陷，该案提出了一种采用交叉率和变异率的自适应调整策略、模拟退火的尺度变换等方法，能够在遗传算法的前期抑制超级个体，保持种群的多样性，同时降低了计算量，避免了传统遗传算法早熟的缺陷；并且在遗传算法的后期，有效增大相近个体之间的区分度，尽快淘汰较差的个体，使遗传算法尽快收敛到全局最优解。

2. 权利要求请求保护的方案

该案的独立权利要求如下：

权利要求 1. 一种遗传算法的改进方法，其特征在于，包括以下步骤：

（1）对染色体进行编码并生成初始种群后，分别计算每个个体的适应度，并判断是否获得全局最优解；

（2）若否，对模拟退火算法按照第一策略采用尺度变换，将所述每个个体的适应度代入经尺度变换后的模拟退火算法，并根据所述经尺度变换后的模拟退火算法的计算结果保留特定个体；

（3）根据第二策略自适应调整所述特定个体的交叉率及变异率，进行交叉和变异操作后产生新的种群；

（4）重新计算所述新的种群中每个个体的适应度，并重复上述步骤，直至获得全局最优解。

（二）争议焦点

权利要求1记载的内容均为遗传算法步骤的描述，方案中没有记载遗传算法的应用领域，该方案是否属于智力活动的规则和方法？

（三）指导意见

算法（Algorithm）是指解题方案的准确而完整的描述，是一系列解决问题的清晰指令，算法代表着用系统的方法描述解决问题的策略机制，其能够对一定规范的输入，在有限时间内获得所要求的输出。例如，遗传算法就是一种基础的启发式算法，其通过模拟自然进化过程搜索问题的最优解，被广泛应用于机器学习、信号处理、自动控制和人工智能领域。在遗传算法的基础上衍生出多种改进算法，例如分层遗传算法、免疫遗传算法、混合遗传算法、模拟退火遗传算法等。

算法与数学公式、数学定理同属于科学研究中的基础理论，一方面，由于这些基础理论是所有应用学科的研究基础，如果对其进行专利保护，则将使得专利权人获得某种基础原理的独占权，从而对所有需要采用该基础原理的应用学科的技术创新与发展带来不利影响。另一方面，任何国家或地区的专利法，都会对可专利的对象进行限定，这些限定无一例外地都排除了对抽象概念或智力活动规则进行授权。而数学公式、数学方法以及算法本身是一种典型的人类智力活动的规则和方法的延伸，也是一种抽象的概念和理论，因而，适用《专利法》第二十五条规定的"智力活动的规则和方法"所要排除的是没有结合具体应用的、单纯的数学理论和数学方法，其本意在于防止因抽象算法的"垄断"和"独占"限制了其在产业上的应用。

具体到该案，权利要求1中仅限定了对遗传算法本身的改进，只是定义了一种数学运算方法，没有提及该算法的具体应用领域，没有限定算法参数在具体应用环境中所体现的物理含义，仅是一种抽象算法本身的改进，因而该权利要求要保护的对象只是一种数学运算方法，属于人为制定和调整的算法规则，属于智力活动的规则和方法，不能被授予专利权。

（四）案例启示

《专利法》第二十五条第一款所排除的对象则包括单纯的数学公式、数学方法和算法本身，要解决的问题是区分抽象的数学规则与具体的解决方案，所谓"解决方案"通常要针对特定的问题、结合特定的应用、采用特定的逻辑、具有特定的功能。如果申请人请求保护的仅是算法本身或者算法的改进，由于《专利法》防止算法独占性的立法本意，单纯的算法或者数学计算方法难以获得专利保护。如果申请人试图以专利的形式保护其智慧成果，只有将算法与特定的应用相结合，使之构成用于解决应用领域内的特定技术问题的技术方案，才有获得专利权的可能性。

案例6：一种克服遗传算法过早收敛的方法

（一）案情说明

该案涉及一种并行进化计算中跨子群体使用全局和局部突变的方法和系统，通过在遗传算法中使用局部和全局突变以克服遗传算法过早收敛的问题。

1. 说明书相关内容

软件工具运用元启发式（metaheuristic）优化算法以解决优化问题。元启发式优化算法的示例包括进化算法（如遗传算法、差分进化）、蚁群优化算法、模拟退火算法等。

进化算法使用宽松的基于达尔文进化和生物机制的技术来发展对设计问题的解。实现进化算法的软件工具开始于随机生成的解群体并且迭代地使用性别重组、交叉、变异和达尔文自然选择原理来在相继的世代（generation）中创建新的更适合的解。进化算法已经有效用于许多研究和开发方面并且已经针对广泛的问题生成能与人类竞争的解。在IBM公司内，SNAP已经成功应用于Power7/7+的I/O电路设计、扫描链路由、高性能计算（HPC）竞价过程、用于z系列总线的信号完整性和编译器标志调节。

进化算法的执行实例可能过早收敛。候选解群体在少数适合的候选解的基因迅速支配该群体并且将该群体限制在局部最优时收敛（见图1—7）。过早收敛意味着用于优

电学领域专利审查疑难案例评析

化问题的候选解群体收敛得太早，因此提供次优结果。

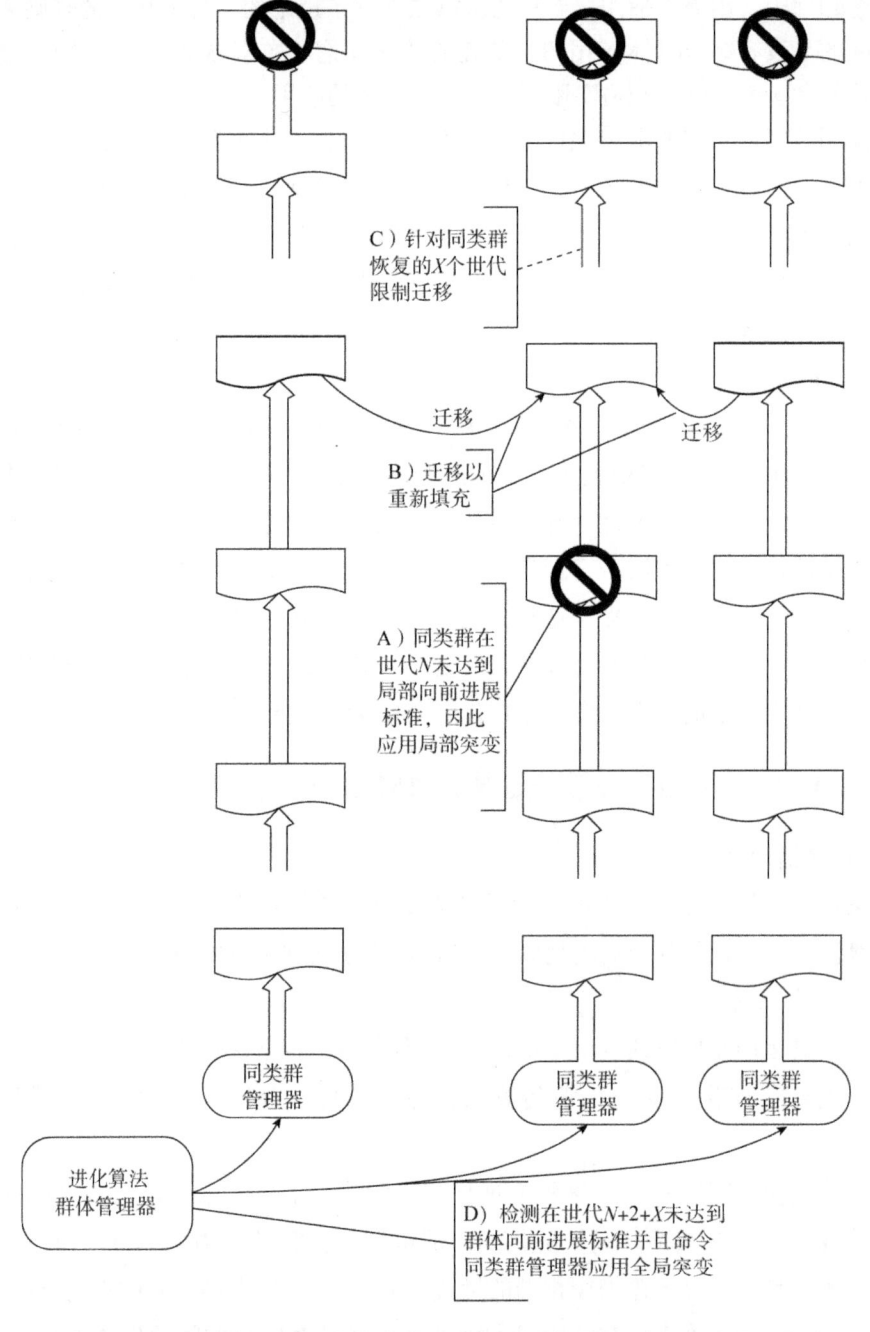

图1-7 单个子群体内的局部突变和跨较晚世代的群体的全局突变的示意图

该案提供一种并行进化计算中跨子群体使用全局和局部突变的方法和系统，其方法包括（流程步骤如图1-8所示）：跟踪第一子群体跨其世代的向前进展（forward progress），第一子群体是形成对优化问题的候选解群体的多个子群体之一；在第一子群体的当前世代，确定第一子群体的向前进展未满足一个或者多个向前进展标准的集合；响应于确定第一子群体的向前进展在当前世代未满足一个或者多个向前进展标准的集合，针对第一子群体的当前世代调用局部突变；在调用局部突变之后重新填充第一子群体；在重新填充之后重新建立第一子群体而限制向第一子群体的迁移。通过在遗传算法中使用局部和全局突变以解决算法过早收敛的问题。

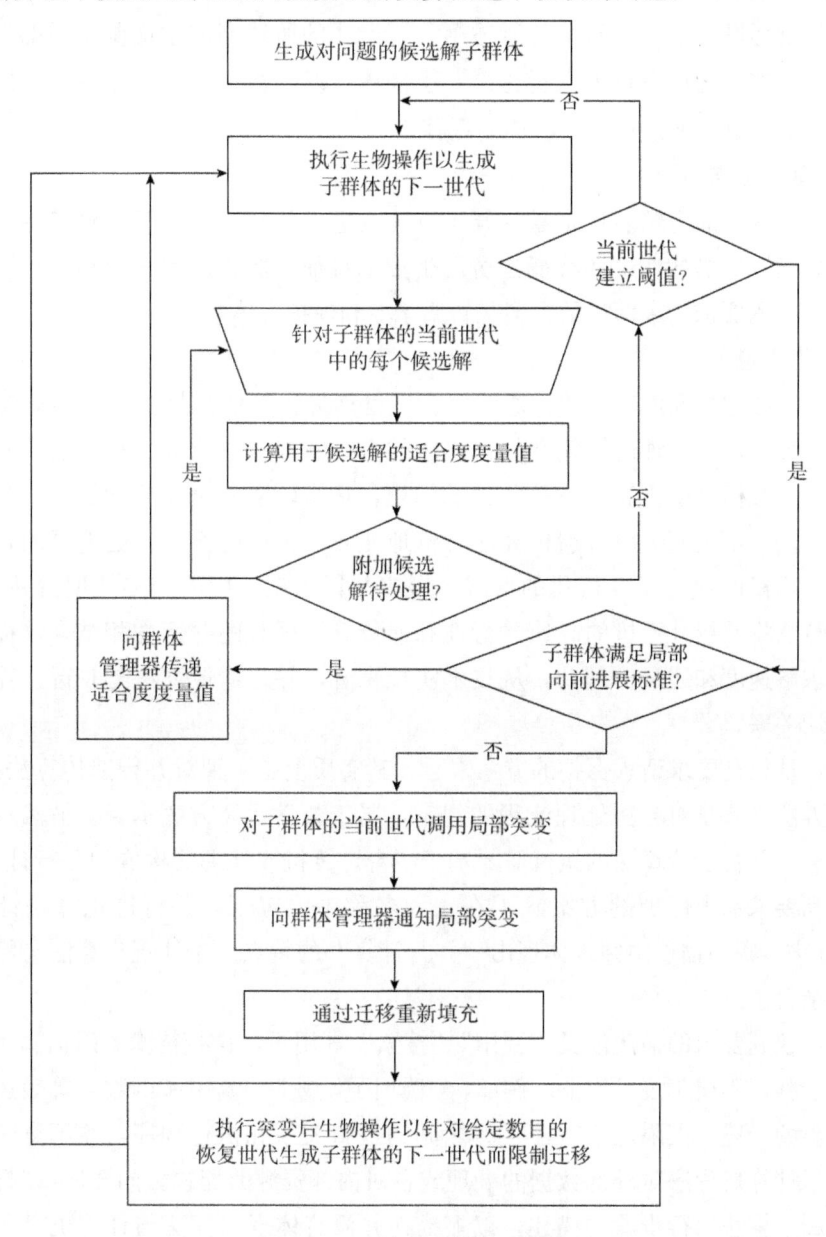

图1-8 并行进化算法流程图

2. 权利要求请求保护的方案

该案的独立权利要求如下：

权利要求1. 一种用于在并行进化算法计算过程中针对子群体调用局部突变的方

电学领域专利审查疑难案例评析

法，包括：跟踪第一子群体跨其世代的向前进展，其中所述第一子群体是形成对优化问题的候选解群体的多个子群体之一，搜索用于所述优化问题的解；在所述第一子群体的当前世代，确定所述第一子群体的向前进展未满足一个或者多个向前进展标准的集合；响应于确定所述第一子群体的所述向前进展在所述当前世代未满足所述一个或多个向前进展标准的集合，而针对所述第一子群体的所述当前世代调用局部突变；在调用所述局部突变之后重新填充所述第一子群体；以及在重新填充之后重新建立所述第一子群体而限制向所述第一子群体的迁移。

（二）争议焦点

从权利要求1的主题名称来看，属于算法改进相关的方案，但其限定特征中包含"调用""搜索"等描述，这些特征是否属于技术特征？能否适用《专利法》第二十五条第一款？权利要求请求保护的方案是否属于专利保护客体？

（三）指导意见

首先，就技术层面而言，并行遗传算法（也称进化算法）是指对遗传算法进行并行设计后的算法，是一种适用复杂优化问题的多种群并行进化的遗传算法。并行遗传算法能有效克服标准遗传算法早熟收敛的问题，具有较强的全局搜索能力。为了实现并行遗传算法，不仅要把串行遗传算法等价地变成一种并行方案，更重要的是要将遗传算法的结构修改成易于并行化的形式，形成并行模型，以适应多处理器并行计算。并行遗传算法将并行计算机的高速并行性和遗传算法固有的并行性相结合，提升了遗传算法的求解速度和质量。因此，从技术实现来看，并行遗传算法与并行计算技术之间存在密切关联。

其次，从权利要求请求保护的方案来看，其实质上是一种对并行遗传算法的改进，其限定的方法步骤是对算法处理流程的规定，属于数学运算方法本身。虽然本领域技术人员知晓，并行遗传算法的执行需要基于多台计算机或处理器构成的并行计算架构，然而，权利要求请求保护的方案除了在主题名称中限定了"并行进化算法计算过程中"，其方法步骤的描述中并未体现出"并行计算"的特点，未体现出算法与特定计算机系统的结合。

此外，权利要求的描述涉及"调用""搜索"等用语，这些技术术语仍属于算法本身的运算步骤，不属于技术特征。例如，"调用子函数""调用库函数"等表述仅是算法执行步骤的描述，其限定了程序代码之间的逻辑关系和执行顺序，并不意味着"调用"涉及了计算机程序对外部数据的处理或者对内部资源的配置。同样地，"搜索"相关特征也属于算法执行步骤的描述，以上描述并没有体现出算法与计算机设备之间的"技术关联性"。

基于以上分析可知，权利要求1请求保护的是实质上一种并行进化计算算法，其定义的是数学运算方法本身，权利要求中所涉及的"调用""搜索"等均属于算法本身的运算步骤。因而，权利要求要保护的对象仅是一种数学运算方法，属于智力活动的规则和方法。

（四）案例启示

虽然从技术实现来看，并行遗传算法利用多台并行计算机作为算法运行的物理载体，但如果权利要求对其方案的描述并未体现出算法与"特定计算机体系结构"之间的技术关联，那么，即使本领域技术人员能够明了并行遗传算法的实施离不开并行计算机系统，并行计算机系统在方案中发挥的作用也只是算法运行的载体，方案本身仍然是对算法或者算法改进本身的描述。

只有当方案中体现出算法与计算机设备的技术关联性，例如，算法的设置与并行计算节点的数量之间存在怎样的相关性，单个或多个计算节点的处理性能对算法执行效率有何影响，并行计算系统中如何分配输入数据以实现分布式数据处理，并行系统如何实现算法运行中的负载均衡等，这样的方案不再属于智力活动的规则和方法，进而需要考察方案是否具备"技术三要素"，能否构成技术方案。

案例7：一种人体健康数据分析方法

（一）案情说明

该案涉及一种针对人体健康数据的数据分析方法，通过对传统的信息熵和条件熵进行重新定义，对人体健康数据的属性进行约简分类，根据约简之后的健康数据属性，可以快速而准确地完成健康数据的分析。

1. 说明书相关内容

医学上通常根据测量得到的人体健康数据进行健康情况的判定，由于所获得的众多数据会出现属性一样、类别相同的数据，这些数据对于判断整体健康数据来说没有太多帮助，因此需要从众多的数据属性当中获得有效的数据。

模糊粗糙集是 D. Dubios 和 H. Prad 在 1992 年提出的，他们将模糊集和粗糙集结合，对粗糙集理论进行了扩展，从而得到了模糊粗糙集。模糊粗糙集相对于经典粗糙集的优势就在于引入了模糊集理论，该理论是用模糊集合及隶属度来描述一个对象，使得模糊粗糙集不需要进行经典粗糙集的离散化过程，只需要进行模糊化过程，即求解对象隶属度值的过程。与离散化相比，模糊化能够较好地保留原来健康数据连续属性值之间的差异性及过渡性。

在生物医学中，使用到模糊粗糙集的属性约简，可以大大提高人类健康数据分析的效率。生物医学领域中会根据对人体检测获得的健康数据进行分析，从而根据分析的结果来判定该实体的健康情况，但是一个实体的健康数据会有很多，真正有决策意义的数据却并没有测得的数据那样多，这就涉及属性约简的方法，采用基于模糊粗糙集条件熵属性约简可以对获得的人体健康数据进行属性归类，从众多数据中获得需要的有用健康信息。

为了提高数据分析的效率，该案提出的一种基于模糊粗糙集条件熵属性约简的数

电学领域专利审查疑难案例评析

据分析方法。基于模糊粗糙集的条件熵,并对传统的信息熵和条件熵进行了重新定义,根据要求获得条件熵最小时的属性,从而得到一个新的属性约简方法,应用到人体健康数据的属性约简分类中,根据约简之后的健康数据属性,可以快速而准确地完成健康数据的分析,由于该种方法约简的结果,能较好地保留原来连续属性值之间的差异性及过渡性,从而保留了原来属性的特征,根据这些约简后的数据就可以较快地判定人体的健康情况。

2. 权利要求请求保护的方案

该案的独立权利要求如下:

权利要求1. 一种基于模糊粗糙集条件熵属性约简的数据处理方法,其特征在于,包括以下步骤:

S1:将数据的属性构造为一个模糊粗糙集,同时确定数据的模糊决策表 $DT=(U, A=C\cup D, V, f)$,其中 U 是由数据构成的论域,A 是由数据的基本属性构成的集合,C 为数据的条件属性,D 为数据的决策属性,V 代表数据的信息函数 f 的值域;

S2:取一个数据属性集合 T,并规定它为空集,令这个集合 T 的最优依赖函数 Hbest 为0,A 的个数 $i=1$;

S3:在每一次判断时,都使得数据属性集合 T 为前一次执行时符合条件的数据属性集合 T,并使得期望的依赖函数 Hpre 为最优依赖函数值 Hbest;

S4:对于每一个 $A^i \in C-R$,其中 R 是等价关系的集合,计算获得决策属性 D 和属性 $R\cup\{A^i\}$ 的条件熵 $H(D|R\cup\{A^i\})$,并判断它与条件熵 $H(D|T)$ 的大小关系;如果前者小于后者,那么就令集合 T 为新的集合 $R\cup\{A^i\}$,如果前者大于后者,那么就需要寻找新的更加符合条件的属性集合;

S5:当判断 $R\cup\{A^i\}$ 是否为新的数据属性集合时,要判断 i 个子集 A 是否已经全部覆盖了集合 $C-R$,如果还没有覆盖完全,即 $i<$ 基数 $|C-R|$,则让 $i=i+1$,同时重复 S4;如果此时 i 为 $C-R$ 的基数 $|C-R|$,则进行 S6;

S6:当 i 为 $C-R$ 的基数 $|C-R|$ 后,令最优依赖函数 Hbest 为条件熵 $H(D|T)$;

S7:比较期望的依赖函数 Hpre 与最优依赖函数 Hbest 的差值是否在规定的误差阈值 η 范围之内,如果在规定的范围之内,则输出约简结果;如果不在规定的范围之内,则返回 S3 重新进行约简。

(二)争议焦点

权利要求1请求保护的方案是否属于《专利法》第二十五条第一款规定的智力活动的规则?

如何考虑算法与应用领域的结合程度?假定申请人将权利要求的主题名称限定为"一种基于模糊粗糙集条件熵属性约简的人体健康数据处理方法",并在方法步骤的描述中将"数据"具体限定为"人体健康数据",该案客体判断的结论是否会发生改变?

针对以上问题，存在两种不同的观点：

观点1：如果将权利要求中的"数据"修改为"人体健康数据"，那么方案整体上就记载了具体的应用领域，解决了实际问题，属于专利保护客体。

观点2：即便将权利要求中的"数据"修改为"人体健康数据"，但是方案中没有限定人体健康数据具体是哪些数据，即没有对算法如何应用到技术领域进行限定，由此形成的方案仍然没有解决实际的技术问题，也没有体现出运用该算法后能够为解决技术问题带来何种技术效果，仍属于智力活动的规则和方法，不能被授予专利权。

（三）指导意见

涉及算法的发明专利申请，其请求保护的方案是否结合具体应用、构成技术方案不能仅依据权利要求的主题名称作判断，而是要考察算法与技术领域结合的紧密程度，考察权利要求请求保护的方案是否体现了该算法如何具体应用于该领域以解决该领域的技术问题。

该案权利要求1请求保护一种基于模糊粗糙集条件熵属性约简的数据处理方法，虽然在其说明书中记载了该方法的应用领域和应用目的是利用模糊粗糙集能够保留数据连续属性值之间的差异性和过渡性的特点，对人体健康数据进行属性归类，将其中对于决策分析没有意义的数据约简，从而提高数据处理效率。然而，权利要求限定的全部特征仅是构造一个模糊粗糙集并确定模糊决策表，依据依赖函数对集合中数据进行迭代约简，整体方案的描述并未体现出上述针对人体健康数据的具体应用，并且该数据约简方法的处理步骤也没有体现出与特定应用领域、特定类型数据之间的"技术关联"，也就是说，从其方案的描述来看，无论被约简的是人体健康数据还是农业数据、工业数据、医疗数据、气象数据、交通数据、商业营销数据等其他不同数据，都采用同一套数学算法去进行数据处理，这个过程中并没有体现出对不同数据类型、不同数据结构、不同数据维度等数据特点的考虑，因而该案提出的数据处理算法实际上是一种通用的算法，而单纯的算法属于智力活动的规则和方法。

假定申请人对权利要求的主题名称进行修改，为了体现其应用领域而修改为"一种基于模糊粗糙集条件熵属性约简的人体健康数据处理方法"，同时将权利要求中的"数据"具体限定为"人体健康数据"，修改后的方案是否就能够满足保护客体的要求？

如上所述，虽然请求保护的方案中对数据的种类进行了限定，然而特定数据（人体健康数据）仅作为算法处理的对象，并没有体现出特定数据在数据属性、数据结构、数据量大小等方面对算法产生的影响，无论处理人体健康数据或者其他数据均基于相同的算法思想、依照相同的处理流程、执行相同的数据运算。因此，尽管权利要求的描述中限定了具体的数据种类，但是请求保护的方案没有与应用领域产生技术关联，没有对算法如何具体应用到技术领域以解决该领域内的技术问题进行限定，因而修改后的方案仍然是单纯的算法本身，属于智力活动的规则和方法，不能被授予专利权。

（四）案例启示

算法与应用领域的结合是要考察两者是否产生技术上的关联，而不仅是将代表应

电学领域专利审查疑难案例评析

用领域的数据（如上文提及的医疗数据、气象数据、交通数据等隐含了应用行业的数据）作为算法执行过程的操作对象，或者仅在主题名称中限定应用领域。在撰写算法相关的申请文件时，不能仅描述算法可被应用的行业或者领域，却在方案描述中仅记载算法或数学运算规则的内容。如果一项解决方案涉及算法在特定技术领域的应用，算法各运算步骤与方案要解决的问题之间具有明确的技术关联，算法涉及的计算因子具有该技术领域相应的物理技术含义，应用该算法能够达到解决该特定技术领域的特定技术问题的效果，那么由此形成的解决方案构成技术方案，属于专利保护的客体。

案例8：一种变参数迭代估计方法

（一）案情说明

该案涉及一种基于改进卡尔曼滤波的变参数迭代估计方法，通过引入可以变化的小于1的迭代估计值的反馈参数，用于解决现有迭代估计方法估计精度不足和估计速度过慢的问题。

1. 说明书相关内容

参数估计领域存在多种估计算法，例如最小二乘估计、卡尔曼滤波、扩展卡尔曼滤波、无损卡尔曼滤波、例子滤波等。不同的估计算法适用于不同的估计问题，这些估计算法在计算量、估计速度方面存在差异。现有估计算法在实际估计过程中均采用迭代估计，通常是将每次的估计误差完整地更新到下次估计过程中，而实际计算得到的估计误差本身均是存在误差的。因此，通过引入可以变化的小于1的迭代估计值的反馈参数，可以提供现有的迭代估计算法的估计精度和估计速度。

为解决现有迭代估计方法估计精度不足和估计速度过慢的问题，该案提出一种基于改进卡尔曼滤波的变参数迭代估计方法：首先使用基于改进卡尔曼滤波的现有迭代估计算法进行迭代估计，再判断估计的速度和精度，若需提高迭代估计的速度和精度，则添加可以变化的小于1的迭代估计值的反馈参数重新进行迭代估计，通过比较迭代估计的速度和精度来确定最佳的反馈参数，最后得到具有较小计算量和较高精度的迭代估计方法。

现有的估计问题多集中于航天等对仪器精度和运行速度要求极高的领域，因此，上述基于改进卡尔曼滤波的变参数迭代估计算法可应用于航空航天所使用的精密仪器进行参数估计。卡尔曼滤波系统状态方程、系统噪声方差阵和测量噪声方差阵等的输入数据来源于航空航天器上精密仪器的运行参数、系统误差和测量误差的实际测量值。通过在现有迭代估计算法的基础上加入可以变化的小于1的迭代估计值的反馈参数 a 来提高迭代估计精度和迭代估计速度，反馈参数 a 值的选取以及估计次数要满足两个条件：估计误差要满足航空航天器上精密仪器技术要求；另外估计次数的选取一定要保证估计误差值收敛。该方法能够准确获得航空航天上精密仪器的运行状态信息，以便对它们进行及时和高精度的调控，具有极高的应用价值。

2. 权利要求请求保护的方案

该案的独立权利要求如下：

权利要求 1. 一种基于改进卡尔曼滤波的变参数迭代估计方法，其特征在于：在所述方法中引入可以变化的小于 1 的迭代估计值的反馈参数，具体步骤如下：

步骤一，分析所要估计的系统，得到系统的状态方程如下：

$$\begin{cases} \xi(k+1) = f(k, \xi(k)) + w(k) \\ y(k) = h(k, \xi(k)) + v(k) \end{cases}$$

其中 $\xi(k)$ 为所要估计的参数，$y(k)$ 为测量值，$w(k)$ 为系统噪声，$v(k)$ 为噪声，k 表示第 k 次迭代，$f(k, \xi(k))$ 与 $h(k, \xi(k))$ 为关于 k 与 $\xi(k)$ 的非线性函数。

步骤二，实际估计问题的系统均为非线性系统，对系统方程进行线性化：

$$F(k, \hat{\xi}) = \frac{\partial}{\partial \xi} f(k, \hat{\xi}) \Big|_{\xi = \hat{\xi}}$$

$$H(k, \hat{\xi}) = \frac{\partial}{\partial \xi} h(k, \hat{\xi}) \Big|_{\xi = \hat{\xi}}$$

步骤三，根据对系统的分析得到系统噪声方差阵 Q^w、量测噪声方差阵 Q^v，再根据经验选择初始的估计误差方差矩阵 $P(0)$ 及初始的估计值 $\hat{\xi}(0)$；根据如下公式对估计误差方差矩阵 P 进行迭代更新：

$$N(k) = P(k) H^T(k, \hat{\xi}(k)) \times [H(k, \hat{\xi}(k)) P(k) H^T(k, \hat{\xi}(k)) + Q^v]^{-1}$$

$$P(k+1) = P(k) + Q^v - N(k)[Q^v + H(k, \hat{\xi}(k)) P(k) H^T(k, \hat{\xi}(k))] N^T(k)$$

步骤四，采用如下公式得到估计误差 $\Delta\hat{\xi}(k)$ 及估计值 $\hat{\xi}(k+1)$，下述公式中引用最小二乘估计的估计值作为卡尔曼滤波估计的初始值，其中 a 为可以变化的迭代估计值的反馈参数：

$$\Delta\hat{\xi}(k) = F(k, \hat{\xi})\hat{\xi}(k) + N(k)[H(H^T H)^{-1} H^T Z + V - H(k, \hat{\xi})\hat{\xi}(k)] - \hat{\xi}(k)$$

$$\hat{\xi}(k+1) = \hat{\xi}(k) + a \times \Delta\hat{\xi}(k)$$

步骤五，更新估计值后重新返回步骤三，对系统进行迭代估计；初始的迭代估计采用 $a=1$ 时迭代估计方法；当上述估计过程的估计值稳定后得到最终的估计误差 $\Delta\hat{\xi}(k)$ 和估计次数 k；根据这两个值的大小判断上述迭代过程的迭代精度和迭代速度是否满足需要，若不满足需要，则根据经验适当减小 a 值，使其小于 1，然后重复上述迭代过程。

步骤六，多次改变迭代估计值的反馈参数 a，经过多次迭代估计后得到多组估计误差 $\Delta\hat{\xi}(k)$ 和估计次数 k；根据估计要求选取最佳的反馈参数 a，即确定了最佳的迭代估计方法，完成了具有较小计算量和较高计算精度的迭代估计。

（二）争议焦点

权利要求 1 请求保护一种基于改进卡尔曼滤波的变参数迭代估计方法，该迭代估

电学领域专利审查疑难案例评析

计方法通过设定系统状态方程、系统噪声方差阵、测量噪声方差阵等一系列算式进行计算,以选取最优的反馈参数。说明书记载了该方案可以被应用于对仪器精度和运行速度要求较高的领域,例如航天航空领域,以提高仪器设备运行中参数估计的精度和速度;此外,在权利要求1中记载了参数的具体物理含义"$\xi(k)$为所要估计的参数,$y(k)$为测量值,$w(k)$为系统噪声,$v(k)$为噪声"。

所谓"整体理解方案",是否应当考虑说明书中记载的具体应用领域?权利要求1的方案是否只是一种算法改进本身的描述?还是算法在航空航天领域的具体应用?

(三)指导意见

权利要求请求保护的方案及其保护范围的界定均由权利要求本身所记载的内容来确定。当在权利要求请求保护的方案中,算法或数学计算规则的计算因子具有相应技术领域的物理技术含义,算法的应用能够解决该特定技术领域中的某种技术问题,形成了相应的技术解决方案,并获得技术效果时,可以认定该算法与相应的特定技术领域具有紧密结合,权利要求请求保护的方案属于《专利法》第二条第二款规定的技术方案。反之,若权利要求中仅记载了算法或数学计算规则本身,没有对运算参数的物理含义做出任何定义,没有体现出运算方法在技术上的应用,保护的内容仅在于各种数学运算步骤的叠加,那么,可以适用《审查指南》的如下规定:如果一项权利要求仅涉及一种算法或数学计算规则,则该权利要求属于智力活动的规则和方法,不属于专利保护的客体。

具体而言,该案权利要求1请求保护的方案实质上是一种滤波算法,是基于人为定义的状态方程、系统噪声误差方差阵、测量噪声方差阵等若干属性特征,通过对估计的系统执行一系列的数学运算实现的迭代估计方法;权利要求1中所涉及的"卡尔曼滤波系统状态方程""系统噪声方差阵"以及"测量噪声方差阵"等均属于算法的参数,该算法所解决的问题是如何获得最佳的卡尔曼滤波迭代估计方法;尽管说明书中记载了该算法可应用于航空航天精密仪器的参数估计,解决该领域内的实际技术问题,但是说明书中并没有明确记载上述算法的具体应用,没有限定算法包含的卡尔曼滤波系统状态方程、系统噪声方差阵、测量噪声方差阵等数据是来源于航空航天器上精密仪器的运行参数、系统误差和测量误差的实际测量值,没有体现出算法参数所代表的物理含义,也就没有体现出运用该算法能够解决航空航天领域的技术问题,导致权利要求1请求保护的迭代估计算法没有结合特定的应用领域,仍然属于抽象算法的范畴,该方案仍然是一种通用算法本身的描述。

综上所述,权利要求请求保护的方案以其文字记载的全部内容为依据,该案的权利要求中没有明确记载算法的具体应用领域及该算法的各项因子所代表的物理含义,因此,在解读请求保护的方案时,无法得出该方案被应用于特定技术领域来解决特定技术问题,即无法得出算法与应用领域的"技术关联"。因此,该方案记载的全部内容仅是对算法本身各运算步骤的限定,属于智力活动的规则和方法,不属于专利保护的客体。

（四）案例启示

该案审查过程中，申请人在意见陈述中指出：对于航天等对仪器精度和运行速度要求极高的领域，参数估计的估计精度和估计速度要求也极高，因此，显著提高参数估计的估计精度和估计速度，不仅是参数估计领域的技术改进，更是在航空航天的估计领域具有极高的应用价值，该方案解决的问题是航空航天产业上的技术问题，采用的手段是符合自然规律的技术手段，通过该方法可准确获得航空航天器上精密仪器的运行状态信息，以便于对它们进行及时和高精度的调控，因此该申请获得了符合自然规律的技术效果。

但是，申请人所陈述的上述意见并未在申请文件的描述，尤其是权利要求的撰写中体现出来。为了满足专利保护客体的要求，体现出改进卡尔曼滤波算法在航天领域精密仪器测量中的应用，首先，需要在权利要求的主题名称中明确限定算法所应用的技术领域，其次，在方法步骤的描述中应当写明各种参数所代表的物理意义，明确体现出计算机执行流程步骤处理特定物理数据所完成的技术功能，并且在迭代条件的描述中体现出所属应用领域中"符合自然规律的技术约束"，以避免因撰写不当导致权利丧失。

案例 9：一种聚类方法和系统

（一）案情说明

该案涉及一种分布式支持向量聚类的方法和系统，针对现有聚类算法执行效率较低的问题，通过并行计算提高聚类分析的时间效率。

1. 说明书相关内容

聚类分析是通过某种相似测度去发现对象集合中存在紧密关系的观测值簇，使得簇内部的对象彼此之间的相似度尽可能地大，而不同簇类的对象之间的相似度尽可能地小，甚至不同或不相关。目前对于聚类分析方法的优劣是通过有效性度量和实现性能即时间效率和存储效率进行的。

对于有效性来说，支持向量聚类方法较好，其中，支持向量聚类是基于核函数方法的一种，它通过使用核函数将数据从输入空间映射到高维特征空间中，寻找一个具有最小半径 R 的超球体尽可能地包围住所有训练集样本，再将该超球体逆向映射回输入空间时，原描述超球体的样本正好形成能够描述数据分布区域边界的轮廓。相对于其他方法，支持向量聚类的主要优势体现在对任意簇形状的发现和描述能力，且无须预设簇数量。但是该方法最大的不足就是实现性能差，建立在整个训练集上的核矩阵对存储空间的消耗巨大，并且为求解描述超球体的支持函数时的时间代价昂贵。

现有的对支持向量聚类分析方法效率提升的主要有：1）转换求解支持函数的对偶问题，但其虽对计算效率有益却对一次性建立核矩阵的规模降低没有帮助；2）训练集

电学领域专利审查疑难案例评析

约简,但作为预处理阶段的改进对于规模大或高维度(或二者兼具)的数据分析性能提升有限,且容易引入更多的参数增加算法复杂度。因此这些方法都不能够有效地提升支持向量聚类分析方法效率。

该案提出一种新的支持向量聚类方法,对输入的数据集按照预定处理规则进行处理,并对全局参数及任务进行初始化;该过程可以包括:预处理阶段,对输入的数据集进行噪声和/或非重要数据过滤,对处理后的所述数据集中每个样本进行规范化处理,形成预定数据集,在不降低精度的情况下,提高计算效率。

全局参数及任务初始化阶段,通过对支持向量聚类过程中所需的样本数、计算节点数、分配数量向量、核函数及惩罚因子等进行全局初始化设置,将可能会消耗时间的过程都尽可能地进行处理,对输入的数据集中每个样本视为行、每个属性视为列,进行基本的规范化处理,以使数据取值范围位于任务期望范围内。其中,滤除数据中存在噪声或非重要的数据,以便保留下来的数据具有相对清晰的簇轮廓,并使参数初始化工作变得更加容易。

向各个计算节点分发预定数据集或特定计算结果,在分发数据或特定计算结果阶段,通过向计算节点分发数据集或特定中间结果,并按照数据配比通知每个计算节点待分析的预定数据集中样本数量。这些计算节点可以位于一个处理器内,也可以位于多个处理器中。例如,处理器可以位于计算机中。

当计算节点分到预定数据集,则初始化所述预定数据集的权重向量,并按照预定公式进行迭代运算,计算出所述预定数据集中每个样本的权重系数值。其中,初始化所述预定数据集的权重向量可以有两种形式,当所述预定数据集为整个数据集时,将上述设置的全局参数、任务等分发给所有的计算节点,再要求计算节点根据所接收到的数据、参数及任务分配信息,并结合自身的节点编号在本地完成初始化 L 个样本的权重系数 $\alpha_1, \cdots, \alpha_L$,然后计算特定值序列并按照分配数量向量 VL 的要求将特定值序列分组分发给每个计算节点,即第 i 个节点将得到脚标范围的子序列值。当所述预定数据集不为整个数据集时,初始化 L 个样本的权重系数 $\alpha_1, \cdots, \alpha_L$,然后计算特定值序列并按照分配数量向量 VL 的要求将特定值序列分组分发给每个计算节点,即第 i 个节点将得到脚标范围的子序列值。第 i 个计算节点根据自身任务数的要求为待分析的 L 个样本的权重系数 $\alpha_1, \cdots, \alpha_L$,且可以复制一份作为本地常量存储,最后可以设置当前任务编号。

按照预定公式进行迭代运算可能会进行多轮迭代,计算出所述预定数据集中每个样本的权重系数值。找到所述权重系数值大于预定极小值的样本作为支持向量,并将所述支持向量进行编号;利用所述支持向量以及各支持向量的权重系数,构建支持函数,进行簇划分,得到所述支持向量的簇标号,并标定非支持向量的簇标号,作为整个数据集的聚类分析的结果。

该案提出的支持向量聚类方法,通过构建支持函数而求解的对偶问题分解,避开一次性核函数矩阵的构建对存储空间的消耗,以提升算法的存储效率,并将数据集样本在支持函数中的权重系数的评估过程并行化处理,以达到时间效率的显著提升;并提升支持向量聚类的方法在大规模、高维度数据分析方面的性能;有效提高支持向量聚类的效率。

2. 权利要求请求保护的方案

该案的独立权利要求如下:

权利要求1. 一种分布式支持向量聚类的方法,其特征在于,包括:

(1) 对输入的数据集按照预定处理规则进行处理,并对全局参数及任务进行初始化;

(2) 向各个计算节点分发预定数据集或特定计算结果;

(3) 当计算节点分到预定数据集,则初始化所述预定数据集的权重向量,并按照预定公式进行迭代运算,计算出所述预定数据集中每个样本的权重系数值;

(4) 找到所述权重系数值大于预定极小值的样本作为支持向量,并将所述支持向量进行编号;

(5) 利用所述支持向量以及各支持向量的权重系数,构建支持函数,进行簇划分,得到所述支持向量的簇标号,并标定非支持向量的簇标号,作为整个数据集的聚类分析的结果。

(二) 争议焦点

权利要求中包括"数据集""初始化""计算节点""分布式"等用语,相关特征仅是一种技术术语,还是属于技术特征?常见聚类算法通常会与技术领域相关联,如文本聚类、图片聚类等,而该方案的计算方法没有限定任何具体的应用领域,权利要求1的方法是否属于通用数学算法,未解决具体的应用问题?该方案是否属于专利保护客体,如果不属于保护客体,应当适用《专利法》第二十五条第一款还是《专利法》第二条第二款?

此外,说明书还记载了"预处理阶段,对输入的数据集进行噪声和/或非重要数据过滤"以及"滤除数据中存在噪声或非重要的数据,以便保留下来的数据具有相对清晰的簇轮廓,并使参数初始化工作变得更加容易"等相关内容。可否认为"噪声""非重要数据"是对数据含义的定义,从而意味着算法结合了具体应用(即噪声过滤)?如果将这些限定内容写入权利要求,修改后的权利要求是否满足专利保护客体的相关要求?

(三) 指导意见

首先,从权利要求的方案描述中能够明确:该方案是一种利用计算机执行算法步骤的方法,"数据集""初始化""计算节点"相关限定反映了"计算机执行"的实施方式,这些特征属于技术特征。然而,一个方案具备技术特征并不意味着其一定构成技术方案。当判断一个方案是否属于《专利法》意义上的技术方案时,应当从方案的整

电学领域专利审查疑难案例评析

体来看，判断其实际要解决的问题是什么，而不能试图孤立地仅依据个别特征的属性做出判断。因此，由于该方案中包含有处理器、计算节点、分布式等技术特征，不再是单纯的智力活动的规则和方法，不再适用《专利法》第二十五条第一款，但并不能由此断定其一定构成了技术方案。

其次，该申请的解决方案从整体来看，尽管其提出分布式支持向量聚类的方法，但是其请求保护的仍属于通用意义上的支持向量聚类算法；权利要求并没有明确该方法处理的数据是何种具体数据，同时也没有明确限定具体的技术领域；其仅是描述在分布式技术支持下实现的算法，因此其实质上没有解决技术问题；其说明书文字中声称的"节省存储空间、有效提高支持向量聚类的效率"的效果，属于该申请提出的分布式支持向量聚类算法本身相对于已有的支持向量聚类算法的改进带来的效果，并不属于技术效果。因此该申请权利要求1所要求保护的解决方案不构成《专利法》第二条第二款规定的技术方案，不属于专利保护的客体。

最后，说明书中描述了该方法可以处理"噪声"/"非重要"数据，但是并没有进一步描述噪声数据是何种噪声，例如，噪声是图像处理中的噪点、音频信号中的失真点，还是用户购物历史中偶尔出现的购物类别或者其他可能的需要排除的数据，进而也无法确定计算机运行程序执行算法步骤所处理的数据是否是外部技术数据，还是其他不具备自然属性、不符合自然规律的"非技术数据"。也就是说，噪声数据或者非重要数据仅是数据含义的初步限定，由于说明书并没有具体描述整体方案可应用的环境，因而也无法确定该方案对外部数据的处理是否用于解决技术问题，是否利用了符合自然规律的技术手段并获得了相应的技术效果？还是依据人为主观定义的规则进行的数据处理？所以，即使将上述限定内容补入权利要求，该方案仍然不符合《专利法》第二条第二款的规定。

（四）案例启示

只有为了解决技术问题，采用了遵循自然规律的技术手段，并且获得了符合自然规律的技术效果的解决方案，才属于《专利法》意义上的技术方案。计算机程序的应用类型从技术本质上来说，一种是作用于外部对象，一种是作用于内部对象。前一种情形要求计算机程序的处理对象是外部技术数据，并且处理手段是遵循自然规律的技术手段，才有可能构成技术方案。因此，在方案描述中不仅需要限定算法或者数学公式中各种参数的取值，更需要明确表达出各参数的物理含义，以表明计算机处理的数据属于"外部技术数据"。

例如，该案中说明书记载了算法适用的对象可以是噪声数据，然而其没有进一步说明这种"噪声"具体是何种应用场景中的噪声，因而也难以判定计算机所处理的数据是否具备物理含义，是否属于"外部技术数据"。这一问题也是申请文件撰写中容易被忽视的问题，申请人往往知晓方案的描述中应当写明数据的含义，但并不明确应当限定到何种程度。与上一案例中的"人体健康数据"相似，假如一项解决方案没有体现出算法如何适用于外部技术数据，那么难以满足保护客体要求。

案例 10：一种有价物品的防伪技术

（一）案情说明

该案涉及一种有价物品的防伪技术，通过在物品上设置校验单元，提供更为全面的物品信息校验。

1. 说明书相关内容

号码的校验机制广泛应用于有价物品，例如模 7 校验机制用于航空机票、模 9 校验机制用于 VISA 旅行支票、Luhn 算法校验机制用于信用卡、ISBN－10 校验机制用于图书、ISO 7064：1983. MOD 11－2 校验机制用于身份证等。

根据 Beckley 统计的结果，利用模 11 的优化系统（an optimum system with modulus 11），计算机通报（The Computer Bulletin），11：213－215，1967，发生单个位置的号码错误（…a…→…a'…）占整个号码错误的 86％，发生相邻两位置的号码错误（…ab…→…ba…）约占整个号码错误的 8％。因此，这两种号码错误是需要重点解决的。

例如，任何十进制数都可表示为：

$$a_n \cdots a_3 a_2 a_1 = a_n \times 10(n-1) + \cdots + a_3 \times 100 + a_2 \times 10 + a_1$$

所以，对于模 9 校验机制来说：

$$a_n \cdots a_3 a_2 a_1 \pmod 9 = a_n \times 10(n-1) \pmod 9 + \cdots + a_3 \times 100 \pmod 9 + a_2 \times 10 \pmod 9 + a_1 \pmod 9$$

$$= a_n \pmod 9 + \cdots + a_3 \pmod 9 + a_2 \pmod 9 + a_1 \pmod 9 = (a_n + \cdots + a_3 + a_2 + a_1) \pmod 9 = 常数$$

其中各位置上数字的系数都为 1，模 9 校验机制只能校验在单个位置上除了（0，9）之外的错误，例如对于一组号码 5342967，5342967（mod 9）＝0。若某个位置的数字发生错误，如 2 变成了 7，5342967 变成 5347967，则此时 5347967（mod 9）＝5≠0。

此外，模 9 校验机制不能校验 9 变成 0 或者 0 变成 9 的情况，例如 5342967 变成 5342067。前文已述，根据 Beckley 的统计，单个位置上号码的错误占了整个号码错误的大部分，因此，模 9 校验机制具有很重要的意义，而且实现较容易。

然而，对于任意数字 $a_n a_{(n-1)} \cdots a_3 a_2 a_1$，位置发生变化，特别是经常容易出错的相邻两位号码交换的情况，传统的模 9 校验无法进行判断。

例如，最后一位为校验位的一组号码 534267，满足 534267（mod 9）＝0。

这组数字相邻两位号码交换变成 543267，此时，543267（mod 9）＝0。显然，无法通过模 9 校验机制来判断号码错误。此外，对于任意打乱的情况，只要这些数字存在，例如将 534267 改为 536427、354672，根据模 9 校验机制都无法进行判断。

电学领域专利审查疑难案例评析

一般来说，在有价物品的号码印刷中，由于喷墨、激光打印等数字印刷方式很难满足高速大批量的需要，目前适合大批量、高速印制有价物品号码的装置是机械轮转式号码机。而机械轮转式号码机实现整除式校验机制较容易，实现其他校验机制较难，而且稳定性较差，印刷速度受影响，成本较高。

该申请提供了一种有价物品，通过在有价物品上的防伪校验单元中设置满足校验机制的信息来满足有价物品对号码进行更全面校验的需求。

有价物品中包括防伪校验单元，防伪校验单元包括模校验信息 A 和基础号码信息 B，由于模校验信息 A 和基础号码信息 B 通过该校验机制的计算结果为常数，从而可识别信息中符号位置发生错位的情形，因此可满足有价物品对号码进行更全面校验的需求，能够在不对现有机械轮转式号码机大改动的前提下，实现高速大批量的印刷。

2. 权利要求请求保护的方案

该案的独立权利要求如下：

权利要求 1. 一种有价物品，其特征在于：包括防伪校验单元，其中防伪校验单元包括模校验信息 A 和基础号码信息 B，模校验信息 A 中至少包括 2 个字符，基础号码信息 B 至少包括 1 个字符，模校验信息 A 和基础号码信息 B 满足下列关系式：

$$A \bmod (m) * \Phi_1(B_1) * \Phi_2(B_2) * \cdots * \Phi_i(B_i) * \cdots * \Phi_L(B_L) = 常数$$

其中 mod 为求余函数，m 为自然数，$*$ 表示运算算符，i 和 L 为自然数，$1 \leq i \leq L$，Φ_i 为校验函数，$B_1, B_2, \cdots, B_i, \cdots, B_L$ 是将基础号码信息 B 分解为 L 个部分得到的子基础号码信息。

（二）争议焦点

权利要求 1 涉及数据公式及其相关定义，方案中限定了公式是用于防伪验证，还包括了若干技术特征，不属于智力活动的规则和方法，但是整体方案是否符合《专利法》第二条第二款关于保护客体的规定？

（三）指导意见

该申请权利要求请求保护的方案，通过设置特定的防伪信息字符的校验算法，可以解决：（1）有价物品的更全面的校验防伪问题；（2）能够在不对现有机械轮转式号码机大改动的前提下，实现高速大批量的印刷。

权利要求中采用模校验信息 A 和基础号码信息 B 等防伪校验单元构成了技术手段。防伪码用于解决防伪问题，一般并不是由防伪码本身来解决的，例如，印有条形码或二维码的物品，并不是该物品或者该条形码、二维码来防伪的，而是在其被读取时执行相应的校验算法或进行指定的动作，从而才能判断其真伪。又如通信领域增加校验位防止误码的算法，也并不是本身增加了校验位的编码数据本身就可以防误码，而是在解码装置对其解码，执行了相应的校验算法后，才知道是否产生了误码。

该案权利要求的方案也获得了在不对现有机械轮转式号码机大改动的情况下，全面校验防伪并高速大批量印刷的技术效果。因此，权利要求的方案属于《专利法》第二条第二款规定的技术方案。

（四）案例启示

该案将校验算法应用于物品防伪，从而使得权利要求中限定的关系式不再是单纯的数学计算公式，而是与其他特征共同构成了反映编码信息与校验信息之间特定约束的技术手段。为了进一步体现出单纯的数学计算式与利用数据方法处理外部信息这两者之间的差异，可结合以下示例的权利要求进行对比分析：

权利要求 1. 一种标记方法，其特征在于，包括如下步骤：

（1）设置 p、q 和 g 作为参数，其中 p 和 q 是素数，而 g 是在 1 和 p 之间的整数，并且当它的 q 次幂除以 p 时，其值为 1；

（2）设置第一数据 x，$x = gr_1 \bmod p$；

（3）设置第二数据 e，e 为随机数；

（4）设置第三和第四数据 y_1 和 y_2，$y_1 = r + er_4 \bmod q$，$y_2 = r + er_3 \bmod q$；r_2 和 r_3 是随机数，根据函数 $r = r_1 + s_1 r_2 \bmod q$ 计算 r 值，根据函数 $r_4 = s_1 r_4 + s_2 \bmod q$ 计算 r_4 值；

（5）设置第五数据 x'，$x' = gy_1 V_1 y_2 V_2 e$，V_1 和 V_2 是根据函数 $V_1 = g - s_1 \bmod p$，$V_2 = g - s_2 \bmod p$ 计算的。

不难发现上述权利要求限定的"标记方法"虽然与案例 10 类似，均是以数学计算式来描述数据之间的数学关系，然而根据对比示例的权利要求描述，仅能判断出对比示例中的计算步骤是为了验证第一数据 x 和第五数据 x' 之间的数学关系。上述对比示例并没有限定方案的应用领域，也没有限定计算公式中各个参数所代表的物理意义，从而也无法确定其能够解决何种技术问题，按照其记载的各个计算步骤去实施该方案，所获得的效果也仅是按照各计算步骤来获得运算结果。

通过以上对比分析，再次说明单纯的数学方法与应用数学方法解决特定问题的解决方案差别就在于方案的"抽象性"与"具体性"的差异。

第三节 涉及模型/建模的客体判断

数学模型、工程模型、社会模型以及各种预测模型等涉及建模的方案是数学方法结合计算机技术的一种典型运用。通常没有结合特定应用的单纯数学模型被认为与算法本身、计算机程序本身类似，属于智力活动的规则和方法，被排除在专利保护客体之外。更多的情形下，涉及模型/建模的方案则是使用计算机以数学方法描述外部事物及其相互关联，例如广泛应用于工程设计中的计算机辅助设计（CAD）。这类用于特定应用需求的模型以及建模方法，不再是单纯的模型定义本身，需要进一步考察方案是否针对应用领域的技术问题，采用了符合自然规律的技术手段并获得了技术效果。

案例11：一种软件可靠性增长模型

(一) 案情说明

该案涉及一种ISQ-FDEFCE软件可靠性增长模型，将移动点技术引入软件可靠性分析过程，从而使得软件修正率大幅度提高。

1. 说明书相关内容

移动点（Change Point，CP）是统计学中的一种分析方法，指某个或某些参数发生变化的点，即在一个序列或过程中，在某个 τ 时刻序列或过程的某个或某些统计特征量发生变化，此 τ 时刻就是移动点。形式化表示如下：

（1）随机变量序列或过程 $X_1, X_2, \cdots, X_\tau, X_{\tau+1}, X_{\tau+2}, \cdots, X_n$ 是相互独立；

（2）$X_1, X_2, \cdots, X_\tau$ 服从某一概率分布函数 $G(X)$，$X_{\tau+1}, X_{\tau+2}, \cdots, X_n$ 服从另一概率分布函数 $F(X)$，且 $G(X) \neq F(X)$；

（3）$G(X)$ 和 $F(X)$ 可以是任意概率分布函数。

其中，参数 τ 即为移动点。

移动点技术在很多领域中都有很好的应用，例如工业自动控制、导航分析、经济、气象学、信号过程、医学、行为学和计算机等方面。软件可靠性建模中也开始应用移动点技术。

许多经典的软件可靠性增长模型都假设软件故障检测率是平稳的。在实际情况中，软件故障检测率取决于多种因素。一般情况，在软件测试初始阶段，大量的故障被检测到，软件故障检测率取决于故障发现效率、故障密度、测试工作量、测试工具和运行环境等其他因素。在软件测试中期阶段，故障检测率取决于CPU指令的执行率、软件失效与软件故障的对应关系、代码扩展因子和每天CPU进度计划，因此可以计算出软件故障检测率。利用这一故障检测率可以了解故障检测活动的进展情况，估计软件测试计划的有效性，并评估采用的故障检测方法是否有效。综上所述，一旦上述因素发生变化，导致软件故障检测率也随之发生变化。

软件故障修正率是故障修正过程中非常重要的一个参数，反映了故障被修正的效率及故障修正人员的工作能力，为软件开发者和管理者判断是否需要增加或减少资源提供依据。大多数软件可靠性增长模型都假设软件故障修正率服从同一分布。在实际情况中，故障修正率受到故障修正人员的技巧、故障本身的难易程度、故障修正环境和工具等因素的影响。因此软件故障修正率既不是常数也不是平滑的，而是在某些点发生变化，即存在着移动点。

现有基于移动点的NHPP（Non-homogeneous Poisson Process，非齐次泊松过程）类软件可靠性增长模型是针对软件失效检测行为建立的，很少考虑软件故障修正过程中也有可能因某些影响因素发生变化而产生移动点，而且更没有考虑故障检测工作量和故障修正工作量对故障检测和故障修正过程的影响，因此不能更好地从软件故障检测和故障修正的细节上进行可靠性建模。

该方案假设 ISQ－FDEFCE－CP 模型服从以下假设：软件故障检测过程遵循一个 NHPP；在任意时刻软件系统失效都是由软件中存在的残余故障所引起的；在 $[t, t+\Delta t]$ 时间间隔内已检测到的故障数与系统内残存故障数以及故障检测工作量成正比；软件故障之间相互独立；软件故障修正过程不可以被忽略，修正的故障数滞后于检测到的故障总数；每次引起软件系统失效的故障最终将会被修正，软件故障检测过程和故障修正过程是并行执行的，故障修正过程不会影响到故障检测过程且故障修正是完美的；使用 ISQ 模型来描述故障检测和故障修正活动，并且模型满足 NHPP 到达，服务时间服从一般分布；故障修正过程中，故障修正率在某些时间点上发生变化。

为解决现有技术中的问题，该案从两个方面结合入手，提出了更加完善的软件可靠性增长模型。针对现有技术中，绝大部分软件可靠性增长模型都假设软件故障修正率是服从同一分布的问题，引入软件故障修正过程中移动点。此外，现代的软件工程中，使用不同于以往的、新的调试工具也是非常合理的现象。这些工具能够确保软件故障检测和故障修正效率的稳步提高，引入新工具的时机也可能被认为是一个移动点，该模型能够使得软件修正率大幅度提高。

2. 权利要求请求保护的方案

该案的独立权利要求如下：

权利要求 1. 基于移动点的 ISQ－FDEFCE 软件可靠性增长模型，所述基于移动点的 ISQ－FDEFCE 软件可靠性增长模型简写为 ISQ－FDEFCE－CP 模型，其特征在于：该模型在软件故障修正过程中具有 n 个移动点，ISQ－FDEFCE－CP 模型具体为：

$$m_c(t) = \sum_{k=0}^{n} \left\{ \int_{\tau_k}^{\tau_{k+1}} m'_d(x_{k+1})[1 - \exp(-\rho_{k+1}W_c(\tau_{k+1}) + \rho_{k+1}W_c(x_{k+1}))]dx_{k+1} + [m_d(\tau_{+1}) - m_c(\tau_{k+1})][1 - \exp(-\rho_{k+1}W_c(\tau_{k+1}) + \rho_{k+1}W_c(\tau_k))] \right\}$$

其中：

$m_c(t)$ 为具有 n 个移动点的故障修正过程的均值函数；

$m'_d(\ )$ 为 $m_d(\ )$ 的一阶导数，$m_d(\ )$ 表示到 t 时刻为止 ISQ－FDEFCE－CP 模型的故障检测过程的均值函数，即

$$m_d(t) = a[1 - \exp(-bW_d(t) + bW_d(0))] = a[1 - \exp(-bW_d^*(t))]$$

其中：a 表示软件测试开始前潜在的故障总数；

b 表示每单位测试工作量的故障检测率；

$W_d(t)$ 表示到 t 时刻为止累积测试工作量；

$W(0)$ 表示 0 时刻的测试工作量；

$W^*(t) = W(t) - W(0)$；

ρ_{k+1} 表示每单位故障修正工作量的故障修正率；

$W_c()$ 表示至 t 时刻为止累积的故障修正工作量。

（二）争议焦点

权利要求请求保护的主题是一种模型，特征部分限定的内容中包含以下特征："$m_{c(t)}$ 为具有 n 个移动点的故障修正过程的均值函数，$m'_d()$ 为 $m_d()$ 的一阶导数，$m_d()$ 表示到 t 时刻为止 ISQ－FDEFCE－CP 模型的故障检测过程的均值函数，$W_{d(t)}$ 表示到 t 时刻为止累积测试工作量"。权利要求 1 就整体而言，是一种数学模型的定义，属于智力活动的规则和方法，还是因其限定了参数的具体含义，反映了模型的应用领域，整体而言不再是一种单纯的智力活动的规则和方法，不应当依据《专利法》第二十五条排除其获得专利权的可能性？

（三）指导意见

软件的可靠性（Software Reliability）是指在规定的条件下和规定的时间内，软件不发生失效的概率，可靠性是衡量所有软件系统最重要的特征之一。软件可靠性模型旨在根据软件失效数据，通过建模给出软件的可靠性估计值或预测值。它不仅是软件可靠性预计、分配、分析与评价的最强有力的工具，而且为改善软件质量提供了指南。基于时间域的软件可靠性增长模型是可靠性预计模型的重要类型之一，而非齐次泊松过程（简称 NHPP）类模型则是应用最广泛的一类模型，该模型假设每个时间间隔内的观测的故障数是一个独立的泊松随机变量。NHPP 模型拟合效果好，结构简单，已经成为软件可靠性工程实践活动中很成功的工具。该案的发明点就在于对 ISQ－FDEFCE－CP 模型（Infinite Server Queuing－Fault Correction Effort－Change Point，基于排队论的软件可靠性增长模型）的改进，考虑到各种因时变化的因素对软件故障率的影响，将移动点技术引入模型构建中。

虽然说明书对其方案的描述体现了模型在软件故障分析中的应用，但是权利要求对方案的描述并未体现出如何利用 ISQ－FDEFCE－CP 模型来解决软件故障率受时间变化因素影响而引起准确率下降的问题，权利要求限定全部内容均为 ISQ－FDEFCE－CP 模型本身的数学表示函数、建立的条件等。由于权利要求中并没有体现出运用该模型进行软件修正的具体过程，即使函数中的参数具有一定的物理含义，但是权利要求的方案中并没有体现出运用该模型能够解决何种技术问题以及如何解决。因此，权利要求请求保护的仍然是模型本身，属于智力活动的规则和方法，不能被授予专利权。

（四）案例启示

该案从说明书公开的发明构思来看，本意并非单纯寻求对数学意义上的抽象数学模型的保护，而是涉及了模型在技术领域的具体应用（将特定模型应用于软件可靠性分析），显然由于撰写方面的缺陷导致权利要求被排除在专利保护客体之外。如果申请人在撰写权利要求时注意到以下问题，或许能够克服保护客体方面的缺陷。

说明书中在给出用于描述模型的数学公式前，首先给出了关于软件故障检测过程的若干设定条件，这些设定条件与模型建立中各种参数表征的物理意义及其相互关系具有约束性。如果将相关设定条件体现在权利要求各步骤的描述中，能够使得请求保护的模型不再是一种通用模型，而是体现出方案与"软件可靠性检测"这一具体应用领域的结合。在此基础上，继续限定模型中的数学公式及其参数，所有参数均被赋予一定的物理含义，以表征软件故障修正过程中的物理量或其他故障数据，这部分关于参数的限定内容将体现出为解决软件可靠性检测这一问题时所涉及的外部技术数据，那么从权利要求整体来看，数学公式相关限定与其他特征相结合，就有可能构成技术特征。

关于整体方案是否解决了技术问题并且获得了相应的技术效果，根据说明书发明内容部分的记载，"现代的软件工程中，使用不同于以往的、新的调试工具能够确保软件故障检测和故障修正效率的稳步提高，在软件故障检测中引入'移动点'，能够使得软件修正率大幅度地提高"，需要进一步思考如何在方案中体现出"优化软件检测效果"的技术性。此外，按照现行审查标准，权利要求的主题名称为"模型"将导致其主题类型不清楚。综上所述，类似方案可以撰写为特定领域的建模方法。

案例12：一种误差建模方法

（一）案情说明

该案涉及一种线切割机床的关键性热误差建模方法，将删除算法与RAN方法结合提出M－RAN算法来建立热误差模型，以优化加工机床的热误差模型。

1. 说明书相关内容

数控慢走丝线切割机床是一种高精度的电火花加工机床，在加工过程中，由于电极和工件之间不直接接触，几乎没有切削力，因此在加工高强度、高熔点、高硬度、高脆性、高韧性等难于切削的新材料方面显示了极强的优越性。

对于数控机床精度研究，目前认为机床的精度（定位精度与加工精度）主要受到机床零部件和结构的空间几何误差、热误差、载荷误差、伺服误差等因素的影响。随着加工中心各部自身精度的提高，以及直线电机驱动取代传统伺服电机加滚珠丝杠驱动，影响其加工精度的主要误差元素不再是部件自身的几何精度误差、装配误差、滚珠丝杠误差、导轨直线度和垂直度误差等几何误差元素，而是直线导轨热变形误差、旋转轴安装定位误差、直线电机边缘效应，以及驱动电机、高温切削等复杂热源作用下工作台、立柱、床身等产生的热变形导致的热误差元素。随着加工中心自身精度和刚度的不断提高，由高速驱动元件发热引起的热误差元素将成为影响加工精度最大的、最主要的误差元素。据统计，数控慢走丝线切割机床的热变形误差占到了总的制造误差的50%以上，线切割机床的热变形问题是一个急需解决的重大的工程实际问题，同时也是装备制造业领域里面一个重要的基础理论问题。

电学领域专利审查疑难案例评析

目前减少数控机床热误差的主要方式有误差防止法和误差补偿法。误差防止法是试图通过设计和制造途径消除或减小可能的误差源。误差防止法是"硬技术",它虽然能减少原始误差,但靠提高机床制造和安装精度来满足高速发展的需要有着很大的局限性。首先,在加工精度要求很高时采用这种方法,将会使生产成本显著增加,甚至超过了减少加工误差所能带来的效益;其次,在仅用误差防止技术来提高机床的加工精度时,当精度达到一定要求的水平以后,再提高就会变得十分困难。而误差补偿技术是人为地造出一种新的误差去抵消当前成为问题的原始误差,以达到减少加工误差、提高零件加工精度的目的。误差补偿所投入的费用与提高机床本身精度或购买高精度机床相比较,价格要低得多。与误差防止法相比,误差补偿法为"软技术",它用很小的代价便可获得"硬技术"难以达到的精度水平。

误差补偿技术在使用过程中,需要确立以下三个主要步骤:

第一,实现机床温度场温度测点的优化辨识和测量;

第二,建立精确的机床误差计算数学模型;

第三,依据数学模型实现对机床误差的控制。

目前,建立精确的机床误差计算数学模型是现代精密工程中实现误差补偿的核心技术之一,例如,基于最优分割和逐步回归方法的机床热误差建模方法、灰色系统模型法、BP 神经网络补偿法、贝叶斯网络的数控机床热误差模型法、偏最小二乘神经网络模型法等。径向基函数(Radical Basis Function,RBF)神经网络模型拟合偏差带最窄,模型误差拟合能力好,热误差预测时误差带宽也较小,基于 RBF 神经网络的 M-RAN(Minimal Resource Allocating Network)算法可以获得更加紧凑的网络结构,且具有自适应能力,能通过隐层神经元数量的增减和网络参数的调整跟踪系统变化的动态特性,适合实时在线应用。

该案提供了一种采用 RBF 神经网络的 M-RAN 算法来建立热误差模型的方法,通过在线切割机床上合理布置温度传感器,并用千分表测量上下丝架热变形的手段采集热变形数据,将采集到的数据用基于 RBF 神经网络的 M-RAN 算法建立热误差补偿模型。资源再分配网络 RAN 算法,是一种基于径向基函数的单隐层神经网络(RBF 神经网络)学习算法。在学习过程中,随着输入数据的不断出现,网络根据"新颖性"条件选择某些输入数据作为隐层中心,隐层节点不断增加,在没有隐层节点增加时,网络参数采用最小二乘 LMS(Least Mean Squares)算法进行调整。由于 RAN 网络一旦产生一个隐层单元,则不能被删除,RAN 产生的网络中可能会有某些隐层单元,虽然在初始时活跃,但其后会对网络输出不产生任何贡献。如果在学习过程中能检测并删除这些不活跃的隐层单元,则可以实现更加紧凑的网络结构。因此,该案采用将删除算法与 RAN 方法结合提出的 M-RAN(Minimal RAN)算法来建立热误差模型。

2. 权利要求请求保护的方案

该案的独立权利要求如下:

权利要求1. 一种基于RBF神经网络M-RAN算法的数控慢走丝线切割机床热误差建模方法，其特征在于，该方法包括下述流程：

（1）单输入RAN网络结构

单输出RAN网络结构包括输入层、隐含层和输出层三层；设网络输入x为n维向量$x=[x_1, x_2, \cdots, x_n]^T \in R_n$，隐层节点的输出为：

$$\phi_i(x) = e^{\left(\frac{||x-c_i||^2}{\sigma_i^2}\right)} \tag{1}$$

网络输出为：

$$f(x) = w_0 + \sum_{i=1}^{n} w_i \phi_i(x) \quad 1 \leqslant i \leqslant n \tag{2}$$

其中，$\phi(x)$为径向基函数，一般取为高斯函数$\phi(x)=e^{\left(-\frac{x^2}{\sigma^2}\right)}$，$||x-c_i||$为欧几里得（Euclidean）范数，$c_j=[c_1j, x_2j, \cdots, x_{nj}]^T \in Rn$为隐层第$i$个径向基函数的数据中心，$\sigma_i$为径向基函数的宽度，$w_0$为偏置项，$w_i$为第$i$个基函数输出与输出节点的连接权值，$n$为隐层节点的数目；

网络开始时没有隐层节点，它首先利用第一对训练样本数据(x_0, y_0)初始化，网络参数w_0，并令$w_0=y_0$，然后对每一对训练样本数据根据下列"新颖性"条件来确定是否将某个输入x''增加为新的隐层单元：

$$||x_n - c_{\text{nearest}}|| > \varepsilon_n \tag{3}$$

$$|e_n| = |y_n - f(x_n)| > e_{\min} \tag{4}$$

其中，c_{nearest}为所有隐层单元中与x_n距离最近的隐层单元的中心，ε_n为输入空间的阈值，$\varepsilon_n = \max\{\gamma^n \varepsilon_{\max}, \varepsilon_{\min}\}$，$\gamma \in (0, 1)$，$\varepsilon_{\max}$和$\varepsilon_{\min}$分别为输入空间的最大和最小误差，$e_{\min}$为输出空间的误差阈值，须合理选择。

在上面的"新颖性"条件中，需要保证新加入的隐层单元与现有的隐层单元足够远，并确定现有隐层单元是否能满足输出误差的精度要求，当上述两个条件同时满足时，则在网络中增加一个新的隐层单元，与新增加隐层单元有关的参数指定如下：

$$w_{k+1} = em \tag{5}$$

$$c_{k+1} = xm \tag{6}$$

$$\sigma_{n+1} = \kappa ||x_n - c_{\text{nearest}}|| \tag{7}$$

其中κ为重叠因子，它决定了隐层单元的响应在输入空间的重叠程度。

当输入向量不满足增加隐层单元的条件时，则采用下列最小二乘算法调整网络参数，网络参数θ可以表示为$\theta=[w_0, w_1, \cdots, w_n, c_1^T, c_2^T, \cdots, c_n^T]^T$，其中未包括RBF的宽度参数$\sigma_i (i=1, 2, \cdots, n)$，有

$$\theta(n) = \theta_{(n-1)} + \eta e_n a_n \tag{8}$$

其中η为自适应步长的大小，$f(x)$为在$\theta(n-1)$处关于参数向量θ的梯度；

$$a_n = [1, \phi_1(x_n), \cdots, \phi_i(x_n), \phi_1(x_n)\frac{2w_1}{\sigma_1^2}(x_n-c_1)^T, \cdots,$$

$$\phi_i(x_n)\frac{2w_i}{\sigma_i^2}(x_n-c_i)^T]^T \tag{9}$$

(2) M-RAN算法

网络开始时没有隐层单元；在学习过程中，将根据下列"新颖性"条件来确定是否将某个输入 x_n 增加为新的隐层单元：

$$||x_n - c_{\text{nearest}}|| > \varepsilon_n \tag{10}$$

$$|e_n| = |y_n - f(x_n)| > e_{\min} \tag{11}$$

$$O_k = w_k \exp\left(-\frac{||x-c_k||^2}{\sigma_k^2}\right) \tag{12}$$

在上面的"新颖性"条件中，比 RAN 网络增加式（12）作为条件之一，其目的是检查网络过去 M 个连续输出的均方差是否满足要求值，当上述三个条件同时满足时，则在网络中增加一个新的隐层单元，与该隐层单元有关的参数如式（5）～式（7）所示；

当输入向量不满足增加新隐层单元的条件时，将采用扩展卡尔曼滤波器来调整网络的参数，同时，该算法中增加了如下删除策略；

为了删除对网络输出几乎不做贡献的隐层单元，首先考虑隐层单元 k 的输出 O_k：

$$O_k = w_k \exp\left(-\frac{||x-c_k||^2}{\sigma_k^2}\right) \tag{13}$$

如果式（13）中的 w_k 和 σ_k 变小，则 O_k 也会变小；如果 $||x-c_k||$ 变大，即输入远离该隐层单元的中心，则输出会变小；为了确定一个隐层单元是否应删除，隐层单元的输出值要进行连续检测；如果对 M 个连续的输入某个隐层单元的输出都小于一个阈值，则这个隐层单元要从这个网络中删除；因为采用绝对数值会在删除过程中引起矛盾，所以隐层单元的输出要进行归一化，这些归一化的输出值用于惩罚判据中，具体删除策略如下：

1) 对每个观测值 (x_n, y_n)，用式（13）算所有隐层单元的输出 O_n^i（$i=1, 2, \cdots, h$）；

2) 找出隐层单元输出值绝对值的最大值 $||Q_{\max}^n||$，计算每个隐层单元的归一化输出值 r_n^i（$i=1, 2, \cdots, h$），$r_n^i = \left|\left|\frac{Q_i^n}{Q_{\max}^n}\right|\right|$；

3) 删除那些对于 M 个连续的观测值其归一化输出小于阈值 δ 的隐层单元；

4) 调整 EKF 算法中各矩阵的维数以适应经过删除的网络。

在该算法中，各种阈值必须合理地选择，其中 ε_n、$e_{\min}$、$e_{\max}$ 控制着网络增长，而 δ 则控制着网络的删除；而 κ、Q 和 P_0 则与扩展卡尔曼滤波器算法的参数更新有关。

(二) 争议焦点

该案权利要求请求保护的方案是否属于专利保护的客体？

观点1：该案除其主题名称外，对其进行限定的全部内容均为智力活动的规则和方法，即该权利要求的特征部分是利用RBF神经网络结合M－RAN算法进行建模的，在建模的过程中并未将上述方法应用于具体的领域，解决具体的技术问题，建模所使用的RBF神经网络的输入输出并未限定具体技术领域的具体物理参数，并且RBF神经网络和M－RAN算法中涉及的参数并未应用于具体的领域，不具有相应的物理含义。因此，其内容仅涉及算法，而不是一种利用技术手段或自然规律的技术方案。

观点2：该案属于可授权的客体，因为权利要求的主题限定了基于RBF神经网络M－RAN算法的数控慢走丝线切割机床热误差建模方法，限定了具体的领域，即建模方法属于机床误差建模领域，将该建模方法应用于数控慢走丝线切割机床热误差计算，解决了技术问题。

(三) 指导意见

对于涉及算法的申请，其请求保护的方案是否结合了技术领域不能仅从权利要求的主题名称来判断，而是要在权利要求记载的方案中具体体现该算法如何具体应用于该领域以解决该领域的技术问题。

具体到该案，权利要求仅在主题名称中限定了"数控慢走丝线切割机床热误差建模"用于说明模型的应用领域，在其特征部分的限定中，并没有体现出RBF神经网络M－RAN算法与应用领域的技术关联性，建模所使用的RBF神经网络的输入输出参数仅是一种数学意义上的运算操作数，由于方案中未限定具体技术领域的具体物理参数，因此，整体方案实质上仍然是模型本身的定义，属于《专利法》第二十五条第一款第二项规定的智力活动的规则和方法。

(四) 案例启示

数学模型是对实际问题的一种数学表述，具体而言，数学模型就是关于部分现实世界为某种目的的一个抽象、简化的数学结构。如果一个涉及模型的方案停留在抽象数学表述的层面上，必然属于智力活动的规则与方法。当计算机建模得到越来越广泛的应用，工程、建筑、生产、交通、人口、医学、材料等各个领域都利用模型来定量地分析和解决实际问题，需要在确定对象信息、作出简化假设、分析内在规律等工作的基础上，用数学的符号和语言将事物之间的关系表述为数学公式，以构建相应的数学模型，然后通过计算得到的模型结果来解释实际问题，并接受实际的检验。

通过上述对数学建模过程的分析可以发现，通常，所建立的模型都与特定的应用需求相关，尤其是用于解决自然科学领域问题的模型，其参变量之间的关系大都与事物的自然属性相关，并且遵循客观的自然规律（某些用于解决社会科学方面的模型可能涉及人为设定的前提和约束，因而参数之间的关联关系可能会受到人为因素的干扰），从这个意义上说，建模方法本身就体现了一定的"技术色彩"。在撰写申请文件时申请人需要关注的是，应在权利要求中体现出模型与具体应用领域的结合，体现出参数表征的物理意义，并以方法步骤的形式体现模型建立过程，而不是局限于模型本身的描述。

案例13：一种生物质炉燃烧优化建模方法

（一）案情说明

该案涉及一种生物质炉燃烧优化的建模方法，针对不同燃烧状态的特征指标，建立一种更精确的优化生物质炉燃烧模型。

1. 说明书相关内容

生物质炉燃烧优化的方法是节能减排的重要技术手段，其目标是在一定的负荷（生物质燃料给料速度）条件下，通过调整生物质炉配风的运行参数而获得高效率、低污染排放的运行状态。生物质炉的配风参数的搭配对生物质炉燃烧状态有直接的影响，不同的配风、氧量等操作参数的配置会直接导致不同的燃烧效率及污染气体的排放量。对于给定的生物质炉，在一定的负荷条件下，针对不同的燃烧状态特征指标，存在一种最优的配风方案，能够使相应燃烧状态的特征指标最优化，但是生物质炉的操作参数间有着复杂的耦合关系，要找到最优的操作参数的配置并不容易。生物质炉燃烧特性建模是生物质炉燃烧优化中的关键问题，目前还没有得到很好的解决。

实际中生物质炉的燃烧优化主要是靠工作人员的经验，往往只是维持生物质炉的燃烧，因此实际运行中的参数配置还存在较大的提升空间。

针对生物质炉燃烧优化中的瓶颈问题，提出一种兼顾模型预测精度与泛化能力的建模方法，通过生物质炉燃烧数据采集、建模，数据样本的选择和预处理、建立生物质炉的燃烧特性模型，确立的一种生物质炉燃烧优化的建模方法，利用该方法可建立较为精确和泛化能力较强的生物质炉燃烧优化特性模型。

2. 权利要求请求保护的方案

该案的独立权利要求如下：

权利要求1. 一种生物质炉燃烧优化的建模方法，其特征在于，该方法的具体步骤是：

步骤1：采集生物质炉运行参数及相关的表征生物质炉燃烧状态的特征指标，建立数据库；

所述的生物质炉运行参数数据包括生物质燃料的工业分析指标、一次风速、二次风速、氧量、燃尽风速、生物质燃料给料速度；生物质炉运行参数通过生物质炉运行数据库获取，或直接通过仪器测量采集，不同的生物质燃料分开采集数据，分别建模；

所述的表征生物质炉燃烧状态的特征指标的数据包括烟气的NO_x浓度和生物质炉燃烧效率；

步骤 2：对数据库中的数据进行选择和预处理，并分别用最小二乘支持向量机和径向基神经网络针对不同的燃料，建立生物质炉运行操作参数与燃烧状态的特征指标间的燃烧模型；针对 n 种生物质燃料，分别建立 n 个模型，具体方法是：

分别针对不同燃料的燃烧情况，在数据库中进行数据选择，选择出建模用的样本数据，选择时遵循以下原则：①分布均匀，即在模型的输入量的拓扑结构空间上分布是均匀的；②数量均等，即在拓扑结构中位于不同点的数据的样本量，相差不大于数据最少点的样本数据量的 10%；

对选择出的数据进行建模前的预处理，通过单位的变换或乘系数的方法，使各输入量及相应输出量的数据处于数量级相差小于 1 个的状态，再对输入量进行归一化处理；

应用预处理好的数据，首先采用最小二乘支持向量机算法，针对一种燃料建模，最小二乘支持向量机算法所建模型泛化能力较强，然后再应用径向基神经网络建模，径向基神经网络所建模型经验风险较小，最后将最小二乘支持向量机模型和径向基神经网络模型进行组合形成最终的针对一种燃料的燃烧优化模型；用于建模的输入参数及表征生物质炉燃烧状态的特征指标的输出参数表示为 $\{x_i, y_i\}_{i=1}^{N}$，其中 x_i 表示第 i 组作为输入数据的生物质炉运行参数向量，y_i 表示第 i 组作为输出参数的表征生物质炉燃烧状态特征的参数，N 为样本数量，以实际运行数据为基础建立运行操作参数与生物质炉不同燃烧状态指标间的模型；

首先，采用最小二乘支持向量机算法建模，核函数选为径向基函数：

$$K(x_i, x_j) = \phi(x_i) \cdot \phi(x_j) = \exp\left[\frac{||x_i - x_j||^2}{2\sigma^2}\right]$$

σ 为径向基函数的宽度，该表示形式为标准形式；$\phi(x)$ 为映射函数，设所求的目标函数为：$f(x_i) = w \cdot \phi(x_i) + b$，$f(x_i)$ 为模型输出的锅炉燃烧状态的特征指标预测值，w 为权重系数向量，b 为截距；引入松弛因子 $\xi*i$ 和 ξ_i 以及允许拟合误差 ε，$\xi*i \geq 0$、$\xi_i \geq 0$，模型通过在约束：

$$\begin{cases} y_i - w \cdot \phi(x_i) - b \leq \varepsilon + \xi_i \\ w \cdot \phi(x_i) + b - y_i \leq \varepsilon + \xi_i^* \\ \xi_i \geq 0 \\ \xi_i^* \geq 0 \end{cases} \quad i = 1, \cdots, N，条件下最小化：$$

$$\min R(w, \xi, \xi^*) = \frac{1}{2} w \cdot w + C \sum_{i=1}^{k} \xi + \xi^*$$

其中常数 C 为惩罚系数，$C > 0$；该最小化问题为一个凸二次规划问题，引入拉格朗日函数：

$$L(w, b, \xi, \xi^*, \alpha, \alpha^*, y, y^*) = \frac{1}{2} w \cdot w + C \sum_{i=1}^{N} (\xi + \xi^*) - \sum_{i=1}^{N} \alpha_i [y_i -$$

电学领域专利审查疑难案例评析

$$(\xi_i+\varepsilon+f(x_i))] - \sum_{i=1}^{N} \alpha_j^* [\xi_i^*+\varepsilon+f(x_i)-y_i] - \sum_{i=1}^{N} (y_i\xi_i+y_i^*\xi_i^*)$$

其中 α_i、α_i^*、y_i、y_i^* 为拉格朗日乘数,$\alpha_i \geqslant 0$、$\alpha_i^* \geqslant 0$、$y_i \geqslant 0$、$y_i^* \geqslant 0$;在鞍点处,函数 L 是关于 w、b、ξ_i、ξ_i^* 的,也是 α_i、α_i^*、y_i、y_i^* 的极大点,最小化问题转化为求其对偶问题的最大化问题;

拉格朗日函数 L 在鞍点处是关于 w、b、ξ_i、ξ_i^* 的极小点,得:

$$\begin{cases} \dfrac{\partial}{\partial w}L=0 \rightarrow w=\sum_{i=1}^{N}(\alpha_i-\alpha_i^*)\phi(x_i) \\ \dfrac{\partial}{\partial b}L=0 \rightarrow \sum_{i=1}^{N}(\alpha_i-\alpha_i^*)=0 \\ \dfrac{\partial}{\partial \xi_i}L=0 \rightarrow C-\alpha_i-y_i=0 \\ \dfrac{\partial}{\partial \xi_i^*}L=0 \rightarrow C-\alpha_i^*-y_i^*=0 \end{cases}$$

可得拉格朗日函数的对偶函数:

$$w(\alpha, \alpha^*)_{w,b,\xi,\xi^*} = -\frac{1}{2}\sum_{i,j=1}^{N}(\alpha_i-\alpha_i^*)(\alpha_j-\alpha_j^*)K(x_i,x_j) - \sum_{i=1}^{N}(\alpha_i+\alpha_i^*)\varepsilon + \sum_{i=1}^{N}(\alpha_i+\alpha_i^*)y_i$$

此时,

$$w=\sum_{i=1}^{N}(\alpha_i-\alpha_i^*)\phi(x_i)$$

$$f(x)=\sum_{i=1}^{N}(\alpha_i-\alpha_i^*)K(x,x_i)+b$$

按照库恩-塔克条件定理,在鞍点有下式成立:

$$\begin{cases} \alpha_i[\varepsilon+\xi_i-y_i+f(x_i)]=0 \\ \alpha_i^*[\varepsilon+\xi_i+y_i-f(x_i)]=0 \end{cases} i=1,\cdots,N$$

由上式可见,$\alpha_i \cdot \alpha_i^*=0$,$\alpha_i$ 和 α_i^* 都不会同时为非零,可得:

$$\begin{cases} \xi_i y_i=0 \\ \xi_i^* y_i^*=0 \end{cases} i=1,\cdots,N$$

从上式可求出 b,获得模型。

其次,采用学习能力和函数逼近能力强的径向基神经网络建模:

对于 n 个隐节点的径向基神经网络,其输出为 y:$y=\sum_{i=1}^{n}w_i\exp\left(-\dfrac{||x-c_i||^2}{2\rho_i^2}\right)$,$w_i$ 为权重系数,x 为 m 维输入向量,c_i 为第 i 个基函数的中心,ρ_i 为函数的基宽度参数;建立径向基神经网络模型的关键在于确定基函数的中心 c_i、基宽度 ρ_i 及权重系数 w_i;采用粒子群算法迭代训练径向基神经网络,定义粒子群算法初始群体 Z 向量的各

维分量，分别为隐节点个数、基函数中心、函数的基宽度和权重系数，目标函数为：$\min J = \sum_{i=1}^{N}(y''_i - y'_i)^2$，其中 y''_i 为第 i 个样本的径向基神经网络输出值，y'_i 为第 i 个样本的实际值；当 J 达到了最小、达到设定值或完成迭代次数时，训练完成，获得隐节点个数、基函数中心、函数的基宽度和权重系数，从而获得径向基神经网络模型；

步骤 3：确定最小二乘支持向量机模型和径向基神经网络模型的组合比例；针对建模数据对应的同一生物质燃料，采集新的生物质炉在不同运行状态下的数据作为检验样本，应用最小二乘支持向量机模型和径向基神经网络模型加权平均的预测方法，对检验数据进行预测，即 $y'''_i = \alpha' Z_z + \beta' Z_s$，其中 y'''_i 为第 i 组检验样本工况的目标预测值，Z_z 为最小二乘支持向量机模型预测值，Z_s 为径向基神经网络模型预测值，α' 为最小二乘支持向量机模型预测值比例系数，β' 为径向基神经网络模型的预测比例系数，且 $\alpha' + \beta' = 1$；

α' 与 β' 采用蚁群算法迭代寻优确定，初始化蚁群位置向量 x 的各维分量，分别为支持向量机模型比例 α' 和原有模型权重 β'，目标函数为 $\min \psi$：$\min \psi = \sum_{i=1}^{k} \psi_i^2$，其中 ψ_i 为第 i 组工况实际数据与结合模型预测的生物质炉燃烧特征指标的误差，K 为检验样本数量，当方差总和 ψ 取得了最小、达到设定值或完成迭代次数时，寻优完成。

步骤 4：将最小二乘支持向量机模型与径向基神经网络模型按步骤 3 所确定的最优的比例系数相结合，构成组合模型，即 $Z = \alpha' Z_z + \beta' Z_s$，其中 Z 为更新后的组合模型，从而实现一种生物质炉燃料的燃烧优化模型的建立；

步骤 5：针对给定的生物质炉的其他种生物质燃料建模；建模步骤与步骤 2~4 一致，获得不同生物质燃料情况下的燃烧模型，如步骤 1 中所述共有 n 种燃料，因此对应建立 n 个模型；

步骤 6：将不同的 n 种生物质燃料的燃烧优化模型组合在一起，构成一个生物质炉燃烧优化整体模型；需要调用模型进行预测时，根据燃料指标，调用相应的燃烧优化模型进行预测。

（二）争议焦点

权利要求请求保护的建模方法描述了如何针对生物质炉的每种燃料运用最小二乘支持向量机算法和径向基神经网络建模，并将两者组合为优化模型组合，权利要求中限定了大量的公式、函数，这部分特征是否仅是一种人为规定的数学方法或者数学规则，不具备技术性？就整体方案而言，这种针对特定应用领域的建模方法是否属于专利保护的客体？

（三）指导意见

该案请求保护的方案属于计算机建模技术的典型应用，通过建立模型来优化系统控制。具体而言，该方案的步骤可以概述为：采集生物质炉的运行参数和特征指标，建立数据库；对数据库中的数据选择出样本数据并进行预处理；采用最小二乘支持向量机算法针对一种燃料建模，然后应用径向基神经网络建模，再将两种模型按照最优的比例系数组合成为燃烧优化模型；对每种模型分别建模，最终将不同的 n 种生物质燃料的燃烧模型组合为优化整体模型；需要时调用该模型进行预测。

可见，该案请求保护的方案通过生物质炉燃烧数据采集、建模，数据样本的选择和预处理、建立生物质炉的燃烧特性模型，对数据采用了符合生物质炉燃烧特征的技术处理手段，确立了一种生物质炉燃烧优化的建模方法，建立了较为精确和泛化能力较强的生物质炉燃烧优化特性模型，从而获得了节能减排的技术效果，因而属于技术方案。

（四）案例启示

计算机建模是一种借助于计算机建立数学模型、数值求解、定量研究某些现象或过程的研究方法，是对外部事物相互关系的抽象与描述，因此为了研究特定的现象或者过程，计算机模型往往与特定应用领域结合，模型中定义的各种数学公式、变量之间关系通常能够客观映射外部事物之间的规律性，从这个意义上来说，计算机建模具备技术性。然而，反映到专利申请文件中，权利要求请求保护的方案是否符合《专利法》第二十五条第一款以及《专利法》第二条第二款的规定，还取决于申请文件的撰写情况。

作为与本节的前两个案例进行对比的比较案例，该案例是一个利用计算机建模技术解决特定领域实际问题的典型案例。该案例的权利要求撰写充分体现了数学模型在工业领域的特定应用，虽然方案中包含了大量的计算公式和数学计算步骤，但这些计算公式并非单纯数学意义上的数字运算，其各个参数代表了生物质炉燃烧过程中各种实际影响因素，是具有实际物理含义的技术参数；方法的各步骤反映了模型建立过程，体现了符合数据处理过程受自然规律约束的技术性，属于利用计算机技术和数学方法实现外部技术数据处理的技术方案，显然，本节第三个案例的撰写方式是符合专利保护客体相关法条规定的。

第四节　涉及阈值范围的客体判断

某些用于解决具体应用领域特定问题的方案，一方面包含与领域密切相关的技术特征，另一方面又包含某些看似基于行业经验或者基于人为设定的判断条件，涉及阈值/数值范围的专利申请是这类方案的典型情形。对于阈值或者数值范围而言，如何看待数值相关特征在整体方案中所起的作用？数值范围的设定是否属于人为主观设置的规则？整体方案是否具备"技术三要素"以符合《专利法》第二条第二款的规定？本节将以不同应用场景下的多个案例来说明这类方案的客体判断原则和标准。

案例14：一种气体传感器的检测方法

（一）案情说明

该案涉及一种气体传感器的检测方法，获得多个电路部件的参数检测结果，根据预先设置的阈值范围确定检测结果，能够准确、快速、方便地对气体传感器进行检测。

1. 说明书记载的相关内容

基于可调谐半导体激光吸收技术的气体传感器是现有的一种测量气体含量的装置，其基本结构如图1-9所示。

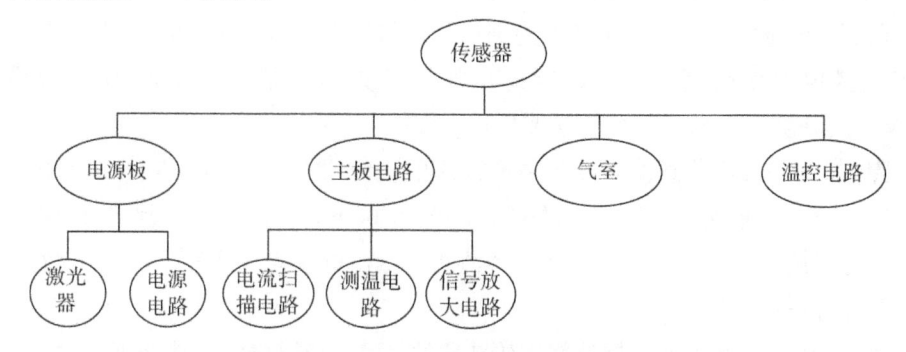

图1-9　气体传感器结构示意图

气体传感器基于可调谐半导体激光吸收光谱技术，通过测量激光透过气体后光谱的变化情况来测量气体的含量，具有检测精度高、准确度高、响应速度快、抗干扰性强等特点。气体传感器中的电路部分是整个装置的核心组成部分，用于实现激光发生、接收以及信号处理、实时显示。该电路部分主要包括电源板、主板、气室和温控电路，电源板包括激光器和电源电路，主板包括电流扫描电路、测温电路以及信号放大电路。电路部分的性能和质量直接关系到气体传感器测量结果的准确性。

该案提供了一种气体传感器检测方法，能够准确、快速、方便地对电路部分进行检测，为气体传感器产业化生产、检测提供良好的依据。

2. 权利要求请求保护的方案

该案的独立权利要求如下：

权利要求1. 一种气体传感器的检测方法，用于检测基于可调谐半导体激光吸收光谱技术的气体传感器，其特征在于，所述方法包括下述步骤：

步骤1：焊接激光器引脚，测量所述激光器的TEC＋和TEC－两端，当所测电阻值为10 Ω±1 Ω时判定激光器为合格；测量所述激光器的R＋和R－引脚，当所测电阻值为9 kΩ±1 kΩ时判定激光器为合格；

步骤2：在电源板的电源电路输入端接入12 V直流电源，当总输出电流值小于0.1 A时判定电源电路为合格；对所述电源电路通电，测量PV＋5 V和PGND两端的输出电压值，当输出电压值为5 V±40 mV时判定电源电路为合格；测量DVDD和

电学领域专利审查疑难案例评析

DGND 两端电压值，当电压值为 3.3 V±0.2 V 时判定电源电路为合格；测试 DV+5 V 和 DGND 两端电压值，当电压值为 5.0 V±0.2 V 时判定电源电路为合格；将电源电路连接至电源板，测量 AV+5 V 和 AGND 两端电压值，当电压值为 5.0 V±0.2 V 时判定电源电路为合格；

步骤 3：在主板中下载、安装测试程序，将所述主板 J3 接口插针的第二管脚和第三管脚安装至电源板；确认测试程序安装成功；

步骤 4：将所述主板的串口连接至调试终端，在所述调试终端上设置波特率为 57600；上电，在所述调试终端中依次输入 $d-s$、2000、回车、18、回车、100、回车，用示波器测试输出波形，当输出波形为锯齿波且波形范围在 400～900 mV 时判定主板的电流扫描电路为合格；其中，所述示波器参数为扫描时间 250 ms，扫描电压 500 mV，正极接 DV+5 V，负极接 OUT_AC；

步骤 5：将一温度传感器连接在主板的温度传感电路上；上电，电压测量仪器的正极接 C44 上脚，负极接地；当测得的输出电压为 800 mV±10 mV 时判定为合格；将所述温度传感器放置在 100 ℃ 的环境中，当测得的输出电压为 2.2 V±0.1 V 时判定温度传感电路为合格；

步骤 6：将所述激光器连接至气体传感器的气室，所述气室连接至主板的信号放大电路；上电，将示波器的正极接 R41 脚，负极接地，当所得波形为上升的锯齿波纹中间出现一个下凹的曲线时判定信号放大电路和气室均为合格；

步骤 7：将温控电路连接至所述电源板相应的接口上；上电，测量总输出电流，当测量值为 0.1 A±0.03 A，且 1 min 内温控电路的主控芯片温度为 25～30 ℃ 时判定所述温控电路为合格；

步骤 8：当步骤 1～7 中所有项目测试为合格时判定气体传感器为合格，否则判定气体传感器为不合格。

(二) 争议焦点

该案权利要求请求保护的方案既包括电源板、主板、气室和温控电路等硬件装置，上述电路部件的连接关系以及测试步骤等技术特征，也包括根据检测值来判断各个电路部件是否合格的参数选择和阈值设定。其中，参数指标的选择和判断阈值的设定是否属于人为规定的"非技术特征"？权利要求中同时限定了技术内容和非技术内容，从整体看来，该气体检测方法是否属于《专利法》第二条第二款规定的技术方案？

(三) 指导意见

在判断权利要求的方案是否解决了技术问题，是否采取了利用自然规律的技术手段，是否获得了技术效果时，应当站位本领域技术人员，全面掌握现有技术，准确理解发明构思，将权利要求的方案作为一个整体，判断其是否具备"技术三要素"。既不能仅因为权利要求的方案包含了技术特征，就简单地认为其一定属于技术方案，也不能由于权利要求的方案包含了某些看似人为规定的非技术内容，就直接认为其不属于技术方案。

该案请求保护一种气体传感器的检测方法，其发明构思是选择对气体传感器的包括电源板、主板、气室和温控电路的电路部分的一些物理参数进行检测，并设定阈值，通过阈值与检测结果之间的比较来确定电路乃至传感器是否合格，并以此作为检测结果。

电路部分是整个气体传感器的核心组成部分，电路部分的性能和质量直接关系到气体传感器测量结果的准确性，将电路部分作为判定气体传感器是否合格的检测项目，并非是人为规定，而是依据的"其性能和质量直接关系到气体传感器测量结果的准确性"这样客观的自然规律。权利要求1的方案限定的步骤1~8记载了检测这些电路元件的电阻、电流、电压、波形或温度等技术手段，通过这些技术手段来判定电路是否合格，进而判定气体传感器是否合格。因此，权利要求1的方案作为一个整体，其采用的检测手段所依据的是自然规律，采用技术手段解决了判定可调谐半导体激光吸收光谱技术的气体传感器检测精度低、烦琐、不易操作的技术问题，具有准确、快速且易于操作的技术效果，属于《专利法》第二条第二款规定的技术方案。

至于权利要求1中包括的参数选择和阈值设定等内容，虽然阈值范围以及根据各指标阈值进行比较后得出的判定结论看似是一种人为设定的判断标准，但是基于所属领域的技术知识可知，这些阈值并非仅是一种主观设定的判断标准或者仅是一种经验值，用于判断产品是否合格的数值范围设定与电路器件客观存在的物理性能和电气指标直接关联，检测过程的实现受自然规律约束，遵循相关物理规律获得合理的检测结果。这种看似人为规定的数值范围设定就其本质而言仍然是技术性的。因此，整体方案具备"技术三要素"，属于《专利法》中规定的技术方案。

（四）案例启示

该案权利要求中包含的检测步骤及其相关特征具备技术性，属于技术特征；分类评估步骤中包含的参数指标选择、阈值选取等手段尽管其数值范围的设定看似属于人为设定，但从技术实质来看，仍然与被检测物品自身具备的物理属性相关，阈值/数值范围的设定、判断条件的设置等需要遵循相关领域的客观自然规律，才可能达到预期的目的和预定的分类效果。对于这类方法而言，总体上只要方案利用并遵循了自然规律，对所要解决的问题和效果发挥了技术性作用，并非人为地任意选择，整体方案就具有技术性。

案例15：一种钢筋锈蚀状况的测评方法

（一）案情说明

该案涉及土木工程领域，具体涉及一种钢筋锈蚀状况的测评方法，该测评方法包括检测步骤和评估步骤，能够提高测评结果的准确性。

电学领域专利审查疑难案例评析

1. 说明书相关内容

为了检测钢筋混凝土结构中的钢筋锈蚀状况，现有技术通常采用如下两种方式：

方式1：检测钢筋混凝土结构中的混凝土电阻率，并利用检测到的混凝土电阻率来评估钢筋混凝土结构中的钢筋锈蚀状况。由于混凝土电阻率能够体现包裹于钢筋外围的混凝土保护层的质量，且混凝土电阻率越大则表示混凝土保护层的质量越好，因此，采用方式1可在检测到混凝土电阻率较高时得到钢筋锈蚀状况较好的测评结果。

方式2：检测钢筋混凝土结构中的腐蚀电流密度，并利用检测到的腐蚀电流密度来评估钢筋混凝土结构中的钢筋锈蚀状况。由于存在锈蚀的钢筋会产生腐蚀电流，且腐蚀电流密度越大则表示锈蚀的速率越高，利用方式2可在检测到锈蚀速率较低时得到钢筋锈蚀状况较好的测评结果。

但是上述两种方式仅利用了某一方面的指标来进行测评，导致测评结果不准确。例如，在混凝土结构中的混凝土保护层的质量较好，但含有较高含量的氯离子的情形下，若仅采用方式1检测，将忽略氯离子容易导致钢筋锈蚀的问题。在混凝土结构中的钢筋处于较低的锈蚀速率，但其混凝土保护层的质量较差的情形下，若仅采用方式2进行测评，则会忽略质量较差的混凝土保护层无法有效防止钢筋锈蚀的问题。

该案提供的钢筋锈蚀状况测评方法，能够兼顾到混凝土电阻率和腐蚀电流密度两种指标，从而提高测评结果的准确性；并且通过坐标系定位的方式，使得该测评方法易于实现。在实际应用中，检测步骤可以借助现有检测仪器来实现，后续步骤可以借助计算机程序来实现。

2. 权利要求请求保护的方案

该案的全部权利要求如下：

权利要求1. 一种钢筋锈蚀状况的测评方法，其特征在于：该测评方法预先设置一个以混凝土电阻率的电阻率值为纵坐标变量、腐蚀电流密度的自然对数值为横坐标变量的二维坐标系，并在所述二维坐标系中划分出对应不同锈蚀状况的若干区域，以及该测评方法还包括：

a. 从钢筋混凝土结构中检测得到所述电阻率值以及所述自然对数值；

b. 在所述二维坐标系中定位出以检测到的所述电阻率值为纵坐标、以检测到的所述自然对数值为横坐标的目标点；

c. 依据所述目标点所在的区域，产生表示该区域所对应的锈蚀状况的测评结果。

权利要求2. 根据权利要求1所述的测评方法，其特征在于，若干区域包括：

a. 表示锈蚀状况为钝化态的第一区域；

b. 表示锈蚀状况为低锈蚀速率的第二区域；

c. 表示锈蚀状况为中锈蚀速率的第三区域；

d. 表示锈蚀状况为高锈蚀速率的第四区域。

权利要求 3. 根据权利要求 2 所述的测评方法，其特征在于：

1）所述第一区域在所述二维坐标系中覆盖的范围包括：

所述电阻率值大于或等于 50 kΩ·cm，且所述自然对数值在 $-3 \sim -1.61$ μA/cm² 范围内，以及所述电阻率值大于或等于 100 kΩ·cm，且所述自然对数值在 $-1.61 \sim -0.69$ μA/cm² 范围内；

2）所述第二区域在所述二维坐标系中覆盖的范围包括：

所述电阻率值在 $0 \sim 50$ kΩ·cm 范围内，且所述自然对数值在 $-3 \sim -1.61$ μA/cm² 范围内，所述电阻率值在 $10 \sim 100$ kΩ·cm 范围内，且所述自然对数值在 $-1.61 \sim -0.69$ μA/cm² 范围内，以及所述电阻率值大于或等于 100 kΩ·cm，且所述自然对数值在 $-0.69 \sim 0$ μA/cm² 范围内；

3）所述第三区域在所述二维坐标系中覆盖的范围包括：

所述电阻率值在 $0 \sim 10$ kΩ·cm 范围内，且所述自然对数值在 $-1.61 \sim -0.69$ μA/cm² 范围内，所述电阻率值在 $10 \sim 100$ kΩ·cm 范围内，且所述自然对数值在 $-0.69 \sim 0$ μA/cm² 范围内，所述电阻率值大于或等于 50 kΩ·cm，且所述自然对数值在 $0 \sim 2.3$ μA/cm² 范围内，以及所述电阻率值大于或等于 100 kΩ·cm，且所述自然对数值大于或等于 2.3 μA/cm²；

4）所述第四区域在所述二维坐标系中覆盖的范围包括：

所述电阻率值在 $0 \sim 10$ kΩ·cm 范围内，且所述自然对数值在 $-0.69 \sim 0$ μA/cm² 范围内，所述电阻率值在 $0 \sim 50$ kΩ·cm 范围内，且所述自然对数值在 $0 \sim 2.3$ μA/cm² 范围内，以及所述电阻率值在 $0 \sim 100$ kΩ·cm 范围内，且所述自然对数值大于 2.3 μA/cm²。

（二）争议焦点

权利要求 1～3 请求保护的钢筋锈蚀状况测评方法，是否采用了技术手段，整体方案是否属于专利保护客体？

观点 1：权利要求的方案仅是将检测得到的混凝土电阻率和腐蚀电流密度数据在二维对数坐标系中绘出，人为地以电阻率、腐蚀电流密度的不同数值范围来规定钢筋锈蚀的四种状况，在坐标系中划分出相应的四个区域来代表上述四种状况（钝化态、低锈蚀速率、中锈蚀速率、高锈蚀速率），既没有记载采取何种技术手段来测量混凝土电阻率和腐蚀电流密度，也没有对测量数据进行一定的计算处理，其实质仅是人为定义了不同锈蚀状况所分别对应的电阻率、腐蚀电流密度的数值范围，并非采取利用了自然规律的技术手段去解决技术问题，因而不属于《专利法》第二条第二款规定的技术方案。

观点 2：权利要求 1 限定的测评方法包括三个步骤，根据说明书的记载，步骤 a 中的"检测"是借助检测仪器来实现的，借助检测仪器的"检测"显然利用了自然规律；

电学领域专利审查疑难案例评析

此外，无论是步骤 a 中被检测的钢筋混凝土，还是其他类似的检测对象，单纯依靠人的主观意识是不可能从中获得任何物理参数的，因此，步骤 a 采用了利用自然规律的技术手段，权利要求 1 的方法包含了技术手段。此外，该方法整体上解决了仅依靠混凝土电阻率的测评方式，或仅依靠腐蚀电流密度的测评方式而导致测评结果不准确的技术问题，获得了提高测评结果准确性的技术效果。因此，权利要求 1~3 均具备技术三要素，属于《专利法》意义上的技术方案。

（三）指导意见

包含技术特征，同时又包含看似"人为设定"阈值范围的方案，如果参数的阈值范围是基于专业知识或者行业经验来设定的，符合自然规律，受到所属技术领域自然规律的约束，那么，阈值范围的设定并非仅是人为主观设置的规则，不属于"非技术性"特征，权利要求的方案符合技术三要素的要求。

针对该案而言，权利要求请求保护一种钢筋锈蚀状况的测评方法，其主要解决的是仅依靠混凝土电阻率指标测评或仅依靠腐蚀电流密度指标测评会导致测评结果不准确的问题，基于兼顾这两种指标的构思，通过在这两种指标构筑的平面坐标系中确定不同锈蚀程度的区域范围，对检测对象进行区域定位的手段来测评钢筋锈蚀状况，获得提高测评结果准确性的效果。

首先，钢筋混凝土中钢筋锈蚀状况是客观存在的自然现象，对其检测、评估和分类具有技术意义，有利于准确掌握钢筋混凝土建筑的质量状况，避免发生建筑质量事故。结合说明书记载可知，该方案需要所属领域技术人员借助技术手段来实现，例如利用检测仪器进行检测，利用计算机进行计算评估。此外，以混凝土电阻率、腐蚀电流密度的不同数值范围来区分钢筋锈蚀的四种状况也并非仅是主观地人为规定，相关物理参数能够客观反映钢筋的锈蚀状况，用于区分钢筋锈蚀程度的阈值范围需要根据客观自然规律以及所属领域技术人员掌握的经验值来进行设定，整体方案符合自然规律的"技术约束"。采用上述技术手段，解决了仅依靠一种指标测评结果不准确的技术问题，获得了提高测评精度的技术效果，因此，权利要求 1~3 限定的方案构成《专利法》意义上的技术方案。

（四）案例启示

该案例与本节第一个案例属于类似情形，从应用领域来说，广义上都属于物品质量控制方法；方案的体现形式也都同时包括物理量检测相关特征和质量判断相关特征。对于这类涉及质量控制的方案而言，判断其是否符合《专利法》第二条第二款的规定，应当将权利要求的方案作为一个整体，判断其是否采用了符合自然规律的技术手段，解决了技术问题并产生了技术效果。既不能由于权利要求的方案包含了技术特征，就简单地认为其是技术方案，又不能由于权利要求的方案包含了看似人为规定的内容，就简单地认为其不构成技术方案。

案例 16：一种数据质量检测方法

（一）案情说明

该案涉及一种基于散点图的数据质量检测方法及系统，通过定义数据格并允许用户调整趋势线，实现对异常数据的分析和纠错。

1. 说明书相关内容

散点图又称散点分布图，是以一个变量为横坐标，另一个变量为纵坐标，利用散点（坐标点）的分布形态反映变量统计关系的一种图形。其特点是能直观表现出影响因素和预测对象之间的总体关系趋势。优点是能通过直观醒目的图形方式反映变量间关系的变化形态，以便决定用何种数学表达方式来模拟变量之间的关系。散点图不仅可传递变量间关系类型的信息，而且能反映变量间关系的明确程度。简单的散点图只能表征少量的数据，在数据量巨大的情况中会遇到显示的点太多、响应速度异常慢等一系列问题。同时简单的散点图只是一个展示工具，没有交互功能，不能查看数据的具体情况，也不具备数据纠错的能力。因而需要一种基于散点图展示二维数据分布情况，并具有对异常数据进行分析、纠错功能的方法。

该案提供了一种基于散点图的数据质量检测方法及系统（见图 1-10 和图 1-11），通过定义数据格 G_{xy} 来存储数据，并利用散点图来展示数据，并根据已确定的趋势线来生成数据质量规则，进而根据该规则设定阈值进行数据质量检测，实现了在数据量巨大的情况下对数据的展示和异常数据分析、数据纠错等应用。

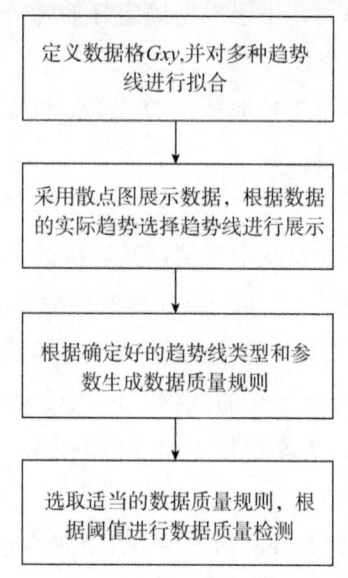

图 1-10 基于散点图的数据质量检测流程图

电学领域专利审查疑难案例评析

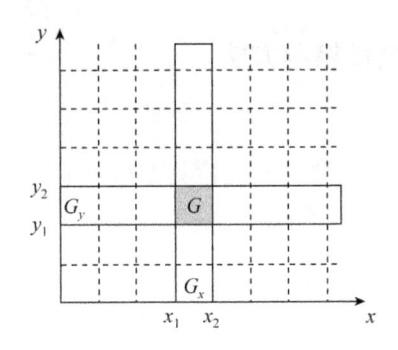

图 1—11 定义数据格的散点图示意图

2. 权利要求请求保护的方案

该案的独立权利要求如下：

权利要求 1. 一种基于散点图的数据质量检测系统，其特征在于，所述系统包括：

(1) 趋势线拟合单元，用于根据定义数据格 G_{xy}，并获取对多种趋势线进行拟合的信息；其中，通过设定散点图所在坐标系中横纵坐标值的范围，将散点图中坐标值落入设定范围内的点的集合作为所述数据格 G_{xy}；

(2) 数据展示单元，用于采用散点图展示数据，根据数据的实际趋势选择趋势线进行展示，在散点图上显示趋势线的种类，根据数据实际趋势进行选择；当拟合出的趋势线参数不满足当前数据显示时，可进行手工调整趋势线的参数；其中，调整方式可在散点图中直接修改趋势线公式；

(3) 数据质量规则生成单元，用于根据确定好的趋势线类型和参数生成数据质量规则，并获取数据质量规则信息；

(4) 数据质量检测单元，用于选取适当的数据质量规则，根据阈值进行数据质量检测，并获取数据质量检测结果。

（二）争议焦点

该案的"数据处理"是否涉及技术领域，其解决的"数据质量检测"问题是否是技术问题，如何判断请求保护的方案是否属于专利保护客体？

观点1：权利要求1的方案属于算法相关发明专利申请，方案仅限定了处理对象是"数据"，未表明是具有何种物理含义的数据，仅在说明书中记载该案属于"数据领域"，未体现出具体应用领域，方案整体上属于数学方法，是对数学方法本身的优化，未解决技术问题，不属于保护客体。

观点2：该案要解决的问题是现有散点图只能处理少量数据且无法进行异常数据分析和纠错，属于技术问题；采用了扫描数据源、读取并分析数据、修正 x 轴展示刻度、散点图展示数据、手动调整参数、实时展示趋势变化情况等技术手段，达到了检测异常数据并进行修正的技术效果，因此，构成《专利法》意义上的技术方案。

(三) 指导意见

如本章第二节所述，针对算法相关的发明专利申请，一方面要防止作为基础性工具的数学方法和数据理论（如单纯的算法本身）被授权，以避免无边界的垄断，阻碍数学方法和数学理论在各领域的应用；另一方面，也应当区分特定的数据处理方法与单纯的算法两者之间的区别。如果请求保护的方案通过计算机执行所限定的方法步骤是按照自然规律完成的对外部数据实施的一系列技术处理，解决了外部数据处理相关的技术问题，获得了相应的技术效果，则不能仅因为方案没有限定具体的应用领域就简单、机械地将其排除在《专利法》保护范围之外。

分析该案的权利要求可知，其方案包括一系列对计算机外部数据的处理步骤，例如，定义数据格、将设定范围内的散点数据纳入数据格、展示拟合的趋势线、允许手工调整趋势线参数、生成数据质量规则并检测数据质量。虽然权利要求及说明书均未限定所处理的数据具体为何种数据，可将其理解为一种通用数据处理方法，但是该方案利用计算机分析、处理、展示数据，并借助人机交互手段调整数据，体现了数据处理与计算机技术的关联性，并非单纯的算法本身，而是对散点图统计分析功能的完善和改进，提高数据可视化的效果。类似Excel、SAS等通用数据处理软件在数据处理能力方面的改进，由于其优化和改善的是软件在计算机上运行时的处理性能，其目的是使计算机在运行该软件执行数据处理方法时，在数据的显示、加载、处理、存储过程中改善各方面性能，如提高处理速度、提升处理效率、节约资源开销等，因而该方案整体上解决了现有散点图只能处理少量数据且无法进行异常数据分析和纠错的问题，属于技术问题，采用了定义数据格、手动调整参数等技术手段，达到了扩展显示点、检测异常数据的技术效果，因此，该案请求保护的方案构成技术方案。

(四) 案例启示

其一，数据处理方法不同于数学算法本身，就本案而言，虽然从权利要求书撰写形式来看，其请求保护的方案中没有具体限定用于处理何种数据，也没有明确记载所处理的数据代表的含义，但是通过分析权利要求限定的方案实质，不难发现其区别于数学算法本身的关键在于：整体方案体现了如何利用计算机的人机交互功能来完善和改进散点图这种数据可视化工具。

其二，权利要求中虽然涉及"设定范围"相关的表述，但是并非所有涉及数值范围设定的方案都是人为主观设置的规则。该案中，数据格的大小与纳入其中的数据量直接相关，而数据量则直接体现为二维坐标系中数据的展示密度、分散程度等，这些因素实质上决定了计算机显示器件中所展示的图形要素，因此，定义数据格、手动调整参数等相关特征虽然涉及用户对数据范围的设置，但是这些特征与计算机对数据的处理和显示功能密切关联，因而受图像处理和显示技术相关的自然规律约束，具备技术性。

需要指出的是，尽管数据处理不同于数学计算，但是，一方面，解决方案应当针对计算机处理数据的特定问题方可作为专利保护的客体；另一方面，对于未限定特定用途的数据处理，其保护范围相对较宽，因而即便属于保护客体，在审查是否得到说明书支持等条款时，应当注意保护范围与其公开信息的一致性，以满足权利与义务相称的基本原则。

第五节 涉及仪器和设备操作说明的客体判断

案例17：环宇微盘的使用方法

（一）案情说明

该案涉及计算机领域的网盘技术，针对如何使用一种微盘系统，提供了在规定硬件环境下指导用户进行安装和使用微盘系统的具体步骤。

1. 说明书相关内容

微盘是一种网盘，可提供超大免费云存储空间，支持计算机、手机等终端的文件存储、同步和分享。环宇微盘具有软件搭载硬件平台配置要求低、Windows环境下界面操作简单、客户机系统包可定制、硬件支持广泛等优点。

根据说明书记载，其要解决的问题是提供一种计算机技术中环宇微盘的使用方法。为解决上述问题，其提供了环宇微盘系统的安装方法，所需的硬件配置为一台客户机及一个SATA硬盘，硬盘有两个或两个以上分区，C盘要求至少保留2GB磁盘空间，内存为2GB或2GB以上。安装该系统时，需要下载并安装微软iscsi2.08客户端，完成应用程序安装、优化和一系列相关参数的设置；然后安装环宇微盘驱动程序并安装相应的协议，进入管理界面完成后续设置，并连接所需硬件或外部设备，对硬软件进行安装检测。

该案说明书通过详细记载该系统的安装使用方法，方便使用者安装及使用环宇微盘系统。

2. 权利要求请求保护的方案

该案的独立权利要求如下：

权利要求1. 环宇微盘使用方法，其特征在于：提供了环宇微盘系统的安装方法，其所需的硬件配置为一台客户机及一个SATA硬盘；硬盘有两个或两个以上分区，C盘要求至少保留2GB磁盘空间，内存为2GB或2GB以上；

该环宇微盘系统的安装方法如下：

（1）下载并安装微软iscsi2.08客户端；

（2）系统自动安装客户端完毕之后进入桌面进行应用程序安装及优化：

①设置桌面分辨率；分辨率设置推荐数值为：17英寸推荐分辨率1024×768，19

英寸宽屏推荐分辨率 1440×900，22 英寸推荐宽屏分辨率 1680×1050，以此类推；

②检查虚拟内存是否开启，如果开启，进行手动关闭；

③安装环宇微盘驱动程序，所有组件为自动安装模式，出现自动关机提示时选择"否"取消自动关机；

④安装 iscsi2.08 协议；

⑤点击桌面 iscsi 协议管理图标或进入控制面板 iscsi 协议管理图标，单击"add"图标；

⑥填入虚拟磁盘服务器 ip 地址，端口默认 3260，要确保虚拟磁盘服务器已经正常开启，并打开 target 选项；

⑦打开 Log on 选项，把第一项选中确定；设置完毕之后，虚拟磁盘会自动出盘；

（3）将耳机、麦克风拔插一次，以便激活，手动在任务栏的音量高级选项中的麦克风以及耳机声音设置为最大；

（4）将所有的 USB 设备（摄像头、USB 鼠标）都插拔一次，以便激活所有设备，注意：所有的 USB 设备都要插拔所有的 USB 接口一次，直到这些设备在每一个 USB 接口上都能够正常识别；

（5）重新启动，进入"我的电脑"的磁盘管理界面，手动改变 D 盘盘符为其他盘符，把虚拟磁盘改为 D 盘，设置完毕后，安装所必需的相关软件；

（6）打开环宇微盘封包工具，选择封包保存路径 E：\（不要选择 C 盘和虚拟磁盘，文件名可自定义），输入服务器 ip；如果客户机有摄像头，需要在"我的电脑"中把摄像头设备打开之后进行系统打包；

（7）系统打包完成后，需要提取扩展文件；保存路径可以不需要修改，完成后，提示重启计算机，选择"是"；

（8）重启之后选择"环宇微盘（硬盘）"；

（9）启动进入桌面之后提示驱动已经安装完成，选择"否"，取消；

（10）检查虚拟磁盘以及驱动安装是否正常；

（11）所有的操作流程完毕后，将开始菜单和桌面多余的图标进行手动删除。

（12）确认软件安装正常后，打开环宇微盘工具，选择系统保存（不要选择 C 盘和虚拟磁盘，文件名需与第一次保存的文件名一致），选择按钮系统保存，进入系统保存压缩状态；

（13）选择上传文件，File.img 为上传服务器后的文件名，可自定义修改，默认为"file.img"，弹出上传完毕后所有安装流程结束；封包工具中虚拟磁盘大小默认为 550MB（推荐使用），封包保存路径每次要求一致。

（二）争议焦点

该案权利要求请求保护的方案是否属于专利保护的客体？具体而言，其涉及以下

电学领域专利审查疑难案例评析

两个层面的问题。

其一,权利要求请求保护环宇微盘的使用方法,其限定了一系列的操作步骤来说明如何安装环宇微盘系统,上述限定是否仅是一种设备的操作说明,其请求保护的方案本质上是一种人为设定的规则,是否属于《专利法》第二十五条第一款第二项规定的不授予专利权的客体?

其二,权利要求中包括"微盘""硬盘""内存""USB设备"等技术术语,这些技术术语是否构成了《专利法》意义上的"技术特征"?如果认为这些技术术语属于"技术特征",则不应当适用《专利法》第二十五条,应当进而考虑《专利法》第二条第二款的适用。如果认为上述技术术语可被认为是技术特征,是否就意味着该权利要求请求保护的方案采用了技术手段,整体方案具备了"技术三要素",从而符合《专利法》第二条第二款的规定?

(三)指导意见

《审查指南》第二部分第一章第4.2节以非穷举的方式列举了属于"智力活动的规则和方法"的若干情形,其中包括"仪器和设备的操作说明"。所谓"仪器和设备的操作说明"通常包括产品说明书、用户手册、安装指南、帮助文档等用于指导用户进行硬件或软件的安装、调试、使用、管理、维护的说明性文档。

该案的权利要求请求保护一种微盘系统的使用方法,记载了安装该系统所需的硬件环境以及软件下载、安装、配置和使用的详细步骤,其记载的内容均是指导用户如何安装微盘系统的具体操作步骤,类似于用户安装手册或者产品使用说明,属于《审查指南》所列举的"仪器和设备的操作说明",因此,权利要求1的方案属于《专利法》第二十五条第一款第二项规定的智力活动的规则和方法,不能被授予专利权。

通常情况下,《专利法》第二条第二款与《专利法》第二十五条第一款的适用区别和界限是以权利要求中是否包含技术特征来区分的。但是权利要求中出现的技术名词或者技术术语并非一定属于技术特征,实际判断中需要确定技术术语在权利要求请求保护的整体方案中起何种作用,技术术语与整体方案之间是何种关系。例如,一种拍卖计算机的方法,其中"计算机"作为拍卖物,仅是一种人为规定的商业规则所针对的对象,计算机在该方案中只作为一个技术名词存在,并不构成技术特征。

该案权利要求记载了一种微盘系统的使用方法,从权利要求的撰写方式来看,类似于指导用户如何操作的使用说明书,其实质上是一种仪器和设备的操作说明。对于仪器或者设备操作方法说明不可避免地会涉及对仪器或设备本身的限定,该案中,权利要求描述微盘系统的安装步骤时出现了"微盘""硬盘""内存""USB设备"等硬件装置,这些硬件装置只是系统软件所处的硬件环境或者安装步骤具体作用的对象,仅作为计算机领域的技术术语出现,在权利要求中并没有真正发挥其作为数据处理设备的技术作用,因此,上述技术术语并不属于技术特征,没有构成技术手段,整体方案仍然是指导用户如何安装和使用微盘设备的"智力活动的规则和方法"。

综上所述，权利要求中包含技术名词或者技术术语并不意味着请求保护的方案中必然包含技术特征，需要考虑技术名词或者技术术语（如存储器、处理器、移动终端等硬件装置）仅是人为定义的规则作用的对象，还是这些技术名词或者术语与其他处理手段之间存在一定的交互作用或相互关系。如果仅是前者，则不属于技术特征；如果是后者，则不仅是作为一种技术性称谓而存在，而且应当认为其属于"技术特征"，需要进一步从发明构思出发，整体考量请求保护的方案是否解决了技术问题，是否采用了符合自然规律的技术手段，是否获得了技术效果，从而构成具备"技术三要素"的技术方案。

（四）案例启示

"仪器和设备的操作说明"作为智力活动的规则和方法的一种情形，被明确排除在《专利法》的保护范围之外，这是否意味着计算机设备的安装程序或者管理软件都不能获得专利权呢？答案显然是否定的。

首先，让我们看看如何在撰写时避免使请求保护的方案落入"仪器和设备的操作说明"所涵盖的范围。现阶段的电子产品，无论台式机、便携式计算机还是智能手机、智能家电，均包括电子以及机械组成部件，同时，为了实现各种管理和操作功能，还包括相应的操作系统软件以及控制软件，因而产品售卖时，附带有产品说明书，说明书通常从用户的角度出发，详细说明产品的组成部件和操作方法，以便用户了解如何安装各种软件和进行各项设置。如果对《专利法》相关知识了解不够，申请文件撰写经验不足，这种以用户为主体描述的流程步骤（如何下载、如何安装、如何设置参数、如何配置环境）很容易撰写成"产品说明书"，从而落入"仪器和设备的操作说明"的范畴。因而建议在撰写申请文件，尤其是撰写权利要求时，避免以用户为主体进行描述，而是以"设备"为主体，从产品的硬件或者软件展开描述，具体描述各个装置部件如何按照预定的控制流程执行特定的处理步骤。仍以某种网络存储设备的安装程序为例，可以从客户端着手进行描述，撰写为安装程序的传输、缓存、装载、运行和设置过程，从申请文件的呈现形式来看，其呈现为一种软件处理流程，可以归类为软件相关发明，而不再是一种"仪器和设备的使用说明"。

其次，在撰写申请文件时还需注意将操作步骤概括为《专利法》意义上的技术方案。通常建议从"功能"入手对具体步骤进行适当的归纳和概括，而非该案权利要求所示的具体操作流程的原始呈现。概括程度以本领域技术人员熟知的"程序流程图"为宜，既能够避免将方案撰写为操作说明，又能够满足权利要求得到说明书支持的撰写要求。

第六节　涉及疾病诊断和治疗的客体判断

《审查指南》第二部分第一章第 4.3 节指出，出于人道主义的考虑和社会伦理的原

电学领域专利审查疑难案例评析

因,医生在诊断和治疗过程中应当有选择各种方法和条件的自由。另外,这类方法直接以有生命的人体或动物体为实施对象,无法在产业上利用,不属于《专利法》意义上的发明创造。因此,疾病的诊断和治疗方法不能被授予专利权。

但是,用于实施疾病诊断和治疗方法的仪器或装置,以及在疾病诊断和治疗方法中使用的物质或材料属于可被授予专利权的客体。

在电学领域,特别是图像领域,存在大量申请涉及医学图像的处理,例如医学图像处理设备、医学图像处理方法等,其中涉及的图像均与人体或动物体有关,并且由于应用于医学领域,如何判断权利要求的方案是否属于专利保护的客体,一直以来是电学领域审查的难点,下面就以两个案例为例进行分析。

案例18:一种用于分析病理变化的医学成像系统

(一)案情说明

该案涉及一种用于分析一个器官的两张相对应的、在不同时刻拍摄的成像图像的医学成像系统,其要解决的问题是校正成像图像失真并确定成像图像中的病理变化,采用的技术手段是通过将两张成像图像之一中的病理变化较小的第一区域与另一张成像图像中的第一区域相互对准并检测出由成像系统引起的失真,将针对第一区域的配准扩大为扩张配准,通过该扩展的配准采集第二区域,进而获得两张成像图像第二区域之间的差异。

1. 说明书的相关内容

该案说明书在背景部分指出:一种诊断阿兹海默症的方法,是在不同时刻检查患者大脑,并通过比较成像图像确定萎缩的发展。但是该方法的缺点是待检测的差异一部分特别小,从而比较该成像图像的用户很容易就忽略了该差异。此外,如果像在神经学中那样通常借助磁共振断层造影(MRT)方法来获得成像图像,则在不同时刻完成的成像图像可能具有不同的扭曲,尤其是失真。一般不能对这些成像图像始终保证刚好相同的拍摄条件,从而不同的成像图像始终具有相同的并因此是相类似的几何失真。仅当借助在拍摄前完成的模型测量检测并平衡这些几何失真之后,才能更好地平衡这些几何失真。但由于高昂的费用以及由此带来的实践中的成本而没有被采用。因此用户通常无法由不同成像图像中的很小的、但是与诊断有关的差异推断出是几何失真,还是器官中的解剖事件的实际变化。由于这一事实,MRT检查目前还不属于普遍承认的和稳定的阿兹海默症诊断方法,而是用于诊断其他疾病。

因此该案通过对两张成像图像中病理变化较弱的第一区域的比较,可以推断出由成像系统引起的失真。如果第一区域没有被病理变化覆盖,则该区域基本上是恒定的,由此如果在两张于不同时刻拍摄的成像图像中在第一区域的显示中出现差异,则该差异可以推断是生成该成像图像的成像系统的原因。在通过确定配准将一张成像图像中的第一区域与另一张成像图像中的第一区域相互对准并且由此在第一区域中识别出由成像系统引起的失真之后，将针对第一区域的配准扩大为扩张配准，从而通过该扩展的配准采集第二区域。在对两张成像图像之一进行了变换之后，可以确定两张成像图像之间存在于第二区域中的剩余差异。去掉了第二区域中的由成像系统引起的扭曲，尤其是失真后，可以将剩余的差异推断为病理变化。

2. 权利要求请求保护的方案

权利要求1. 一种用于分析至少一个器官系统的两张相对应的、在不同时刻拍摄的成像图像以确定医学疾病图像中的病理变化的医学成像系统，其中所述至少一个器官系统具有第一区域和在成像图像中与该第一区域不同的第二区域，其中第二区域比第一区域更为强烈地被该医学疾病图像中的病理变化覆盖，所述医学成像系统包括：

计算单元，所述计算单元具有：

用于确定针对第一区域的配准，从而通过该配准将第一成像图像的第一区域与第二成像图像的第一区域相互对准的装置；

用于将针对第一区域的配准扩大为扩展的配准，从而通过该扩展的配准一起采集第二区域的装置；

用于借助所述扩展的配准变换两张成像图像之一的装置；

用于显示经过变换的成像图像和另一张成像图像，和/或通过比较经过变换的成像图像的第二区域与另一张成像图像的第二区域来确定两张成像图像在第二区域上的差异的装置。

（二）焦点问题

《审查指南》第二部分第九章规定"如果全部以计算机程序流程为依据，按照与该计算机程序流程的各步骤完全对应一致的方式，或者按照与反映该计算机程序流程的方法权利要求完全对应一致的方式，撰写装置权利要求，即这种装置权利要求中的各组成部分与该计算机程序流程的各个步骤或者该方法权利要求中的各个步骤完全对应一致，则这种装置权利要求中的各组成部分应当理解为实现该程序流程各步骤或该方法各步骤所必须建立的程序模块，由这样一组程序模块限定的装置权利要求应当理解为主要通过说明书记载的计算机程序实现该解决方案的程序模块构架，而不应当理解为主要通过硬件方式实现该解决方案的实体装置"。上述规定中的"不应当理解为主要通过硬件方式实现该解决方案的实体装置"容易被误解为"程序模块构架类型的装置权利要求不应当理解为实体装置"。进而，权利要求1从主题名称上看虽然是产品权利要求，但其全部以计算机程序流程为依据，按照与流程的各步骤完全对应一致的方式撰写的程序模块构架类型的装置权利要求，倘若认为权利要求1的这种程序模块构架类产品权利要求不是实体装置，那么权利要求1是否属于《专利法》第二十五条第一款第三项规定的不授予专利权的疾病的诊断和治疗方法？

(三）指导意见

在《专利法》第十一条中，专利被区分为产品专利和方法专利两种类型。两类专利在专利侵权意义上的实施方式各不相同。为清楚地界定两类专利，《审查指南》第二部分第二章规定了产品权利要求与方法权利要求的撰写规则。其中一个重要原则是，权利要求中每一个特征的实际限定作用应当最终体现在权利要求所要求保护的主题上。因此权利要求的主题名称是界定权利要求类型的核心。

对于软件改进的发明，为了避免仅允许相应的方法权利要求这种单一保护形式所带来的专利保护方面的局限性，在《审查指南》第二部分第九章中，允许申请人通过"程序模块构架"类装置权利要求的形式对执行计算机程序流程所必须建立的程序模块的集合给予装置类型权利要求的保护。虽然这种权利要求的保护方案是全部以程序改进为依据的，但由于其主题名称已清楚限定为了"一种用于……的系统/装置"，因此其类型上必然属于产品权利要求。

《审查指南》中表述的"程序模块构架类装置权利要求不应当理解为主要通过硬件方式实现该解决方案的实体装置"不应被误解为"程序模块构架类型的装置权利要求不应当理解为实体装置"。该规定的本意在于限定"程序模块构架类装置权利要求"不应当理解为主要通过硬件方式实现。其实际意义在于保证这样的权利要求的保护范围与说明书中公开的内容具有一致性。也就是说，这段文字解释的目的主要在于区分这类装置主要是由软件实现还是硬件实现。但不论采用何种方式实现，都不会影响到其权利要求的类型，其保护的仍然是一种装置。

就该案而言，权利要求1请求保护的是一种"医学成像系统"，尽管其解决方案全部以计算机程序流程为依据，但由于其主题名称是产品，因此其属于产品权利要求，而不应被理解为方法权利要求。

此外，《审查指南》第二部分第一章第4.3节指出，出于人道主义的考虑和社会伦理的原因，医生在诊断和治疗过程中应当有选择各种方法和条件的自由。即为了保证医生选择诊断和治疗方法的自由，疾病的诊断和治疗方法不能被授予专利权。

但是用于实施疾病诊断和治疗方法的仪器或装置，仅是医生在诊断和治疗过程中利用的工具，不论是硬件方式实现的仪器或设备，还是程序模块实现的仪器或设备，都不会影响医生对诊断和治疗方法的选择和采用。即用于实施疾病诊断和治疗方法的仪器或装置可被授予专利权。而该案当前的权利要求1请求保护的是"医学成像系统"，属于实施疾病诊断的仪器或装置。该医学成像系统采用了程序模块构架类的方式进行撰写，可以明确其主要是通过软件方式实现的一种装置，而非硬件方式实现的实体装置。但不论是硬件方式实现的仪器或装置，还是程序模块实现的仪器或装置，都不会影响医生对诊断方法的选择和采用。因此，权利要求1请求保护的方案不属于《专利法》第二十五条第一款第三项规定的疾病的诊断和治疗方法。

(四) 案例启示

程序模块构架装置权利要求的主题名称是产品，从类型上应当属于产品而不是方法。那么，在这样的权利要求中，对应于流程步骤的各特征的实际限定作用是否最终体现在权利要求所要求保护的主题上呢？审查指南对这类权利要求撰写的规定本身已经给出了肯定的回答。从技术角度看，计算机产品包括硬件与程序，对计算机程序流程的改进也是对计算机产品的改进方案。因此，对应于计算机程序流程步骤的限定特征与产品权利要求类型之间并无矛盾。事实上，《审查指南》中所述"不应当理解为主要通过硬件方式实现该解决方案的实体装置"中重点词不在于否定其为装置，而在于强调不是"主要通过硬件方式实现的方案"。

就该案而言，权利要求1请求保护的主题是医学成像系统，尽管其方案全部以计算机程序流程为依据，但其属于产品权利要求是不争的事实。《专利法》第二十五条第一款第三项并未排除用于实施疾病诊断和治疗方法的仪器和装置，因此，以计算机程序为依据的产品权利要求不应受到疾病的诊断和治疗方法的限制。

案例19：一种分割乳腺病灶的方法

(一) 案情说明

该案涉及一种分割乳腺病灶的方法，其要解决的技术问题是现有技术中必须在用户手动给出种子点的情况下，高效、准确地自动分割处理一个以上病灶的问题，采用的技术手段是对每层乳腺部分的剪影图像进行病灶检测，通过阈值分割、三维像素点的体积大小以及连通域的二维投影面积与最长轴的比较，有效地去除不同形状、大小的假阳性肿块，提高分割乳腺病灶的准确率。

1. 说明书的相关内容

计算机辅助诊断（Computer Aided Diagnosis，CAD）是指通过影像学、医学图像处理技术以及其他可能的生理、生化手段，结合计算机的分析计算，辅助影像科医生发现病灶，提高诊断的准确率。随着技术的发展，以核磁共振成像、计算机断层扫描为代表的现代高清晰影像设备为临床疾病的诊断提供了极大方便。

乳腺癌是女性最常见的癌症之一，是导致女性死亡的第二大癌症杀手。核磁共振成像因其高敏感度而成为辅助医生检测乳腺癌的有效手段。基于核磁共振成像的乳腺病灶分割技术对于医生了解病灶的形态、大小等重要特性扮演着非常重要的角色。

现有技术中，大量乳腺病灶分割的研究都是在用户介入（如手动提供种子点）的情况下进行的半自动分割技术。有的是基于用户给出的灰度阈值来分析病灶的二维边缘和形态特征；有的是在用户给出病灶内一个种子点后进行病灶的三维分割；有的是在用户定义的感兴趣区域内进行病灶分割。然而无论是给出感兴趣区域还是给出病灶内一个种子点，这些用户手动介入的过程都是非常耗时的。一种无须用户介入的全自

电学领域专利审查疑难案例评析

动病灶分割技术可以节省大量的人力和时间，对乳腺病灶的分析有着非常重大的意义。一种不包括精确分割过程的全自动病灶的检测技术，利用细胞神经网络的方法先对乳腺区域进行划分，然后再对划分好的乳腺区域内利用模板的方法对病灶可进行全自动的检测。然而利用细胞神经网络的方法有时不能准确地划分乳腺区域，高亮度的心脏部分有时会被归入乳腺区域，而且此方法不适用于抑脂的乳腺图像。再者利用模板的检测病灶方法由于模板自身的局限性，可能不适用于边缘增强内部较暗的病灶类型以及其他特殊病灶模态。

为了解决背景技术中的技术问题，本实施例提供了一种分割乳腺病灶的方法。图1-12所示为该申请分割乳腺病灶方法的一个实施例的流程示意图。

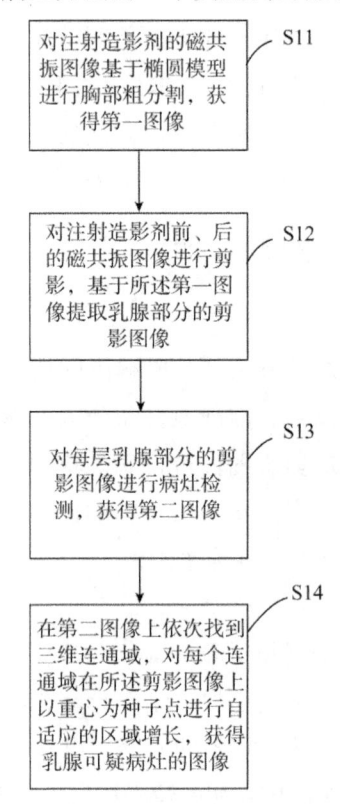

图1-12 分割乳腺病灶方法流程示意图

执行步骤S11：对注射造影剂前的磁共振图像基于椭圆模型进行胸部粗分割，获得第一图像，所述胸部粗分割步骤用于去除诸如心脏等高亮部分的影像，减少图像处理过程中的数据计算量，同时减少高亮影像部分所导致的假阳性肿块，提高分割乳腺病灶的准确性。

执行步骤S12：对所述注射造影剂前、后的磁共振图像进行剪影，获得剪影图像，接着根据第一图像，在所述剪影图像中提取乳腺部分，获得乳腺部分的剪影图像；对所述注射造影剂前、后的磁共振图像进行剪影前，首先进行配准操作。

执行步骤 S13：对每层乳腺部分的剪影图像进行病灶检测，获得第二图像，用以检测可疑的乳腺病灶并去除血管、小体积噪点等假阳性肿块，提高分割乳腺病灶的准确率。

执行步骤 S14：在所述第二图像上依次找到三维连通域，依次以每个连通域的重心为种子点在所述剪影图像上进行自适应的区域增长，获得分割病灶后的磁共振图像，以供医生作为辅助医学诊断。

2. 权利要求请求保护的方案

权利要求1. 一种分割乳腺病灶的方法，其特征在于，包括如下步骤：

（1）对注射造影剂前的磁共振图像基于椭圆模型进行自动胸部粗分割，获得第一图像；

所述第一图像的取得包括如下步骤：

①对所述注射造影剂前的磁共振图像从上到下逐行进行检测，当检测到连通域的范围达到阈值 M 时，停止检测并记录行数 N'；

②以行数 $N_1 = N' + n$ 作为椭圆的起始行，以所述注射造影剂前的磁共振图像的最后一行作为椭圆的终止行为行数 N_2，进行椭圆分割处理；

③对椭圆分割后的图像从上到下逐行检测，当测得的灰度值为非零值时，停止检测，记录行数 N'_1 作为乳腺部分的起始行，并记录所述非零值的像素点所在的列数 L；

④对椭圆分割后的图像从下到上逐行检测第 L 列，当测得的灰度值为非零值时，停止检测记录行数 N'_2 作为乳腺部分的终止行，以所述起始行 N'_1 和终止行 N'_2 提取所述乳腺部分，获得第一图像；

所述阈值 M 的取值范围为所述磁共振图像宽度的 40%～60%，行数 n 取自然数，取值范围为 5～20 行；

（2）对注射造影剂前、后的磁共振图像进行剪影，在获得的剪影图像上基于所述第一图像提取乳腺部分的剪影图像；

（3）对每层乳腺部分的剪影图像进行病灶检测，获得第二图像，所述病灶检测包括：阈值分割、三维像素点的体积大小以及连通域的二维投影面积与最长轴的比较；

（4）在所述第二图像上依次找到三维连通域，依次对每个连通域以重心为种子点在所述剪影图像上进行自适应的区域增长，获得分割后的乳腺可疑病灶的磁共振图像。

（二）焦点问题

权利要求1的主题名称是一种分割乳腺病灶的方法，特征部分记载了第一图像的取得步骤、第二图像的获得步骤，那么，权利要求1请求保护的方案是属于《专利法》第二十五条第一款第三项规定的不授予专利权的疾病的诊断方法吗？还是一种图像处理的方法？

（三）指导意见

诊断方法，是指为识别、研究和确定有生命的人体或动物体病因或病灶状态的过程。一项与疾病诊断有关的方法如果同时满足以下两个条件，则属于疾病的诊断方法，不能被授予专利权：

（1）以有生命的人体或动物体为对象；

（2）以获得疾病诊断结果或健康状况为直接目的。

如果一项发明从表述形式上看是以离体样本为对象的，但该发明是以获得同一主体疾病诊断结果或健康状况为直接目的，则该发明仍然不能被授予专利权。

如果请求专利保护的方法中包括了诊断步骤，而根据现有技术中的医学知识和该专利申请公开的内容，只要知晓所说的诊断或检测信息，就能够直接获得疾病的诊断结果或健康状况，则该方法满足上述条件（2）。

该案的目的是利用医学图像处理技术处理磁共振仪器拍摄的图像，辅助影像医生提高诊断的准确率，该案权利要求1的技术方案是利用医学图像处理技术对磁共振仪器成像的图像进行诸如分割、检测、区域生长等图像处理，最终获得的是分割后的乳腺可疑病灶的磁共振图像，属于图像处理方法，不能被看作是一种使用磁共振仪器检测乳腺癌的方法。

首先，该权利要求1处理的对象是病人注射造影剂前、后的潜在病灶区域的磁共振图像，并非以有生命的人体或动物体为对象，不满足《审查指南》中给出的条件（1）。

其次，执行权利要求1的方法之后所获取的结果仍是潜在病灶区域的磁共振图像，两者的区别在于后者经过图像技术处理之后被分割，尽管其相对于原始图像可能提供更有助于准确诊断乳腺癌的信息，但是权利要求1的方法中并不包括诊断步骤，例如将其转换为某种诊断指标的步骤，权利要求1的方法仅完成了图像的转换。即权利要求1并不是以获得疾病诊断结果或健康状况为直接目的，不能被直接用于判定病人是否患病或者判断病情的严重程度。由此可见，虽然权利要求1的方法为医生更准确地开展诊断活动提供了帮助，但不是以获得疾病诊断结果或健康状况为直接目的，因而不满足《审查指南》中给出的条件（2）。

综上所述，权利要求1的技术方案不属于疾病的诊断方法。

（四）案例启示

如果权利要求的技术方案并非以有生命的人体或动物体为对象，或并非以获得疾病诊断结果或健康状况为直接目的，则不属于疾病的诊断方法。

该案权利要求1的解决方案自始至终只是一个图像的分割处理过程，目的在于改进图像成像质量或突出显示确定部分，但其本身并不包含用于或能够确定病人是否患病或其严重程度的任何手段，虽然其权利要求的主题为分割乳腺病灶的方法，但由于不同时满足《审查指南》中给出的条件（1）和（2），不能认定其属于疾病的诊断方法。

第二章　创造性评判

《专利法》第二十二条第三款规定，"创造性，是指与现有技术相比，该发明具有突出的实质性特点和显著的进步，该实用新型具有实质性特点和进步"。

要想被授予专利权，一项发明或者实用新型在具备新颖性的情况下，还应当对所属技术领域的技术人员来说是非显而易见的，即发明或者实用新型还必须具备创造性，否则专利就会太多太滥，对公众正常的生产经营活动产生不当的限制和干扰。

为了使创造性的标准尽可能客观，通常采用"三步法"来判断一项发明是否具备创造性：（1）确定最接近的现有技术；（2）确定要求保护的发明的区别特征和实际解决的技术问题；（3）判断要求保护的发明为解决所要解决的技术问题而采取的技术方案对所属技术领域的技术人员来说是否显而易见。

在确定最接近的现有技术以及区别特征时，应当对对比文件公开的内容进行准确认定，不得随意将对比文件的内容扩大或缩小；判断"是否显而易见"时，应当从现有技术整体上确定是否存在技术启示，技术效果也应考虑在内。

第一节　对比文件的事实认定

《审查指南》第二部分第三章第 2.3 节规定，"引用对比文件判断发明或实用新型的新颖性和创造性等时，应当以对比文件公开的技术内容为准。该技术内容不仅包括明确记载在对比文件中的内容，而且包括对于所属技术领域的技术人员来说，隐含的且可直接地、毫无疑义地确定的技术内容"。

案例 1：一种晶片承载装置

（一）案情说明

该案涉及一种用于半导体晶片制造工艺的晶片承载装置，其要解决的技术问题是在晶片制造过程中由于晶片弓起或弯曲而导致基底温度不均匀，采用的技术手段是在晶片承载装置上设置与晶片直接接触的多个导热支撑杆，该导热支撑杆电性耦接至加热电路。由于支撑杆被电路加热，所以晶片基底可借由支撑杆而连续受热，从而使得

电学领域专利审查疑难案例评析

晶片基底的温度分布均匀。

1. 说明书的相关内容

半导体集成电路的制造一般包括许多需升高晶片温度以进行所需步骤的工艺技术，例如化学气相沉积（CVD）、物理气相沉积（PVD）、干蚀刻等。晶片承载装置用于将半导体晶片支撑在固定位置，并在各种工艺期间将加热装置产生的热能转移至晶片以升高晶片温度。

图 2—1 所示为现有技术中的晶片承载装置。当通过电极 12 对半导体晶片进行加热时，晶片基底 18 可能会承受重大的热应力，从而造成晶片基底 18 弓起或弯曲。此时，在由晶片承载装置 10 的底座表面 15 所产生的热能中，有相当多的部分会转移至晶片基底 18 与底座表面 15 接触的位置，而不会转移至晶片基底 18 的弓起或弯曲部分，由此造成晶片基底 18 中的温度不均匀。

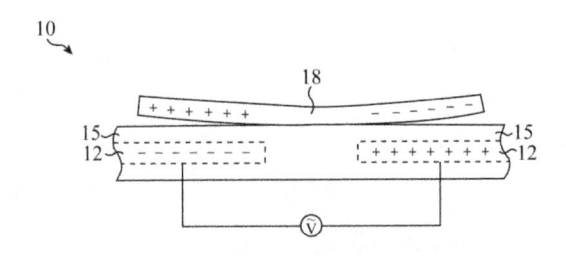

图 2—1　现有技术中的晶片承载装置

该案提供了一种晶片承载装置 20，如图 2—2 所示，包括导热层 22。导热层 22 设置于支撑基座 30 上，导热层 22 的上表面形成晶片承载表面。多个支撑杆 28 延伸穿过形成于导热层 22 与支撑基座 30 中的孔洞 32。支撑杆 28 由类似于用以形成导热层 22 的导热材料制成，例如氮化铝、热分解氮化硼和/或热分解石墨。每一个支撑杆 28 由连接至升降平台 40 的弹簧 24 支撑。加热电路用以提供电力至导热层 22 以及支撑杆 28 以加热放置于导热层 22 上的晶片基底 50，使得晶片基底 50 达到适合进行工艺所需的温度范围。

当由于晶片的弓起或弯曲而使空气间隙形成于晶片基底 50 与导热层 22 之间时，连接至弹簧的支撑杆 28 将向上延伸至导热层 22 之上，使得支撑杆 28 的顶端仍与晶片基底 50 的背面直接接触。因为支撑杆 28 通过耦接至用以加热导热层 22 的电路而被加热，所以晶片基底 50 可借由支撑杆 28 而连续受热，即使在与导热层 22 的直接紧靠接触因晶片弓起或弯曲而失去之后。因此，晶片基底 50 的温度分布均匀。

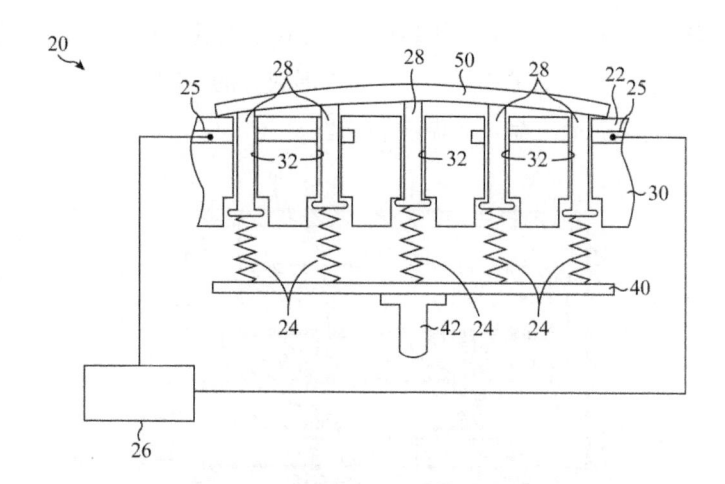

图 2—2 该案的晶片承载装置

2. 权利要求请求保护的方案

该案请求保护一种用于半导体晶片制造工艺的晶片承载装置。独立权利要求 1 如下：

权利要求 1. 一种用于半导体晶片制造工艺的晶片承载装置，包括：

一导热层，设置于一支撑基座上，该导热层耦接至一加热电路；

多个孔洞，穿过该导热层及该支撑基座；以及多个导热支撑杆，电性耦接至该加热电路且延伸穿过该孔洞并超出该导热层，每一所述导热支撑杆具有一顶端，用以与一晶片直接接触。

3. 现有技术的相关内容

针对该案检索到一篇专利文献即对比文件 1 作为现有技术。

对比文件 1 所要解决的技术问题是：半导体晶片处理设备包括用于加热晶片的加热板，在加热板中设置有多个孔洞，升降杆穿过孔洞并上下移动。当晶片被加热或加热后冷却时，孔洞的位置和大小会由于加热板的热膨胀或冷却收缩而发生变化。为了保证升降杆能够容纳在孔洞中并自由移动，孔洞通常会具有较大的尺寸以使孔洞与升降杆之间具有一定的空隙。由于晶片在孔洞处无法受热而导致晶片上的温度分布不均匀。

为此，对比文件 1 公开了一种半导体晶片处理设备，如图 2—3 所示，包括耦接至加热源的加热板 41，其上表面可以对晶片 S 进行加热。加热板 41 上具有多个贯穿的孔洞。多个升降杆 45 通过紧固部件 47 设置在加热板 41 中，并延伸穿过孔洞。升降杆 45 的顶端与晶片 S 直接接触，使晶片在过渡位置（即未加热位置）和处理位置（即加热位置）之间进行变换。

晶片 S 由设置于加热板 41 顶部表面上的支撑元件 43 支撑。晶片 S 没有与加热板 41 直接接触而是通过辐射加热的方式进行加热。当加热板 41 受热膨胀或冷却收缩时，升降杆45通过紧固部件47，可跟随加热板41及其中的孔洞一起移动。因此，升降杆45具有良好的从动特性而无须在升降杆45周围形成大的空隙，进而可避免晶片S因在这样的空隙处无法受热而造成晶片S温度不均。

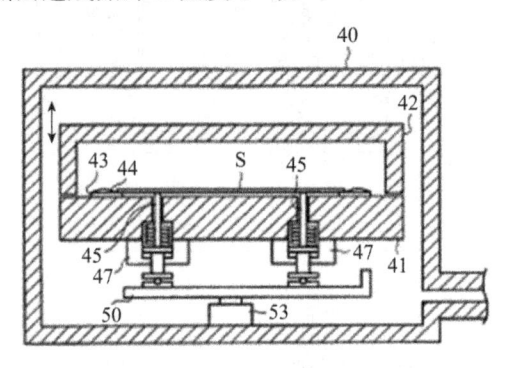

图2-3 半导体晶片处理设备

（二）争议焦点

该案的焦点在于对对比文件1公开的技术内容的认定。

观点1：对比文件1没有公开权利要求1中的技术特征"导热支撑杆"。理由如下：

对比文件1要解决的技术问题是：如何避免容纳升降杆的孔洞因直径过大而导致晶片受热不均，其解决问题的技术手段是通过将升降杆45固定在加热板41上以使孔洞的直径可进一步缩减，该技术手段与升降杆45有没有导热功能根本毫无关联。即使升降杆45可能具有某种程度的导热功能，但对比文件1仅公开升降杆45通过紧固部件47固定在加热板41上，而未公开升降杆45电性耦连至任何加热电路。现有技术中根本不存在任何技术启示能够得知权利要求1所述的"多个导热支撑杆，电性耦接至该加热电路"，这也不是本领域的公知常识；而且上述设置有助于改善热传递效率，使导热支撑杆能够有效加热晶片。

观点2：对比文件1公开了权利要求1中的技术特征"导热支撑杆"。理由如下：

根据对比文件1记载的内容，升降杆45通过紧固部件47设置在加热板41中，故升降杆45被包含于加热板41中，且不会从加热板41中脱落。由于加热板41具有加热作用，升降杆45必然也被一定程度地加热，因此，升降杆45本身必然具有一定的导热作用，构成导热支撑杆。

由此可见，该案的争议焦点为：对比文件1是否隐含公开了"升降杆45本身必然具有一定的导热作用，构成导热支撑杆"，权利要求1是否具备创造性？

（三）指导意见

该案权利要求1实际要解决的技术问题是：在晶片制造过程中基底温度不均匀。该问题产生的原因是晶片加热过程中因为热应力而弓起或弯曲，从而导致晶片弓起或弯曲的部分无法与底座表面直接紧靠接触，造成晶片温度不均匀。其采取的技术手段是：将导热支撑杆耦接至加热电路，当晶片在加热过程中因热应力而弓起或弯曲时，由于导热支撑杆与晶片弓起或弯曲的部分直接接触，能够使晶片连续受热，从而基底温度均匀分布。

对比文件1实际要解决的技术问题是：由于加热板中的孔洞较大，晶片在孔洞处无法受热，使得晶片上的温度分布不均匀。采取的技术手段是：升降杆45通过紧固部件47设置在加热板41中，由此增强了升降杆45的随从性，从而减小孔洞和升降杆之间的空隙，避免晶片在大的空隙处无法受热，使晶片上的温度分布均匀。对比文件1记载，晶片S由设置于加热板41表面的支撑元件43支撑，晶片S并不与加热板41直接接触，加热板41通过辐射加热的方式对晶片S的底面加热。升降杆45用于接收及上下移动晶片S，使晶片在过渡位置（即未加热位置）和处理位置（即加热位置）之间进行变换。此外，对比文件1没有公开升降杆45连接到加热电路，也没有公开其为导热材料制成。由此可见，根据对比文件1记载的内容，所属技术领域的技术人员仅可得出升降杆的作用仅是支撑晶片进行升降，并无加热晶片的作用。因此，从对比文件1记载的内容中，无法直接地、毫无疑义地确定"升降杆45本身必然具有一定的导热作用，构成导热支撑杆"。

如上所述，对比文件1实际要解决的技术问题与权利要求1相同，都是为了减少晶片中存在的热不均匀性。但是根据该案说明书和对比文件1公开的内容可知，权利要求1中的热分布不均匀是由于晶片受热弓起或弯曲造成的，而对比文件1中的热分布不均匀是由于加热板中的孔洞较大造成的，即对比文件1和权利要求1所要解决的晶片受热不均匀这一问题的产生原因不同。由此可见，权利要求1与对比文件1虽然解决的技术问题相似，但是产生该问题的原因不同，使得为解决该问题而采取的技术方案并不相同，因而二者的发明构思不同。在对比文件1的发明构思中，升降杆45并未起到加热作用，所属技术领域的技术人员也无法由此想到将其与加热电路连接，并且这也不是本领域公知常识。因此，在对比文件1的基础上无法结合公知常识评述权利要求1的创造性。

综上所述，对比文件1没有隐含公开"升降杆45具有导热作用"，该技术特征使得权利要求1相对于对比文件1具备创造性。

（四）案例启示

该案的争议点涉及评判创造性时如何认定对比文件隐含公开的内容以及如何确定是否存在技术启示。

对所属技术领域的技术人员来说，对比文件隐含公开的内容应该是能够从对比文件记载的内容中直接地、毫无疑义地确定的技术内容。在判断是否能够"直接地、毫无疑义地确定"时，需要综合考量对比文件要解决的技术问题以及取得的技术效果，不得随意将对比文件的内容扩大或缩小。

判断对比文件是否存在技术启示时，不仅要考虑该对比文件所要解决的技术问题与该申请是否相同，还要考虑二者所公开的解决该技术问题的技术原理或者造成该技术问题的原因是否相同。如果技术原理或问题成因不同，由此会导致采取的技术方案并不相同。即使该对比文件与该申请具有相同或相似的技术手段，解决了相同或相似的技术问题，二者也不能认为具有相同的发明构思，因此该对比文件不存在相应的技术启示。

第二节　材料的技术效果认定

《审查指南》第二部分第四章第 6.3 节规定，"在创造性的判断过程中，考虑发明的技术效果有利于正确评价发明的创造性"。

对于涉及材料的权利要求，如果其包含的某个或某些组分和/或各组分的组合，对所属技术领域的技术人员来说是不常见的，那么该权利要求是否一定具备创造性？

此时，不仅要考虑各组分及其组合是否被现有技术公开，还应当考虑上述各种组分在请求保护的材料中的技术效果，是否为创造性带来技术上的贡献，否则可能会得出错误的结论。

案例 2：一种耐高温复合磁性材料

（一）案情说明

该案涉及一种耐高温复合磁性材料，以氮化铁、甲酸亚铊、三（4-溴苯基）六氯锑酸铵等为原料，经过碎粒、一次混料、二次混料、压制、预烧、再次压制、烧制、冷却等步骤制备得到，其要解决的技术问题是提高磁性材料的耐高温性能。

1. 说明书的相关内容

磁性材料是一种用途十分广泛的功能材料。随着经济社会的快速发展，磁性材料与信息化、自动化、机电一体化、国防、国民经济的方方面面紧密相关，例如将其应用于变压器中的铁心材料、作为存储器使用的磁光盘、计算机用磁记录软盘等。通常认为，磁性材料是指由过渡元素铁、钴、镍及其合金等能够直接或间接产生磁性的物质。传统的磁性材料中虽然性能良好，但是当遇到高温恶劣环境时往往导致性能的急剧下降，极大地影响了应用效果。

该案提供了一种耐高温复合磁性材料，包括下列重量份数的成分：氮化铁 30～50 份、氧化铝钴 20～30 份、硼酸镍 15～25 份、氧化镓 5～10 份、氧化钒铜 3～12 份、纳米二氧化硅 2～8 份、碳酸锆 5～15 份、甲酸亚铊 2～8 份、三（4-溴苯基）六氯锑酸铵 10～25 份、硬脂酸锌 6～15 份。

该磁性材料的制备方法为：

(1) 将氮化铁 30～50 份、氧化铝钴 20～30 份、硼酸镍 15～25 份、氧化镓 5～10 份和氧化钒铜 3～12 份、纳米二氧化硅 2～8 份和碳酸锆 5～15 份研磨成平均粒径为 40～80 μm 的粉末。

(2) 向步骤 (1) 所述粉末中加入甲酸亚铊 2～8 份、硬脂酸锌 6～15 份，随后加入混料机中一次混料 20～40 min；再次加入三 (4-溴苯基) 六氯锑酸铵 10～25 份，二次混料 5～15 min。

(3) 将步骤 (2) 得到的混合物在 550～600 MPa 下压制 15～45 s。

(4) 随后将步骤 (3) 压制后的混合物在 450～650 ℃下预烧 30～45 min，随后再次在 200～250 MPa 下压制 10～20 s；结束后在 1000～1200 ℃下烧制 1～1.5 h，经冷却降温后即可得所述耐高温复合磁性材料。

该耐高温复合磁性材料的工作温度为 350～550 ℃，矫顽力为 8～15 A/m，冲压韧性为 80～120 J/cm^2。

该复合磁性材料具有较好的耐高温性能，可以广泛应用在高温等恶劣工作环境中。

2. 权利要求请求保护的方案

该案请求保护一种耐高温复合磁性材料。独立权利要求 1 如下：

权利要求 1. 一种耐高温复合磁性材料，其特征在于，该磁性材料包括下列重量份数的成分：氮化铁 30～50 份、氧化铝钴 20～30 份、硼酸镍 15～25 份、氧化镓 5～10 份、氧化钒铜 3～12 份、纳米二氧化硅 2～8 份、碳酸锆 5～15 份、甲酸亚铊 2～8 份、三 (4-溴苯基) 六氯锑酸铵 10～25 份、硬脂酸锌 6～15 份。

3. 现有技术的相关内容

针对该案检索到两篇期刊即对比文件 1、2 作为现有技术。

对比文件 1 涉及对钴铁氧体结构及其磁学性能的研究。对比文件 1 公开了，尖晶石铁氧体具有良好的电磁性质，其中钴铁氧体的饱和磁化强度较高，磁晶各向异性常数较大，磁致伸缩系数较大，具有高的电阻率和低的涡流损耗，广泛用于永磁体、磁测量和磁传感等领域。对比文件 1 还公开了一种钴铁氧体的具体组成 $CoFe_{2-x}Al_xO_4$，其是通过将四氧化三钴、氧化铁混合形成尖晶石结构钴铁氧体粉体，并将制得的钴铁氧体与分析纯的氧化铝混合，将混合后的粉体干压成形，并冷等静压 (200 MPa)，在 1300 ℃管式气氛炉流动氧气中热处理 2 h 后得到 $CoFe_{2-x}Al_xO_4$ ($x=0$, 0.023, 0.046, 0.069, 0.092) 系列样品。

对比文件 2 涉及铁氧体的性能及其工艺流程介绍。对比文件 2 公开了，铁氧体的晶格类型有七类，其中尖晶石型铁氧体最为人们所熟悉。尖晶石型铁氧体的化学组成一般可用通式 $BO·A_2O_3$ 表示。其中 B 代表二价金属，如 Fe、Mg、Zn、Mn、Co、Ni、Ca、Cu、Hg、Bi、Sn 等；A 代表三价金属，如 Fe、Al、Cr、Mn、V、Co、Bi、Ga、As 等。

(二) 争议焦点

该案权利要求1请求保护的磁性材料成分中，甲酸亚铊和三（4-溴苯基）六氯锑酸铵在磁性材料领域中为非常规添加物，尤其甲酸亚铊的危险类别为极毒。但由说明书记载的技术效果可知，含有上述添加物的磁性材料在较高温度下能够保持良好的磁性，满足高温工作环境下磁性材料的使用需求。

因此，该案的争议焦点在于：在现有技术没有将这两种物质用在耐高温磁性材料领域的情况下，如何考虑上述非常规添加物的技术效果？如何评判权利要求1的创造性？

(三) 指导意见

该案的权利要求1请求保护一种复合磁性材料，其包括如下成分：氮化铁、氧化铝钴、硼酸镍、氧化镓、氧化钒铜、纳米二氧化硅、碳酸锆、甲酸亚铊、三（4-溴苯基）六氯锑酸铵以及硬脂酸锌。

众所周知，磁性材料是指由过渡元素铁、钴、镍及其合金等能够直接或间接产生磁性的物质。

权利要求1请求保护的磁性材料成分，由于第Ⅶ族和第Ⅷ族过渡金属构成的氮化物在相对较低的温度下会分解，铁氮化合物中的Fe_2N在约400 ℃以上的温度下分子氮会损失分解，形成低含氮量的铁氮化合物；而该案中，复合磁性材料在1000～1200 ℃下烧结得到，因此，氮化铁的实质成分为氧化铁。

氧化铝钴和氧化钒铜属于复合氧化物，可用共沉淀法、磁控溅射法等得到。氧化铁、氧化钴是磁性材料的主要原料。氧化铝、氧化镓、氧化钒、氧化铜、碳酸锆均属于常规的无机烧结助剂，用于改善磁性能。二氧化硅常用于添加到复合磁性材料中改善其绝缘性能。硬脂酸锌是磁性复合材料中常规的润滑剂。

硼酸镍虽然不是常规添加物，但是镍及其氧化物常用于制备复合磁性材料，提供磁性能，且硼酸盐常用于磁性材料中的辅助添加剂，可形成硼酸盐玻璃，改善机械强度等。

甲酸亚铊为无色晶体，吸湿性极强，危险类别为极毒，使用过程中要采取相应的防护措施，甲酸亚铊在空气中迅速分解为铊的氧化物。甲酸亚铊作为重质有机溶剂以及吸收热量剂等，铊的氧化物主要应用在超导以及催化剂材料方面。

三（4-溴苯基）六氯锑酸铵，结晶状，经口入和吸入为急性毒性，使用过程中要采取相应的防护措施，目前主要应用于光电功能材料中，作为电荷转移配位物以及氧化剂等。

由此可见，所属技术领域的技术人员能够预料到，将氮化铁、氧化铝钴、硼酸镍、氧化镓、氧化钒铜、纳米二氧化硅、碳酸锆、硬脂酸锌用于制备复合磁性材料，可使材料的磁性能得到改进。但是，甲酸亚铊和三（4-溴苯基）六氯锑酸铵并没有用于磁性材料领域,所属技术领域的技术人员基于现有技术可以认定它们无法改善磁性能。

权利要求 1 和对比文件 1 的区别在于:(1)复合磁性材料中还含有硼酸镍 15～25 份、氧化镓 5～10 份、氧化钒铜 3～12 份、纳米二氧化硅 2～8 份、碳酸锆 5～15 份、甲酸亚铊 2～8 份、三(4-溴苯基)六氯锑酸铵 10～25 份、硬脂酸锌 6～15 份;(2)氧化钴和氧化铝以氧化钴铝的形式加入及其添加量。基于该区别技术特征,权利要求 1 实际解决的技术问题是提供一种耐高温的磁性材料。

如上所述,在对比文件 1 的钴铁氧体中添加硼酸镍、氧化镓、氧化钒、氧化铜、二氧化硅、碳酸锆、硬脂酸锌,这是本领域对已知材料的选择。而且对比文件 2 也给出了铁氧体中含有镓、钒、铜的技术启示。但是将甲酸亚铊和三(4-溴苯基)六氯锑酸铵添加到复合磁性材料中并不能起到增强耐高温性能的效果,可认定其对权利要求 1 的创造性并未带来技术上的贡献。因此,权利要求 1 不具备《专利法》第二十二条第三款规定的创造性。

(四)案例启示

该案涉及一种组合物发明。对于组合物发明,说明书除了应当记载组合物的组分以及各组分的含量范围外,还应当记载各组分对组合物性能的影响,并完整地公开该组合物的使用效果。如果所属技术领域的技术人员无法根据现有技术预测各组分对组合物性能的影响从而无法预测该组合物的使用效果,则说明书还应当记载对所属技术领域的技术人员来说,足以证明该组合物可以达到预期效果的定性或定量实验数据。

该案请求保护一种复合磁性材料,其所要解决的技术问题是"提高磁性材料的耐高温性能"。该复合磁性材料除了包含本领域已知的磁性组分外,还包含非常规添加物——甲酸亚铊和三(4-溴苯基)六氯锑酸铵,而说明书仅记载了"该耐高温复合磁性材料的工作温度为 350～550 ℃,矫顽力为 8～15 A/m,冲压韧性为 80～120 J/cm^2"。说明书关于技术效果的记载过于笼统,使得所属技术领域的技术人员根据现有技术无法将甲酸亚铊和三(4-溴苯基)六氯锑酸铵认定为可改善磁性能。因此,在评判权利要求 1 的创造性时,认为这两种非常规添加物不会为该磁性材料带来创造性的改进。

如果申请人认为在复合磁性材料中包含这两种非常规添加物,确实能够使得该复合磁性材料具有耐高温的性能,则在撰写说明书时,应当在说明书中详细记载足以证明上述非常规添加物能够使该磁性材料可以达到预期效果的定性或定量实验数据。

案例 3:一种复合的导电银浆

(一)案情说明

该案涉及一种碳粉/膨润土复合的导电银浆,由银粉、膨润土、硅酸盐水泥、木质纤维等制成,保存时间长,方阻小,且由其制得的导电线路不易从承印物上脱落。

电学领域专利审查疑难案例评析

1. 说明书的相关内容

导电银浆是指印刷于导电承印物上，使之具有传导电流和排除积累静电荷能力的银浆，一般印在塑料、玻璃、陶瓷或纸板等非导电承印物上。它由导电性填料、黏合剂、溶剂以及添加剂组成。导电银浆需要具备导电性（抗静电性）佳、附着力强、印刷适应性好和耐溶剂性优等特性，而目前现有的导电银浆有很多缺点，不仅含有铅、镉等元素且有毒，污染环境，而且使用在导电承印物上时附着力低、焊接性不佳、烧结性能差。

因此，该案提供一种碳粉/膨润土复合的导电银浆，保存时间长，方阻小，且由其制得的导电线路不易从承印物上脱落。

该碳粉/膨润土复合的导电银浆，由下列重量份的原料制成：银粉41、石墨粉1.7、碳粉0.9、苯并三氮唑2.6、膨润土5、硅酸盐水泥2、木质纤维1.7、氯化亚锡0.6、十二烷基苯磺酸1.3、乌洛托品0.9、助剂40、水适量。

其中，助剂由下列重量份原料制成：氧化铋2、氧化硼3、乙基纤维素0.9、十二烷基硫酸钠0.3、邻苯二甲酸二甲酯0.4、卵磷脂0.3、聚硅氧烷0.3、松油醇24。其制备方法是将氧化铋和氧化硼放入煅烧炉中于520～610 ℃下煅烧1～2 h，取出冷却至室温，加入乙基纤维素研磨20～40 min；将邻苯二甲酸二甲酯、松油醇搅拌混匀，在140～190 ℃下反应2～3 h，冷却至80～100 ℃，加入卵磷脂、聚硅氧烷、十二烷基硫酸钠，保持温度搅拌3～4 h；将以上各反应产物混合，研磨2～4 h即制得300～400目浆料。

导电银浆的制作方法包括以下步骤：

（1）取碳粉、膨润土加适量水研磨2～3 h制得200～300目浆料，加入苯并三氮唑、氯化亚锡继续研磨3～4 h，喷雾干燥，烘干，送入煅烧炉中在450～510 ℃下烧结2～3 h。

（2）取硅酸盐水泥放入10%～12%的醋酸溶液中浸泡3～6 h，取出，用清水反复洗涤，再放入4%～7%醋酸钠溶液中浸泡2～4 h，加入十二烷基苯磺酸、石墨粉研磨成浆。

（3）将步骤（1）、（2）反应物料及其他剩余物料混合，升温至100～120 ℃，搅拌反应1～2 h，冷却，研磨成粒径为10～20 μm 浆粒，即得。

通过上述方法加工得到的导电银浆的技术指标如下：

（1）黏度：50～100 Pa·s（Brookfield，10 RPM）。

（2）附着力：>10 N/mm^2。

（3）铅镉含量：<100 ppm（百万分比浓度）。

（4）焊接性优、堆烧易分离、印刷适应性好和耐溶剂性优。

2. 权利要求请求保护的方案

该案请求保护一种碳粉/膨润土复合的导电银浆。独立权利要求1如下：

权利要求1. 一种碳粉/膨润土复合的导电银浆，其特征在于，由下列重量份的原料制成：银粉40～50、石墨粉1.2～2.1、碳粉0.8～1.7、苯并三氮唑2.1～3.5、膨润土3～5、硅酸盐水泥2～4、木质纤维1.3～2.4、氯化亚锡0.4～0.8、十二烷基苯磺酸0.6～1.3、乌洛托品0.7～0.9、助剂30～40、水适量；所述的助剂由下列重量份原料制成：氧化铋2～3、氧化硼3～4、乙基纤维素0.8～1.4、十二烷基硫酸钠0.3～0.4、邻苯二甲酸二甲酯0.2～0.4、卵磷脂0.3～0.5、聚硅氧烷0.2～0.3、松油醇20～25，其制备方法是将氧化铋和氧化硼放入煅烧炉中于520～610 ℃下煅烧1～2 h，取出冷却至室温，加入乙基纤维素研磨20～40 min；将邻苯二甲酸二甲酯、松油醇搅拌混匀，在140～190 ℃下反应2～3 h，冷却至80～100 ℃，加入卵磷脂、聚硅氧烷、十二烷基硫酸钠，保持温度搅拌3～4 h；将以上各反应产物混合，研磨2～4 h即制得300～400目浆料。

3. 现有技术的相关内容

针对该案检索到一篇专利文献即对比文件1作为现有技术。

对比文件1公开了一种压电陶瓷用无铅无镉电极银浆料，目的是实现电极的无铅化，提高浆料的烧结活性以及附着力。

该浆料由下述重量百分比的原料制得：导电银微粉50%～75%，无机添加剂0.5%～5%，无铅玻璃粉1%～15%，有机载体15%～45%。

所述的导电银微粉是球形或类球形银粉体，其中粒径介于0.2～2 μm的粗粉占0～20%，粒径介于10～100 nm的细粉占80%－100%。所述的无机添加剂是粒径小于10 μm的超细金属粉体或超细金属氧化物粉体，例如Cu、Zn、W、Bi_2O_3、ZnO、MnO_2、Cu_2O或CuO中的一种或几种。

所述的无铅玻璃粉由下述重量百分比的原料制成：Bi_2O_3 5%～30%（即氧化铋），B_2O_3 10%～45%（即氧化硼），SiO_2 1%～15%，ZnO 1%～40%，CaO 0.5%～5%，TiO_2 0.5%～5%，ZrO_2 0.5%～5%，NiO 0%～8%，Al_2O_3 0%～5%。所述的有机载体由下述重量百分比的原料制成：有机黏结剂3%～15%，浆料触变剂0.5%～6%，表面活性剂0.5%～6%，浆料消泡剂0.5%～3%，有机溶剂70%～95%。

所述的有机黏结剂选用乙基纤维素、硝酸纤维素、羧甲基纤维素、聚甲基丙烯酸酯、聚乙烯醇、松香中的一种或几种。所述的浆料触变剂选用邻苯二甲酸二甲酯、氢化蓖麻油、聚酰胺蜡中的一种或几种。所述的表面活性剂选用卵磷脂、硬脂酸、聚山梨酯、季铵化物中的一种或几种。所述的浆料消泡剂选用改性聚硅氧烷中的一种。所述的有机溶剂选用松油醇、松节醇、丁基卡必醇、丙酮中的一种或几种。

无铅玻璃粉的制备方法为：按重量百分比称量无铅玻璃粉的各原料，经充分混合

电学领域专利审查疑难案例评析

后放入石英坩埚中在电炉中进行熔炼，然后倒入水中淬火，加水球磨至玻璃粉颗粒粒径小于 10 μm，最后再烘干，熔炼的温度范围为 1100～1250 ℃，时间为 15～25 min，即得无铅玻璃粉备用。

有机载体的制备方法为：按重量百分比称量有机载体各原料，然后加热搅拌，直到各原料全部溶解，加热温度范围为 75～110 ℃，即得有机载体备用。

浆料的制备方法为：按重量百分比称量导电银微粉、无机添加剂、制备好的无铅玻璃粉以及制备好的有机载体于容器中，经混合搅匀后在三辊机上研磨，直到浆料的细度小于 10 μm 即得。

该浆料使用硼－铋－硅－锌－钛玻璃体系作为黏结剂，实现了电极的无铅化；选用球形或类球形的粗银粉和细银粉按一定的比例混合，能够提高其烧结活性，促进银粉颗粒在烧结过程中的融合，获得致密的电极结构；使用超细金属粉体或氧化物添加剂 Cu、Zn、W、Bi_2O_3、ZnO、MnO_2、Cu_2O 或 CuO 中的一种或几种，能够促进银电极的烧结，形成焊接性优、附着力强的致密银电极，从而提高电极的耐焊性能。

该浆料的性能为：黏度 50～100 Pa·s（Brookfield，10 RPM）；焊接性优；附着力>10 N/mm^2；铅镉含量<100 ppm；堆烧易分离。

（二）争议焦点

该案权利要求 1 请求保护的导电银浆的原料中所使用的石墨粉、碳粉、苯并三氮唑、膨润土、硅酸盐水泥、木质纤维、氯化亚锡、十二烷基苯磺酸、乌洛托品以及助剂中的部分原料是首次组合在一起使用的，说明书记载的技术指标显示其具有增强导电银浆整体性能的作用。

但是说明书中记载的指标"黏度 50～100 Pa·s；焊接性优；附着力>10 N/mm^2；铅镉含量<100 ppm；堆烧易分离"与对比文件 1 记载的技术指标完全相同，对比文件 1 仅在原料、配比和制备方法上与该案有所不同。

由此可见，该案的争议焦点在于：上述原料的组合对于所属技术领域的技术人员来说是不常见的，如何考虑该不常见的组合对于导电银浆的技术效果的影响？如何评判权利要求 1 的创造性？

（三）指导意见

权利要求 1 请求保护的导电银浆与对比文件 1 公开的内容相比，区别技术特征为：(1) 权利要求 1 中还包括石墨粉、碳粉、苯并三氮唑、膨润土、硅酸盐水泥、木质纤维、氯化亚锡、十二烷基苯磺酸、乌洛托品、十二烷基硫酸钠，但不包括对比文件 1 中的 SiO_2 1%～15%，ZnO 1%～40%，CaO 0.5%～5%，TiO_2 0.5%～5%，ZrO_2 0.5%～5%，NiO 0%～8%，Al_2O_3 0%～5%；(2) 权利要求 1 中各成分的重量份数以及助剂的生产工艺与对比文件 1 不同。基于上述区别技术特征，权利要求 1 实际要解决的技术问题是增强导电银浆的性能。

导电浆料中的导电相一般包括金属粉和碳粉，而碳粉包括了石墨、炭黑等，所属技术领域的技术人员熟知，金属粉如银等贵金属的导电性好但成本较高，碳粉成本低但导电性较差，因此，为了平衡导电性和生产成本，采用碳粉、石墨粉来替代部分银粉是所属技术领域的常规技术手段，其效果是可预料的。

对所属技术领域的技术人员而言，苯并三氮唑能够提高银浆的抗腐蚀性能，膨润土是本领域的常规触变剂，硅酸盐水泥具有良好的黏结性能，木质纤维能够提高表面附着力，氯化亚锡具有良好的抗氧化性能，十二烷基苯磺酸是本领域的常规活性剂，乌洛托品是本领域的常规固化剂，十二烷基硫酸钠是本领域的常规分散剂。

由此可见，石墨粉、碳粉、苯并三氮唑、膨润土、硅酸盐水泥、木质纤维、氯化亚锡、十二烷基苯磺酸、乌洛托品、十二烷基硫酸钠虽然是首次组合在一起使用，但是所属技术领域的技术人员熟知它们的性能，在对比文件1已经公开了银浆中需要包含有机载体、添加剂的基础上，所属技术领域的技术人员结合上述不同添加剂的特性，通过合乎逻辑的分析以及常规技术手段可合理地选择添加剂的种类及其含量，其效果是可预料的。

虽然对比文件1公开的各成分的重量份数以及助剂的生产工艺与权利要求1有所不同，然而在对比文件1公开内容的基础上，所属技术领域的技术人员可以根据实际情况对参数、设备等进行合理调配，其最终所取得的技术效果"黏度50～100 Pa·s（Brookfield，10 RPM）；焊接性优；附着力>10 N/mm^2；铅镉含量<100 ppm；堆烧易分离"也与该案相同。

因此，在对比文件1的基础上得到该权利要求1请求保护的技术方案对所属技术领域的技术人员来说是显而易见的，权利要求1不具备突出的实质性特点和显著的进步，不符合《专利法》第二十二条第三款有关创造性的规定。

（四）案例启示

该案请求保护一种导电银浆，其原料是首次组合在一起使用的，目的是增强导电银浆的整体性能。但是说明书记载的技术指标与对比文件1记载的技术指标完全相同；除此之外，该案并没有记载其他相关的实验数据。因此，在评判权利要求1的创造性时，上述技术效果并不能将权利要求1请求保护的导电银浆与对比文件1公开的导电银浆区分开，因此对权利要求1的创造性并未带来技术上的贡献。

此外，对于组合物发明，说明书除了应当记载组合物的组分以及各组分的含量范围外，还应当完整地公开该组合物的技术效果。如果所属技术领域的技术人员无法根据现有技术预测该组合物的技术效果，则说明书还应当记载对所属技术领域的技术人员来说，足以证明该组合物可以达到预期效果的定性或定量实验数据。

因此，申请人在撰写申请文件时，应当在说明书中提供详尽的定性或定量实验数据，以证明该导电银浆取得了预料不到的技术效果，使之与现有技术能够区分开。

第三节 技术启示

在采用"三步法"判断权利要求是否具备创造性时,第三步中对"是否非显而易见"的判断在于确定现有技术整体上是否存在某种技术启示,其难点在于对技术方案的整体把握。本节以案例形式进行相应剖析。

案例4:一种用于锂电池的电解质溶液

(一)案情说明

该案涉及一种用于锂电池的电解质溶液,以马来酰亚胺配合碳酸亚乙烯酯作为电解质溶液的添加剂,其要解决的技术问题是有效改良锂电池容量及效率。

1. 说明书的相关内容

随着更小、更轻和更高性能的通信及其他电子设备的快速发展,需要高性能和大容量的电池来为这些设备提供电能。对大容量电池的需求促进了可再充电锂电池的研究。

在锂电池中,阴极材料一般为过渡金属氧化物,如 $LiNiO_2$、$LiCoO_2$、$LiMn_2O_4$、$LiFePO_4$ 或 $LiNi_xCo_{1-x}O_2$。阳极材料一般为锂金属、锂与其他金属的合金,或碳质材料如石墨。电解质溶液通常为混合溶剂,主要溶剂为碳酸亚乙烯酯(VC)。然而碳酸亚乙烯酯为主要溶剂会降低充电放电的效率及速率,因为碳酸亚乙烯酯的介电常数比其他常见的电解质溶剂如 γ-丁基内酯、碳酸乙烯酯、碳酸丙烯酯的介电常数低。

该案提供一种电解质溶液,包括有机溶剂、锂盐以及添加剂。有机溶剂可为 γ-丁基内酯(γ-butyrolactone,GBL)、碳酸乙烯酯(ethylene carbonate,EC)、碳酸丙烯酯(propylene carbonate,PC)、碳酸二乙酯(diethyl carbonate,DEC)、乙酸丙酯(propylacetate,PA)、碳酸二甲酯(dimethyl carbonate,DMC)、碳酸甲乙酯(ethyl-methyl carbonate,EMC)或上述的组合。锂盐可为 $LiPF_6$、$LiBF_4$、$LiAsF_6$、$LiSbF_6$、$LiClO_4$、$LiAlCl_4$、$LiGaCl_4$、$LiNO_3$、$LiC(SO_2CF_3)_3$、$LiN(SO_2CF_3)_2$、$LiSCN$、$LiO_3SCF_2CF_3$、$LiC_6F_5SO_3$、LiO_2CCF_3、$LiSO_3F$、$LiB(C_6H_5)_4$、$LiCF_3SO_3$ 或上述的组合。

为了改善锂电池的电容量以及循环寿命,该案利用马来酰亚胺系的化合物搭配已知的碳酸亚乙烯酯作为电解质溶液的添加剂。马来酰亚胺系的化合物可为马来酰亚胺或其聚合物、双马来酰亚胺或其聚合物、双马来酰亚胺与马来酰亚胺的共聚物或上述的混合物。

马来酰亚胺包括 N—苯基马来酰亚胺、N—(邻甲基苯基)—马来酰亚胺、N—(间甲基苯基)—马来酰亚胺、N—(对甲基苯基)—马来酰亚胺、N—环己烷基马来酰亚胺、马来酰亚胺、马来酰亚胺基酚、马来酰亚胺基苯并环丁烯、含磷马来酰亚胺、磷酸基马来酰亚胺、氧硅烷基马来酰亚胺、N一（四氢吡喃基一氧基苯基）马来酰亚胺或 2，6一二甲苯基马来酰亚胺。此外，可利用巴比土酸（barbituric acid，BTA）作为引发剂，使马来酰亚胺的双键进行聚合形成聚合物。

以马来酰亚胺配合碳酸亚乙烯酯作为电解质溶液的添加剂，可有效改良电池容量及效率。使用该电解质溶液的锂电池容量增加 5%～10%，在循环 200 次以后，电池效率增加 10%～15%。

2. 权利要求请求保护的方案

该案请求保护一种电解质溶液。独立权利要求 1 如下：

权利要求 1. 一种电解质溶液，包括：一有机溶剂；一锂盐；以及一添加剂，且该添加剂包括：马来酰亚胺、双马来酰亚胺、聚马来酰亚胺、聚双马来酰亚胺、双马来酰亚胺与马来酰亚胺的共聚物或上述的混合物，以及碳酸亚乙烯酯。

3. 现有技术的相关内容

该案检索到一篇专利文献即对比文件 1 作为现有技术。

对比文件 1 公开了一种用于可再充电锂电池的电解液，"发明内容"部分公开了电解液包括用于抑制过充电的添加剂、锂盐以及非水有机溶剂。所述添加剂选自 N一苯基马来酰亚胺、N一甲苯基马来酰亚胺或 N一二甲苯基马来酰亚胺。该电解液能够提供表现出改善的安全性和循环寿命特性的电池。

对比文件 1 的"背景技术"部分公开了可再充电锂电池使用一种包含溶解于有机溶剂的锂盐的非水电解液。为改善电池性能，已有一些有关用于在负极表面形成薄层的各种添加剂的研究。一种尝试是将吡咯、噻吩或碳酸亚乙烯酯添加到电解液中。这些化合物在充电和放电期间聚合，以在负极活性物质表面形成聚合物薄层，并改善电池的循环寿命特性。然而，用于形成聚合物薄层的方法的缺点是难以控制该薄层，并且要考虑电池的体积膨胀。因此，另一些尝试通过添加乙基马来酰亚胺或甲基马来酰亚胺来解决这些缺点。

（二）争议焦点

该案的争议焦点在于：是否有动机将对比文件 1 中发明内容部分和背景技术部分的内容结合起来评判权利要求 1 的创造性？

观点 1：对比文件 1 给出了将碳酸亚乙烯酯与马来酰亚胺结合的技术启示。理由如下：

在锂离子电池中使用碳酸亚乙烯酯是本领域常采用的技术手段，虽然对比文件 1 "发明内容"部分未采用碳酸亚乙烯酯与马来酰亚胺的组合，但是对比文件 1 "背景技术"部分明确说明可以添加碳酸亚乙烯酯来改善循环寿命，同时指出对于使用碳酸亚乙烯酯形成聚合物薄层时的缺点可以尝试通过添加马来酰亚胺类物质来解决。而对于所属技术领域的技术人员来说，在其掌握的技术范围内，有理由尝试将碳酸亚乙烯酯与马来酰亚胺进行组合，并且相应的技术效果是可预测的且容易通过常规试验验证的。

因此，对比文件1给出了相应的技术启示。

观点2：对比文件1没有给出将碳酸亚乙烯酯与马来酰亚胺结合的技术启示。理由如下：

对比文件1在背景技术部分的确明确说明了在电解液中可以添加碳酸亚乙烯酯来改善循环寿命。但是一般来说，专利的背景技术部分均是介绍现有技术及其不足之处的，而随后的发明内容是对现有技术的改进。因此，所属技术领域的技术人员往往会认为背景技术中的现有技术是需要改进和不推荐使用的，故一般不会再从其中寻找技术启示。

（三）指导意见

评判一项权利要求是否具备创造性时，需要确定现有技术整体上是否存在技术启示。这种整体考虑，需要从对比文件的全部内容出发：对比文件背景技术部分所述技术手段与其发明要解决的技术问题之间的关联，以及与申请要解决的技术问题的关联，该技术手段所起的作用与请求保护的技术方案中为解决其技术问题所起的作用之间的关联，而非仅从技术手段公开的位置进行判断。

表2—1为该案与对比文件1公开内容的对比表。从表2—1中可知，对比文件1的发明要解决的技术问题是改善锂电池安全性和延长循环寿命，背景技术采用复合添加剂的技术方案本身也具有改善电池循环寿命的技术效果。从表2—1中可以看出，添加剂的调整，主要是为了提升安全性。因此，对比文件1发明内容部分中对背景技术部分复合添加剂的替换主要出于改进安全性的考虑，而并非出于对提升循环寿命的考虑，因此，当所属技术领域的技术人员在需要提升电池的循环寿命时，并不会认为采用复合添加剂不利于该技术问题的解决，因而也不会具有相反的教导。

表2—1 该案与对比文件1公开内容对比表

	对比文件1背景技术	对比文件1发明内容	该案
技术领域	电解质溶液	电解质溶液	电解质溶液
技术问题	改善电池性能	改善锂电池安全性和延长循环寿命	减少不可逆反应，提升锂电池容量、效率和寿命
技术手段	添加剂：碳酸亚乙烯酯＋马来酰亚胺	添加剂：N—苯基马来酰亚胺、N—甲苯基马来酰亚胺、N—二甲苯基马来酰亚胺	
技术效果	改善电池循环寿命，同时避免其他性能的恶化	更好的安全性和更高的容量保持率	提升电池容量、效率、寿命

此外，对比文件1的背景技术部分中，采用"碳酸亚乙烯酯＋马来酰亚胺"的复合添加剂，其用于的溶剂和锂盐是与发明内容部分类似的常规电解质溶剂和锂盐，将该复合添加剂与发明内容部分公开的电解质溶液相结合不存在技术上的障碍。

因此，所属技术领域的技术人员有动机将对比文件1中发明内容部分和背景技术部分的内容结合起来评述权利要求1的创造性。权利要求1不具备创造性。

（四）案例启示

如果要求保护的权利要求与最接近的现有技术存在区别技术特征，该区别技术特征被同一份对比文件的其他部分披露，该披露的技术手段在其他部分所起的作用与该区别技术特征在要求保护的发明中为解决发明实际要解决的技术问题所起的作用相同，则该权利要求不具备创造性。

对于该案，权利要求1与对比文件1的区别技术特征在对比文件1的"背景技术"部分中公开，该公开的技术手段在背景技术部分所起的作用与区别技术特征在该案中所起的作用相同，都是为了提升电池寿命，这种情况下，现有技术给出了结合的技术启示，权利要求1不具备创造性。

该案的创造性评判中之所以存在争议，主要是因为通常情况下，对比文件的发明内容是为解决背景技术部分提出的现有技术中存在的问题而给出的解决方案，因此发明内容与背景技术相比，技术手段上存在相反教导的情形比较常见，所以两者通常不被认为可能存在结合的技术启示。但这只是通常的判断，并不意味着两者必然不具有结合的启示。在创造性评判过程中，应从对比文件的全部内容出发，对解决的技术问题、采用的技术手段以及技术手段所起的作用等进行整体考量；是否具有结合动机，应立足所属技术领域的技术人员，站在现有技术整体环境中进行判断。

案例5：一种换肤方法

（一）案情说明

该案涉及一种换肤方法，其要解决的技术问题是避免每当网页需要换肤时，必须进行页面刷新，浪费网络带宽，还降低了用户的体验感；采用的手段是通过同步端对客户端进行查询，根据查询结果进行与客户端同步换肤。

1. 说明书的相关内容

人们通过各种各样的客户端软件实现各种功能，如即时通信软件、音乐盒、邮箱等。其中，一部分客户端软件存在与之联动的网页，如本地的"音乐盒"和与之联动的"音乐库"网页。为了适应不同用户的审美习惯和需求，通常客户端软件为用户提供多种不同风格的皮肤以供用户选择。因此，如何让客户端和与之联动的网页在用户界面上保持一致的风格，成为至关重要的问题。

现有技术中，实现客户端和与之联动的网页进行同步换肤的方法具体包括以下步骤：（1）客户端通过换肤按钮接收用户的换肤请求。（2）客户端自动进行换肤。（3）客户端获取与之联动的当前打开的网页的页面地址。（4）客户端在获取的页面地址后面加上换肤参数。如修改后的页面地址为 test.html? change=style，其中 URL 地址的参数是 change，其值为 style。此时，该网页就知道需要加载 style 这个样式文件。

(5)网页进行刷新,判断需要加载的皮肤文件。(6)网页加载新的皮肤文件,完成换肤。现有技术中,每当网页需要换肤时,必须进行页面刷新,浪费网络带宽;并且在进行页面刷新时,降低了用户的体验感。

为解决上述问题,该案提供了一种换肤方法、系统和装置,用于实现客户端与同步端进行同步换肤。通过同步端对客户端进行查询,根据查询结果判断客户端进行了换肤后,进行与客户端的同步换肤,从而实现了客户端与同步端进行同步换肤,当同步端为网页时,避免了网页刷新,节省了网络带宽,提高了用户的体验感。

如图2—4所示,该申请实施例提供了一种换肤方法,应用于包括客户端和同步端的系统,该方法具体包括以下步骤:

```
┌─────────────────────────────────────────┐
│  所述同步端向客户端发送换肤查询请求,获取换肤查询结果  │──101
└─────────────────────────────────────────┘
                    │
                    ▼
┌─────────────────────────────────────────┐
│  所述同步端根据所述换肤查询结果判断所述客户端是否进行了换肤  │──102
└─────────────────────────────────────────┘
                    │
                    ▼
┌─────────────────────────────────────────┐
│  当判断所述客户端进行了换肤时,所述同步端进行换肤  │──103
└─────────────────────────────────────────┘
```

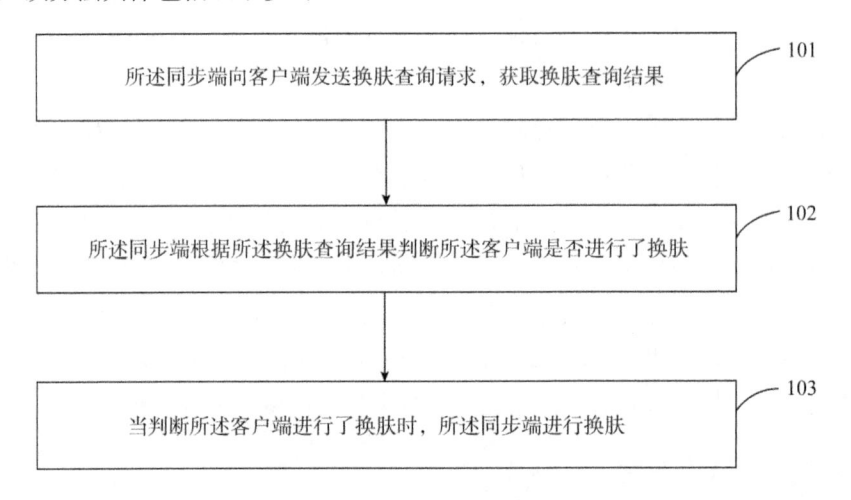

图2—4 换肤方法流程图

步骤101:所述同步端向客户端发送换肤查询请求,获取换肤查询结果。

步骤102:所述同步端根据所述换肤查询结果判断所述客户端是否进行了换肤。

步骤103:当判断所述客户端进行了换肤时,所述同步端进行换肤。

其中,所述同步端可以为需要与客户端同步的网页或软件等。

上述步骤102中"根据所述换肤查询结果判断所述客户端是否进行了换肤"的判断依据为客户端的cookie文件是否修改。在此之前,客户端进行换肤后,需要修改本地的cookie文件,以供网页根据该cookie文件进行换肤。

客户端换肤方式之一为客户端根据接收的换肤请求加载所换皮肤的皮肤文件进行换肤,并修改本地cookie文件中表征皮肤文件使用状态的对应的皮肤文件值(见表2—2),皮肤文件值用于表征该皮肤文件当前的使用状态,根据该皮肤文件是否使用而确定的皮肤文件值。例如:当该皮肤文件为当前使用文件时,其值为非"0";当该皮肤文件为非当前使用文件时,其值为"0"。

表 2—2　皮肤文件的 cookie 文件

皮肤文件名称	皮肤文件值
皮肤文件一	皮肤文件使用状态标识
皮肤文件二	皮肤文件使用状态标识
皮肤文件三	皮肤文件使用状态标识

客户端换肤方式之二为客户端根据接收的换肤请求加载所换皮肤的皮肤文件进行换肤，并修改本地 cookie 文件中表征皮肤文件存储地址的对应的皮肤文件值（见表 2—3），皮肤文件值用于表征服务器中存储该皮肤文件的皮肤文件地址，例如：当该皮肤文件为当前使用文件时，其值为非"0"，为一表征地址的字符串；当该皮肤文件为非当前使用文件时，其值为"0"。

表 2—3　皮肤文件的 cookie 文件

皮肤文件名称	皮肤文件值
皮肤文件一	皮肤文件地址
皮肤文件二	皮肤文件地址
皮肤文件三	皮肤文件地址

2. 权利要求请求保护的方案

权利要求 1. 一种换肤方法，应用于包括客户端和同步端的系统，其特征在于，包括：

所述同步端向客户端发送换肤查询请求，获取所述客户端本地的 cookie 文件；

所述同步端根据所述 cookie 文件是否进行了修改判断所述客户端是否进行了换肤，若所述 cookie 文件进行了修改，所述同步端则判断所述客户端进行了换肤；

当判断所述客户端进行了换肤时，所述同步端进行换肤。

3. 现有技术的相关内容

对比文件 1 作为该案最接近的现有技术，公开了一种不同通信设备的用户界面皮肤的更换方法和系统，并披露了以下技术内容：一种在不同通信设备的用户界面之间更换皮肤的方法，解决例如移动终端和个人计算机 PC 的 UI 换肤后，二者 UI 界面不一致的问题；使用一种适合于发起侧和响应侧（即 PC 和移动设备）的皮肤文件。

步骤 S1：发起侧向网络侧、响应侧发起换肤请求，查找适用于所述发起侧和响应侧的皮肤文件；其中若发起侧为移动设备，则响应侧为 PC，若发起侧为 PC，则响应侧为移动设备。

步骤 S2：所述发起侧与响应侧使用查找到的同一款皮肤文件进行换肤。

所述同一款皮肤文件可能在发起侧、响应侧或网络侧。

更具体的内容，参见图 2—5 中步骤。

电学领域专利审查疑难案例评析

```
S31 移动终端发起换肤请求
  ↓
S32 判断移动终端与网络侧是否建立连接？ —否→
  ↓是
S33 判断网络侧是否有皮肤文件？ —否→ S35 搜索移动终端本地的皮肤文件
  ↓是                                    ↓
S34 将该皮肤文件下载到移动终端 ←─────────┘
  ↓
S36 用户预览皮肤，并判断是否需要换肤？ —否→ S40 取消换肤操作
  ↓是
S37 移动终端向PC发送信息用于询问PC是否有移动终端需要换肤的皮肤文件？ —否→ S38 移动终端传送该皮肤文件到PC
  ↓是                                                                      ↓
S39 移动终端和PC分别加载该皮肤文件，进行换肤 ←──────────────────────────────┘
```

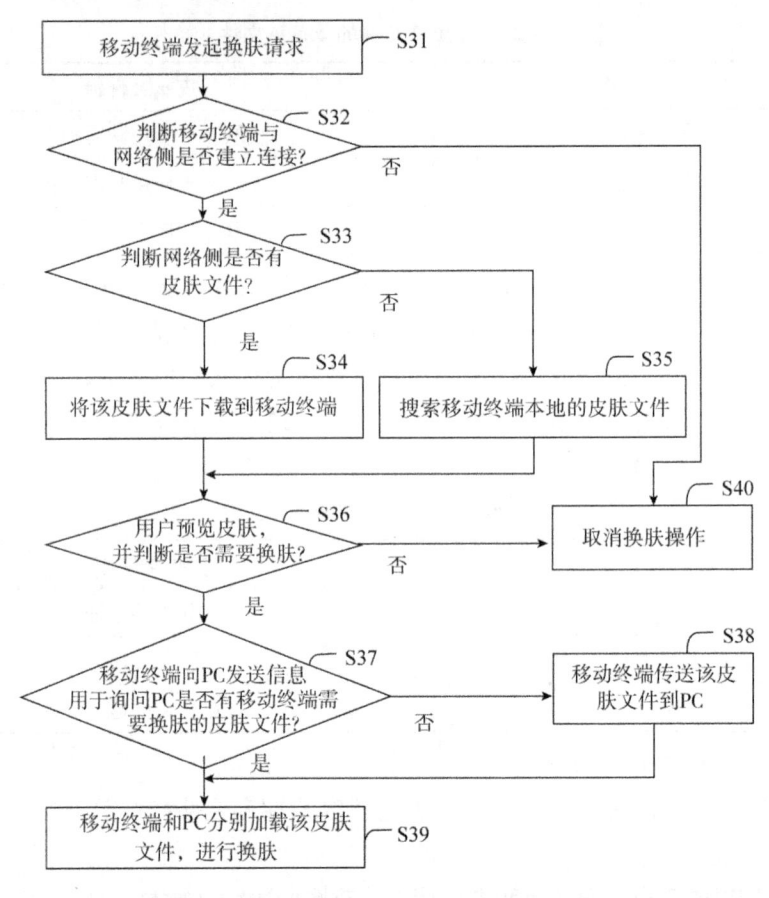

图 2-5 现有技术中不同通信设备的用户界面皮肤更换方法的流程图

步骤 S31：移动终端通过射频接收模块发起换肤请求。

步骤 S33：判断网络侧是否有皮肤文件，若有，执行步骤 S34，否则，执行步骤 S35。

步骤 S34：将该皮肤文件下载到移动终端，再执行步骤 S36。

步骤 S35：搜索移动终端本地的皮肤文件。

步骤 S36：用户预览皮肤，并判断是否需要换肤，若是，执行步骤 S37，发起侧向响应侧发送信息，询问响应侧是否有发起侧需要的皮肤文件，若否，执行步骤 S38，发起侧传送该皮肤文件到响应侧。

步骤 S39：移动终端和 PC 分别加载该皮肤文件，进行换肤。

（二）争议焦点

权利要求 1 的方案相对于对比文件 1 的区别特征属于本领域公知技术，但两者发明构思实质上并不相同，那么对比文件 1 是否给出了足够的技术启示？

（三）指导意见

该案权利要求 1 请求保护的方案与对比文件 1 公开的方案的区别在于：获取客户端本地的 cookie 文件，同步端根据 cookie 文件是否进行了修改判断客户端是否进行了

· 94 ·

换肤，若 cookie 文件进行了修改，同步端则判断客户端进行了换肤；当判断客户端进行过换肤时，同步端进行换肤。

基于上述区别，该权利要求实际解决的是如何同步地、被动地使同步端与客户端的用户界面皮肤保持一致。

该案的技术方案与对比文件 1 均有发起换肤请求的步骤，涉及查找皮肤文件进行换肤，而且使用 cookie 文件也确实属于 web 浏览器读取信息时的公知技术；当已经给定要针对对比文件 1 的方案进行如何被动地使同步端与客户端的用户界面皮肤保持一致这一技术问题时，本领域技术人员确实容易想到可以采用同步端跟随客户端进行换肤，进一步可以想到使用 cookie 文件来判断客户端是否进行过换肤。

但以上区别特征存在的主因是源于对比文件 1 和该案权利要求 1 的发明技术构思实质上并不相同。

该案权利要求 1 涉及一种被动换肤或称同步换肤的过程，同步端（如网页）并不会让用户选择是否需要换肤，而是通过查询请求，判断客户端本地的 cookie 文件是否修改来了解客户端是否进行了换肤，若是，则同步端下载客户端所换皮肤，并在同步端使用，从而实现了同步端与客户端的皮肤被动一致（或称同步），避免了加载网页时的刷新。

而对比文件 1 则公开了一种主动换肤的方法，采用由发起侧（PC 或移动设备）向响应侧（移动设备或 PC）、网络侧发起换肤请求，旨在查询以上三方是否有跨平台语言的皮肤文件（在发起侧、响应侧或网络侧任一处）供用户主动预览，从而进行主动选择同时适用于发起侧与响应侧的皮肤文件进行换肤。基于该对比文件 1 的技术构思——发起侧使用同时适用于发起侧和响应侧的皮肤文件进行主动换肤，对比文件 1 方案中的发起侧和响应侧任何一方都无须查询另一方是否进行过皮肤改变。也就是说，对比文件 1 不存在被动地使发起侧与响应侧的用户界面皮肤保持一致的技术问题，也就不存在对对比文件 1 进行这种改进的技术任务。本领域技术人员进而也不会考虑采用何种手段（如该权利要求 1 中的通过查询 cookie 文件是否修改）判断被请求方是否进行过换肤改变。因此，虽然权利要求 1 中查询本地 cookie 文件是否修改是网络通信中的公知技术，但由于对比文件 1 客观上不存在这样的技术缺陷和改进任务，本领域技术人员没有动机对对比文件 1 进行这样的改进，从而无法获得将对比文件 1 与以上公知技术进行结合的启示。因此，相对于对比文件 1 来说，为了获得该权利要求 1 的方案而进行的技术构思的改变并非显而易见的，权利要求 1 具备创造性。

（四）案例启示

在理解发明和确定最接近的现有技术时，不能仅根据对比文件公开的内容，片段化地理解各技术特征的作用，甚至将对比文件公开的特征碎片化，再根据本申请公开的方案，重新将对比文件碎片化后的特征拼凑成语言表达上接近本申请的方案。倘若不能正确理解发明和对比文件公开的方案，就难以得出方案是否具备新颖性或创造性的正确结论。

就本案而言,本申请请求保护的是一种换肤的方法,而对比文件公开的也是一种换肤方法,本申请的换肤是在客户端和同步端,对比文件的换肤是在发起侧和响应侧,本申请是发起换肤请求然后换肤,对比文件也是发起换肤请求然后换肤。倘若如此碎片化地理解对比文件公开的方案,那么容易错误地得出对比文件公开的方案与本申请的区别就在于通过判断 cookie 文件是否被修改来确定是否换肤。但是通过上述案例分析可以看出,对比文件的换肤方案的技术构思与本申请是完全不同的。

如果一项权利要求与最接近的现有技术相比存在区别特征,但该最接近的现有技术的发明构思与该权利要求实质不同,那么无论以上区别技术特征是否属于本领域公知技术,由于该最接近的现有技术客观上不存在这样的技术缺陷和改进任务,本领域技术人员没有动机对该最接近的现有技术进行这样的改进,从而也就无法获得该最接近的现有技术和区别特征结合的启示。

第四节　超长权利要求的创造性评判

权利要求用于限定发明或实用新型专利申请请求保护的范围。通常情况下,在确定权利要求的保护范围时,权利要求中的所有特征均应当予以考虑。在判断权利要求是否具备创造性时,也是如此。因此,申请人往往认为权利要求包含的技术特征越多,在现有技术中越不容易存在技术启示,这样的超长权利要求就会具备创造性。但是,一项权利要求是否具备创造性,考虑的是对现有技术做出的贡献有多大,与其包含的特征多少并无直接关系。

在对此类权利要求进行创造性审查时,因其与最接近的现有技术相比存在较多区别特征,对其进行创造性的评判及说理难度较大,成了审查工作中的一大难点。下面将以多个案例为例,对此类案件的审查方式进行说明。

案例 6:一种 LED 太阳能路灯装置

(一)案情说明

该案涉及一种 LED 太阳能路灯装置,其要解决的技术问题是在太阳能供电电路和风能供电电路之间进行切换从而为 LED 路灯稳定供电,采用的技术手段是在 LED 路灯装置中设置太阳能电池组件、太阳能充电控制器、实时时钟电路、风力发电机等组件,从而搭建兼容上述两种供电电路的充电结构。

1. 说明书的相关内容

说明书发明内容部分与具体实施方式部分所记载的技术方案与权利要求 1 请求保护的技术方案完全相同。具体可参见"2. 权利要求请求保护的方案"。

说明书记载了该技术方案达到的技术效果:

"该智能化LED太阳能路灯装置,针对现有技术中LED太阳能路灯装置过于依赖市电电力的技术问题,引入风能供电电路,改善现有的太阳能供电电路,搭建兼容上述两种供电电路的充电结构,更关键的是,采用实时时钟提供的当前系统时间作为上述两种供电电路的切换信号,从而全面提高太阳能路灯装置的充电效率,降低太阳能路灯装置的用电成本。"

说明书附图仅包含一幅附图,如图2—6所示。

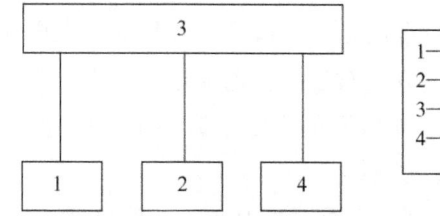

图2—6 智能化LED太阳能路灯装置的结构方框图

1—LED灯管
2—电压检测电路
3—太阳能电池组件
4—太阳能充电控制器

此外,说明书发明内容部分的内容与权利要求完全相同,可参考下面的描述,这里不再赘述。

2. 权利要求请求保护的方案

该案请求保护一种LED太阳能路灯装置,仅包含一项独立权利要求,其包含的技术特征较多,具体如下:

权利要求1. 一种智能化LED太阳能路灯装置,所述路灯装置包括LED灯管、电压检测电路、太阳能电池组件和太阳能充电控制器,太阳能充电控制器在所述路灯装置使用太阳能电池组件充电时控制太阳能电池组件的充电方式,电压检测电路采集太阳能电池组件的输出电压,用以提供太阳能电池组件充电和非太阳能电池组件充电的切换信号;

所述路灯装置还包括:

太阳能电池组件,设置在灯架顶部,具有电能输出接口,用于输出太阳能电池组件将太阳能转换后的电能,电能输出接口包括输出正端和输出负端;

实时时钟电路,产生当前的系统时间,并在当前的系统时间在预设白天时间段内时,发出白天判断信号,在当前的系统时间在预设黑夜时间段内时,发出黑夜判断信号;

第六防反二极管,其正端与电能输出接口的输出正端连接;

第八电容,并联在第六防反二极管的负端和电能输出接口的输出负端之间;

第四开关管,为一P沟增强型MOS管,其漏极与第六防反二极管的负端连接,其衬底与源极相连;

第七防反二极管,并联在第四开关管的源极和电能输出接口的输出负端之间;

第一电感,其一端与第四开关管的源极连接;

第九电容,并联在第一电感的另一端和电能输出接口的输出负端之间;

熔断器，其一端与第一电感的另一端连接，另一端与铅酸蓄电池的正极连接；

蓄电池电压检测设备，用于实时检测铅酸蓄电池的充电电压；

蓄电池电流检测设备，用于实时检测铅酸蓄电池的充电电流；

太阳能充电控制器，与电能输出接口、铅酸蓄电池、蓄电池电压检测设备和蓄电池电流检测设备分别连接。在检测到电能输出接口对铅酸蓄电池供电时，当接收到的充电电压小于预设蓄电池电压阈值时，采用恒流充电方式对铅酸蓄电池进行充电；当接收到的充电电压大于或等于预设蓄电池电压阈值且接收到的充电电流大于或等于预设蓄电池电流阈值时，采用恒压充电方式对铅酸蓄电池进行充电；当接收到的充电电压大于或等于预设蓄电池电压阈值且接收到的充电电流小于预设蓄电池电流阈值时，采用浮充充电方式对铅酸蓄电池进行充电；

升力风机主结构，设置在灯架顶部，包括三个叶片、偏航设备、轮毂和传动设备；三个叶片在风通过时，由于每一个叶片的正反面的压力不等而产生升力，所述升力带动对应叶片旋转；偏航设备与三个叶片连接，用于提供三个叶片旋转的可靠性并解缆；轮毂与三个叶片连接，用于固定三个叶片，以在叶片受力后被带动进行顺时针旋转，将风能转化为低转速的动能；传动设备包括低速轴、齿轮箱、高速轴、支撑轴承、联轴器和盘式制动器，齿轮箱通过低速轴与轮毂连接，通过高速轴与风力发电机连接，用于将轮毂的低转速的动能转化为风力发电机所需的高转速的动能，联轴器为一柔性轴，用于补偿齿轮箱输出轴和发电机转子的平行性偏差和角度误差，盘式制动器为一液压动作的盘式制动器，用于机械制动；

风力发电机，设置在灯架顶部，与升力风机主结构的齿轮箱连接，为一双馈异步发电机，用于将接收到的高转速的动能转化为风力电能，风力发电机包括定子绕组、转子绕组、双向背靠背IGBT电压源变流器和风力发电机输出接口，定子绕组直连风力发电机输出接口，转子绕组通过双向背靠背IGBT电压源变流器与风力发电机输出接口连接，风力发电机输出接口为三相交流输出接口，用于输出风力电能。

整流电路，与风力发电机输出接口连接，对风力发电机输出接口输出的三相交流电压进行整流以获得风力直流电压；

滤波稳压电路，与整流电路连接以对风力直流电压进行滤波稳压，以输出稳压直流电压；

第三电阻和第四电阻，串联后并联在滤波稳压电路的正负两端，第三电阻的一端连接滤波稳压电路的正端，第四电阻的一端连接滤波稳压电路的负端；

第一电容和第二电容，串联后并联在滤波稳压电路的正负两端，第一电容的一端连接滤波稳压电路的正端，第二电容的一端连接滤波稳压电路的负端，第一电容的另一端连接第一电阻的另一端，第二电容的另一端连接第二电阻的另一端；

第三电容，并联在滤波稳压电路的正负两端；

第五电阻，其一端连接滤波稳压电路的正端；

第一开关管，为一P沟增强型MOS管，其漏极与第三电阻的另一端连接，其衬底与源极相连，其源极与滤波稳压电路的负端连接；

手动卸荷电路，其两端分别与第一开关管的漏极和源极连接；

第一防反二极管，其正端与滤波稳压电路的正端连接，其负端与第一开关管的漏极连接；

第二开关管，为一P沟增强型MOS管，其漏极与滤波稳压电路的正端连接，其衬底与源极相连；

第二防反二极管，其正端与第二开关管的源极连接；

第四电容和第五电容，都并联在第二防反二极管的负端和滤波稳压电路的负端之间；

第三防反二极管，并联在第二防反二极管的负端和滤波稳压电路的负端之间；

第三开关管，为一P沟增强型MOS管，其漏极与第二防反二极管的负端连接，其衬底与源极相连；

第四防反二极管，并联在第三开关管的源极和滤波稳压电路的负端之间；

第二电感，其一端与第三开关管的源极连接；

第六电容和第七电容，都并联在第二电感的另一端和滤波稳压电路的负端之间；

第五防反二极管，并联在第二电感的另一端和滤波稳压电路的负端之间；

铅酸蓄电池，其正极与熔断器的另一端连接，其负极与电能输出接口的输出负端连接，同时其正极与第五防反二极管的负极连接，其负极与第五防反二极管的正极连接；

继电器，位于LED灯管和铅酸蓄电池之间，通过是否切断LED灯管和铅酸蓄电池之间的连接来控制LED灯管的打开和关闭；

光耦，位于继电器和单片机之间，用于在单片机的控制下，决定继电器的切断操作；

单片机，与实时时钟电路连接，当接收到黑夜判断信号时，断开电能输出接口对铅酸蓄电池的充电，打通风力发电机输出接口对铅酸蓄电池的充电；当接收到白天判断信号时，打通电能输出接口对铅酸蓄电池的充电，断开风力发电机输出接口对铅酸蓄电池的充电；

其中，单片机还与第一开关管的栅极和第二开关管的栅极分别连接，通过在第一开关管的栅极上施加PWM控制信号，确定第一开关管的通断，以控制风力发电机输出接口对铅酸蓄电池充电的通断，还通过在第二开关管的栅极上施加占空比可调的PWM控制信号，以控制风力发电机输出接口对铅酸蓄电池的充电电压。

电学领域专利审查疑难案例评析

3. 现有技术的相关内容

针对该案检索到三篇专利文献即对比文件 1~3 作为现有技术。

对比文件 1 公开了一种 12 V 风光互补 LED 灯控制器，采用光电、风电互补的方式对蓄电池充电，光源 LED 由蓄电池供电。该控制器由风光能接收转换电路 TF、恒压电路 HY、稳流电路 WL、开关电路 KG、调压电路 TY、恒流电路 HL、控制电路 KZ、内部电源电路 DY 组成，其原理框图如图 2-7 所示。

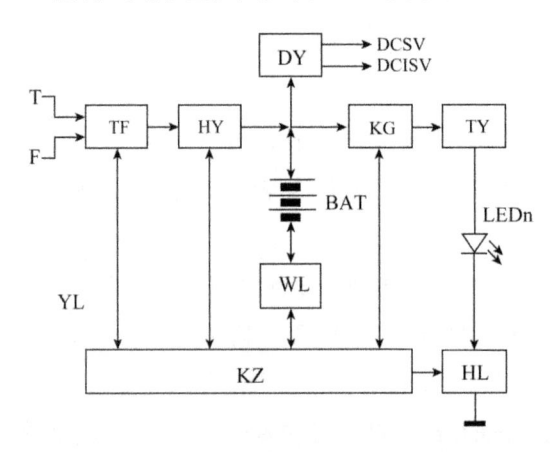

图 2-7　12 V 风光互补 LED 灯控制器的原理框图

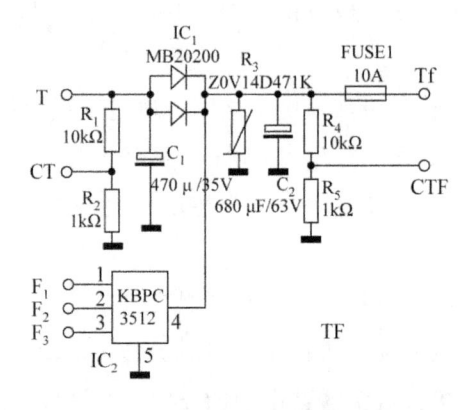

图 2-8 为该控制器的风光能接收转换电路图。太阳能电池产生的直流电压输入到风光能接收转换电路，风机产生的交流电压经整流后也输入到风光能接收转换电路，并在肖特基二极管 IC1 的负极汇合，电阻 R_1 和 R_2 用于太阳能电池组件的电压采样以决定光源的亮和灭。

图 2-8　控制器的风光能接收转换电路图

图 2-9 为该控制器的恒压电路图。晶体管 Q_2、晶体 Q_3、电感 L_1、晶体管 Q_4、晶体管 Q_5、晶体管 Q_6、场效应管 Q_7 等元器件组成升降压电路，配合电阻 R_{11} 和 R_{12} 的采样以及电阻 R_4 和 R_5 的采样，通过 ARM 单片机对晶体管 Q_2 基极电压和晶体管 Q_4 基极电压的控制，实现风光能最大功率的跟踪，确保对蓄电池合理充分地充电，确保充电电压的稳定供应。

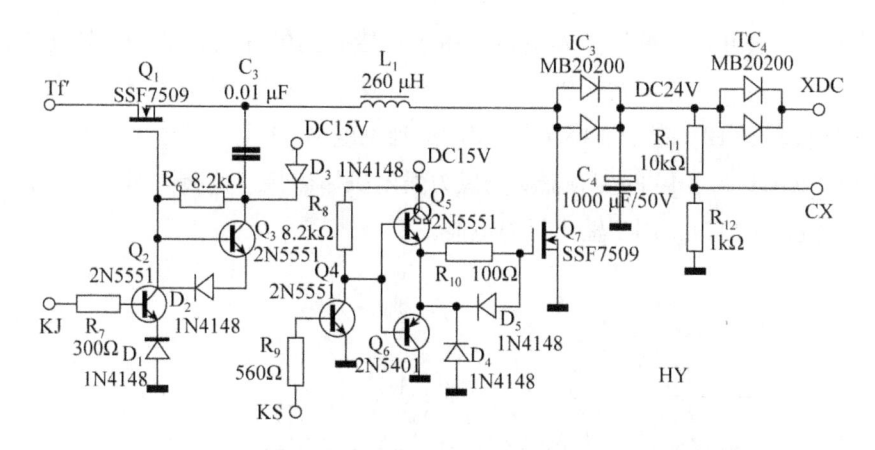

图 2-9　控制器的恒压电路图

以 ARM 单片机为主的元器件组成控制电路，通过对太阳能电池输出电压的采样实现光源的亮灭自动光控，通过对风光能输出电压的稳定值的采样实现充电电压的稳定供给，通过对蓄电池端电压的采样确定充电电流的方式、大小和时间，通过对负载电压的采样实现负载电压的稳定，通过对负载电流的采样实现负载电流的恒定。

该 12 V 风光互补 LED 灯控制器采用基于人工智能的风光能最大跟踪技术，即便输入很小仍能保证正常充电；采用恒流电路，保障蓄电池充电电流的稳定；尽量使用分立元件，保持电路简单、成本低。

对比文件 2 公开了一种风力发电机。如图 2-10 所示，该风力发电机包括风轮桨叶 1、电驱动同步变桨距装置 2、轮毂 3、主轴轴承 4、主轴 5、增速箱 6、高速轴机械制动器 7、联轴器 8、带同轴励磁机同步发电机 9、偏航装置 10、机架 11、塔筒 12 和控制系统。轮毂 3 与桨叶 1 连接，用于固定桨叶 1，共同组成风轮机；当气流经过桨叶表面时产生升力，驱动风轮机旋转，将风能转化为动能；偏航装置 10 与桨叶 1 连接，用于提供桨叶 1 旋转的可靠性并解缆；传动设备包括主轴 5、增速箱 6、支撑轴承、联轴器 8 和高速轴机械制动器 7；增速箱 6 的低速轴端通过主轴 5 与轮毂 3 连接，增速箱 6 的高速轴端连接高速轴机械制动器 7，再通过联轴器 8 与带同轴励磁机同步发电机 9 连接，用于将轮毂 3 的低转速的动能转化为风力发电机所需要的高转速的动能；高速轴机械制动器 7 包括制动盘和液压站。

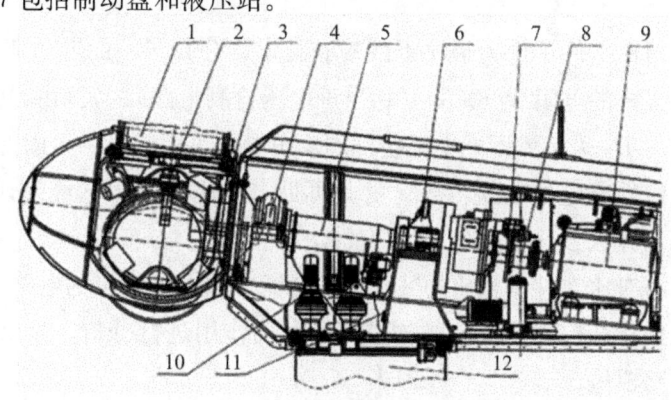

图 2-10　风力发电机结构图

电学领域专利审查疑难案例评析

对比文件3公开了一种异步发电机，用于将接收到的高转速的动能转化为风力电能。如图2—11所示，异步发电机2包括定子6和转子8，它们分别具有定子连接端子10和转子连接端子12。定子连接端子10连接到供电网14上。转子8以其转子连接端12通过包含IGBT 32、46的变频器4与风力发电机输出接口连接，风力发电机输出接口为三相交流输出接口，用于输出风力电能。

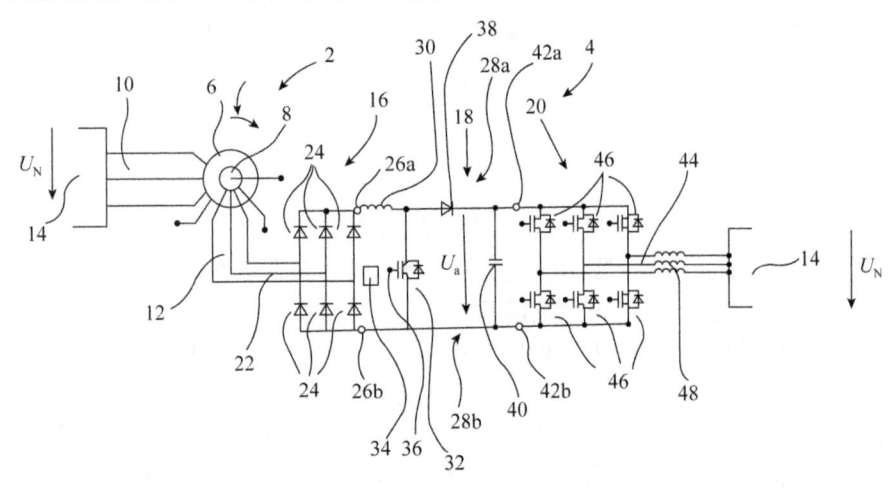

图2—11　异步发电机电路图

（二）争议焦点

该案的独立权利要求1篇幅较长，记载了大量的技术特征；经过检索，作为现有技术的对比文件1~3与其比较相关，但仍有很多技术特征未被覆盖。

因此，该案的争议焦点在于：对于如此超长的独立权利要求1，如何评判其是否具备创造性？

（三）指导意见

评价一项权利要求是否具备创造性，与该权利要求的撰写篇幅长短无关。只要该权利要求不具有突出的实质性特点和显著的进步，即使所占篇幅再长，也不具备创造性。

对于该案，对比文件1作为最接近的现有技术，公开了：LED光源、用于太阳能电池组件的电压采样的电阻R_1和R_2（相当于电压检测电路）、太阳能电池组件和充电控制器。电阻R_1、R_2采集太阳能电池组件的输出电压，用以提供太阳能电池组件充电和非太阳能电池组件充电的切换信号。由此可见，对比文件1已经公开了权利要求1的整个发明构思，并且公开了部分技术特征。

权利要求1与对比文件1相比的区别技术特征中包含了大量的电路组件及元器件，但是，通过对这些特征构成的电路结构及其所起的作用进行分析，可以将区别技术特征分成若干个电路模块：

（1）太阳能充电控制器在路灯装置使用太阳能电池组件充电时控制太阳能电池组

件的充电方式；太阳能电池组件，设置在灯架顶部，具有电能输出接口，用于输出太阳能电池组件将太阳能转换后的电能，电能输出接口包括输出正端和输出负端；实时时钟电路，产生当前的系统时间，并在当前的系统时间在预设白天时间段内时，发出白天判断信号，在当前的系统时间在预设黑夜时间段内时，发出黑夜判断信号；第六防反二极管，其正端与电能输出接口的输出正端连接；第八电容，并联在第六防反二极管的负端和电能输出接口的输出负端之间；第四开关管，为一P沟增强型MOS管，其漏极与第六防反二极管的负端连接，其衬底与源极相连；第七防反二极管，并联在第四开关管的源极和电能输出接口的输出负端之间；第一电感，其一端与第四开关管的源极连接；第九电容，并联在第一电感的另一端和电能输出接口的输出负端之间。

熔断器，其一端与第一电感的另一端连接，另一端与铅酸蓄电池的正极连接；蓄电池电压检测设备，用于实时检测铅酸蓄电池的充电电压；蓄电池电流检测设备，用于实时检测铅酸蓄电池的充电电流；太阳能充电控制器，与电能输出接口、铅酸蓄电池、蓄电池电压检测设备和蓄电池电流检测设备分别连接，在检测到电能输出接口对铅酸蓄电池供电时，当接收到的充电电压小于预设蓄电池电压阈值时，采用恒流充电方式对铅酸蓄电池进行充电，当接收到的充电电压大于或等于预设蓄电池电压阈值且接收到的充电电流大于或等于预设蓄电池电流阈值时，采用恒压充电方式对铅酸蓄电池进行充电，当接收到的充电电压大于或等于预设蓄电池电压阈值且接收到的充电电流小于预设蓄电池电流阈值时，采用浮充充电方式对铅酸蓄电池进行充电。

（2）升力风机主结构，设置在灯架顶部，包括三个叶片、偏航设备、轮毂和传动设备；三个叶片在风通过时，由于每一个叶片的正反面的压力不等而产生升力，所述升力带动对应叶片旋转；偏航设备与三个叶片连接，用于提供三个叶片旋转的可靠性并解缆；轮毂与三个叶片连接，用于固定三个叶片，以在叶片受力后被带动进行顺时针旋转，将风能转化为低转速的动能；传动设备包括低速轴、齿轮箱、高速轴、支撑轴承、联轴器和盘式制动器，齿轮箱通过低速轴与轮毂连接，通过高速轴与风力发电机连接，用于将轮毂的低转速的动能转化为风力发电机所需要的高转速的动能，联轴器为一柔性轴，用于补偿齿轮箱输出轴和发电机转子的平行性偏差和角度误差，盘式制动器为一液压动作的盘式制动器，用于机械制动。

（3）风力发电机，与升力风机主结构的齿轮箱连接，为一双馈异步发电机，用于将接收到的高转速的动能转化为风力电能，风力发电机包括定子绕组、转子绕组、双向背靠背IGBT电压源变流器和风力发电机输出接口，定子绕组直连风力发电机输出接口，转子绕组通过双向背靠背IGBT电压源变流器与风力发电机输出接口连接，风力发电机输出接口为三相交流输出接口，用于输出风力电能。

（4）整流电路，与风力发电机输出接口连接，对风力发电机输出接口输出的三相交流电压进行整流以获得风力直流电压；滤波稳压电路，与整流电路连接以对风力直

电学领域专利审查疑难案例评析

流电压进行滤波稳压，以输出稳压直流电压；第三电阻和第四电阻，串联后并联在滤波稳压电路的正负两端，第三电阻的一端连接滤波稳压电路的正端，第四电阻的一端连接滤波稳压电路的负端；第一电容和第二电容，串联后并联在滤波稳压电路的正负两端，第一电容的一端连接滤波稳压电路的正端，第二电容的一端连接滤波稳压电路的负端，第一电容的另一端连接第一电阻的另一端，第二电容的另一端连接第二电阻的另一端；第三电容并联在滤波稳压电路的正负两端；第五电阻，其一端连接滤波稳压电路的正端；第一开关管为一P沟增强型MOS管，其漏极与第三电阻的另一端连接，其衬底与源极相连，其源极与滤波稳压电路的负端连接；手动卸荷电路，其两端分别与第一开关管的漏极和源极连接；第一防反二极管，其正端与滤波稳压电路的正端连接，其负端与第一开关管的漏极连接；第二开关管为一P沟增强型MOS管，其漏极与滤波稳压电路的正端连接，其衬底与源极相连；第二防反二极管，其正端与第二开关管的源极连接；第四电容和第五电容都并联在第二防反二极管的负端和滤波稳压电路的负端之间；第三防反二极管并联在第二防反二极管的负端和滤波稳压电路的负端之间；第三开关管为一P沟增强型MOS管，其漏极与第二防反二极管的负端连接，其衬底与源极相连；第四防反二极管并联在第三开关管的源极和滤波稳压电路的负端之间；第二电感，其一端与第三开关管的源极连接；第六电容和第七电容都并联在第二电感的另一端和滤波稳压电路的负端之间；第五防反二极管并联在第二电感的另一端和滤波稳压电路的负端之间；铅酸蓄电池，其正极与熔断器的另一端连接，其负极与电能输出接口的输出负端连接，同时其正极与第五防反二极管的负极连接，其负极与第五防反二极管的正极连接；继电器位于LED灯管和铅酸蓄电池之间，通过是否切断LED灯管和铅酸蓄电池之间的连接来控制LED灯管的打开和关闭；光耦位于继电器和单片机之间，用于在单片机的控制下决定继电器的切断操作；单片机与实时时钟电路连接，当接收到黑夜判断信号时，断开电能输出接口对铅酸蓄电池的充电，打通风力发电机输出接口对铅酸蓄电池的充电，当接收到白天判断信号时，打通电能输出接口对铅酸蓄电池的充电，断开风力发电机输出接口对铅酸蓄电池的充电；其中，单片机还与第一开关管的栅极和第二开关管的栅极分别连接，通过在第一开关管的栅极上施加PWM控制信号，确定第一开关管的通断，以控制风力发电机输出接口对铅酸蓄电池的充电的通断，还通过在第二开关管的栅极上施加占空比可调的PWM控制信号，以控制风力发电机输出接口对铅酸蓄电池的充电电压。

对于区别技术特征（1），使用控制器来控制电池的充电方式、太阳能电池组件设置在灯架顶部、用时钟来判断黑夜或白天，都是所属技术领域的常规技术手段；充电电路的具体结构以及充电控制器的具体控制方式，都是所属技术领域已知的电路结构及控制方式，所属技术领域的技术人员可以根据实际需要来设置，其效果也是可以预料的。

对于区别技术特征（2），对比文件2已经公开了大部分的区别技术特征（2），并且所起的作用也相同。即对比文件2给出了将上述技术特征应用于对比文件1以解决相应技术问题的技术启示。至于未被对比文件2公开的区别技术特征（2）中的其他技术特征"升力风机主结构设置在灯架顶部；轮毂在叶片受力后被带动进行顺时针旋转；以及联轴器为柔性轴，用于补偿齿轮箱输出轴和发电机转子的平行性偏差和角度误差"，这都是所属技术领域的技术人员惯用的技术手段，属于公知常识。

对于区别技术特征（3），对比文件3公开了一种异步发电机，用于将接收到的高转速的动能转化为风力电能，其公开了区别技术特征（3），且公开的内容在对比文件3中所起的作用与区别技术特征（3）在该权利要求1请求保护的技术方案中所起的作用相同，都是提供风力电能。即对比文件3给出了将上述技术特征应用于对比文件1以解决相应技术问题的技术启示。

对于区别技术特征（4），将风力发电机发出的电能输出到蓄电池的具体传输电路，以及单片机通过黑夜或白天的判断信号控制充电是所属技术领域的已知传输和控制方式，并且达到这些效果的电路设置方式具有多种，所属技术领域的技术人员可以根据地点、空间的需求来设置；单片机与开关管的连接方式也是所属技术领域的技术人员可以根据实际需要设置的。

由此可见，上述由区别技术特征构成的各个电路模块在现有技术中分别存在相应的技术启示。因此，在对比文件1的基础上结合对比文件2、3和公知常识得到权利要求1要求保护的技术方案对所属技术领域的技术人员来说是显而易见的。因此权利要求1不具备创造性。

（四）案例启示

对于撰写篇幅较长的权利要求，可能其与检索到的最接近现有技术之间的区别技术特征非常多，在判断要求保护的发明对所属技术领域的技术人员来说是否显而易见时，应当具体分析该权利要求的构成以及各技术特征之间的相互关系。如果仅涉及现有技术的简单组合，技术效果可以预期，那么即使需要使用多篇对比文件进行结合，由于这种结合对所属技术领域的技术人员来说是显而易见的，因此该权利要求不具备创造性。

此外，对于专利申请文件撰写方面的要求，说明书应当写明发明所要解决的技术问题，为解决其技术问题所采取的技术方案，以及该技术方案所产生的技术效果。为了能更好地理解和实现发明，说明书还应当详细描述优选的具体实施方式。在具体实施方式部分，对于发明区别于现有技术的技术特征应当详细描述。

对于涉及电路装置的发明，还应当给出相应的附图，并且说明书应当结合附图描述各电路组成部分之间的相互关系，以使人能够直观地、形象化地理解发明的每个技术特征和整体技术方案。

对于该案，说明书的"发明内容"部分与"具体实施方式"部分所记载的技术方案与权利要求1请求保护的技术方案完全相同，且仅给出一幅体现总体框架的附图，并没有给出体现各个电路组成部分的附图。根据该说明书及附图公开的内容，并不能很好地体现出该请求保护的LED太阳能路灯装置的"发明构思"，不利于理解该发明，也不利于对保护范围的限定。

因此，申请人在撰写申请文件时，尤其是主题涉及电路装置的，应当给出体现电路结构的附图并结合该附图来进行描述，以充分体现其发明构思；对于该发明与现有技术之间的区别，应当详细描述。

案例7：一种通信电源模块的过热保护电路

（一）案情说明

该案涉及一种通信电源模块的过热保护电路，包括交流滤波、软启动电路、功率变换电路、PWM控制电路等，其要解决的技术问题是如何抗击多种外界因素的干扰，使得通信电源模块具有较高的工作可靠性。

1. 说明书的相关内容

目前，任何通信设备都离不开稳定可靠的电源作为供电系统，而开关电源因具有稳压范围宽、体积小、效率高、使用方便灵活等突出优点，逐渐在通信设备中被广泛使用。

由于开关电源的控制电路比较复杂，晶体管和集成器件耐电、热冲击的能力相对较差；并且开关电源在工作时还经常会受到各种外界因素的干扰，从而产生电压波动，造成过、欠电压等状况，这样势必造成电源的输出不稳定。

该案提供了一种通信电源模块的过热保护电路。图2—12为电路结构框图，该通信电源模块包括：交流输入滤波1、桥式整流滤波电路2、软启动电路3、功率变换电路4、二次输出整流滤波电路5、PWM控制电路6。PWM控制电路6由驱动电路601、取样电路602、比较放大电路603、脉宽调制电路604、基准电路605构成，交流电压经交流滤波1进行滤波后输出与桥式整流滤波电路2的输入端电连接，经桥式整流滤波进行输出，桥式整流滤波电路2的输出端经软启动电路3后与功率变换电路4电连接，功率变换电路4的受控端与PWM控制电路6的控制端电连接，PWM控制电路6输入与二次输出整流滤波电路5输出端电连接，由PWM控制电路6的取样电路602检测输出电压波动信号或输出电流波动信号，输出电压波动信号或输出电流波动信号与基准电路605的基准信号一起输入到比较放大电路603的输入端，由比较放大电路603的输出端与脉宽调制电路604的控制端电连接，控制脉宽调制电路604的脉宽，脉宽变化信号经驱动电路601放大控制功率变换电路4稳定电压波动或电流波动，桥式整流滤波电路 2 的输入端与 PWM 控制电路 6 之间有输入过电压、欠电压保护电路 12。

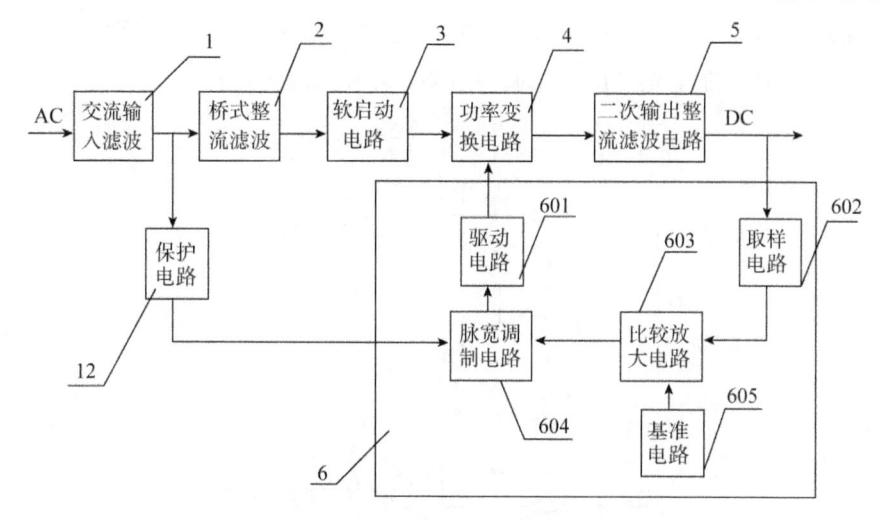

图 2-12 通信电源模块的主电路结构框图

图 2-13 为电路原理图，功率变换电路 4 包括逆变变压器 T、开关调整管 V_2，逆变变压器 T 包括第一输入绕组 L_1、第二输入绕组 L_2、第一输出绕组 L_3 和第二输出绕组 L_4，第二输入绕组 L_2 的一端与开关调整管 V_2 电连接，开关调整管 V_2 与驱动电路 601 电连接，驱动电路 601 控制开关调整管 V_2 的导通和关闭时间。

软启动保护电路 3 由限流电阻 R_{16} 和电容器 C_3 构成，限流电阻 R_{16} 和电容器 C_3 的连接点与功率变换电路的第一输入绕组 L_1 和第二输入绕组 L_2 的连接相连，限流电阻 R_{16} 另一端与桥式整流滤波电路的输出端电连接，电容器 C_3 与电源负端电连接。

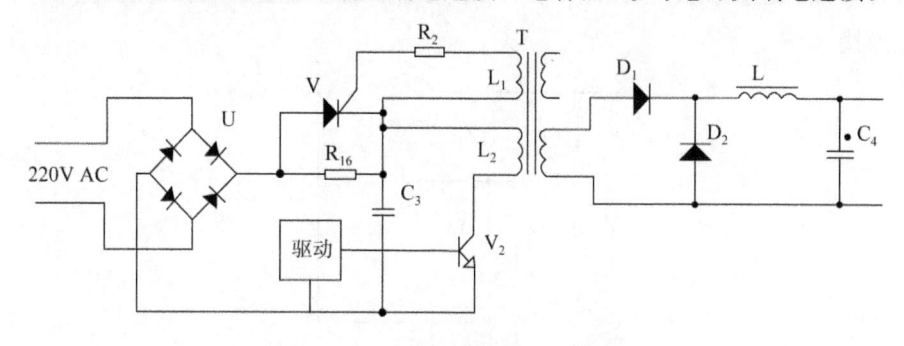

图 2-13 通信电源模块的电路原理图

图 2-14 为输入过电压、欠电压保护电路的原理图。输入过电压、欠电压保护电路 12 的输入端与交流滤波 1 输出端或桥式整流滤波电路 2 的输入端，取样电压分为两路，一路经 R_1、R_2 分压，R_1 和 R_2 的连接点经电容 C_1 对地滤波后，再通过 R_3、R_4 分压后输入到第一比较器的同相端 3 脚。另一路经 R_7、R_8 分压，R_7 和 R_8 的连接点经电容 C_2 对地滤波后，再通过 R_9、R_{10} 分压后输入到第二比较器的异相端 6 脚，由电阻 R_5、R_6、R_{11}、R_{12} 构成桥路，电阻 R_5 和 R_{11} 连接后接负端，电阻 R_6 和 R_{12} 连接后接脚

电学领域专利审查疑难案例评析

基准电压，电阻 R_5 和 R_6 另一端接第一比较器的异相端 2 脚，电阻 R_{11} 和 R_{12} 另一端接第二比较器的同相端 5 脚，第一比较器和第二比较器输出端分别通过两只二极管正向导通过后与 PWM 控制电路 6 的脉宽调制电路 604 输入端电连接。

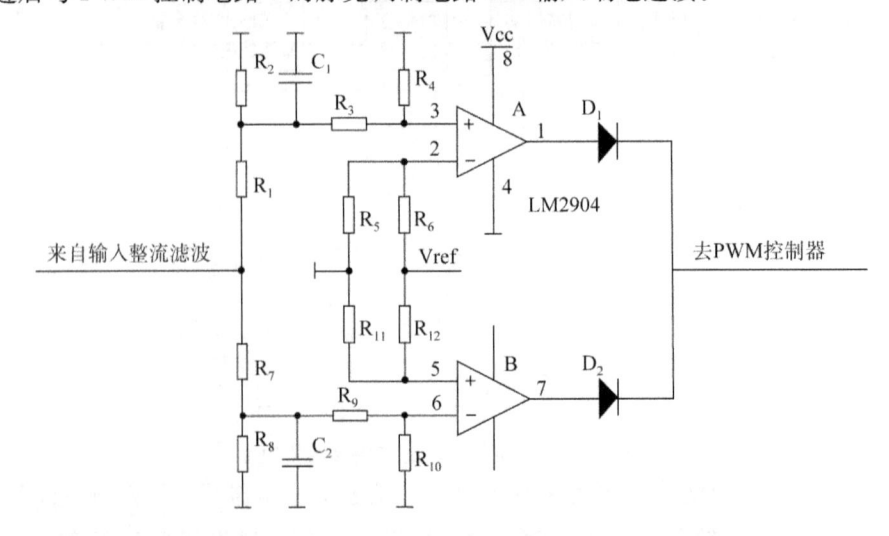

图 2-14　输入过电压、欠电压保护电路原理图

图 2-15 为输入过电流保护电路的原理图。为了保护开关调整管在电路短路、电流增大时不被烧毁，采用了过电流保护电路。如图 2-15 所示，过电流保护电路由晶体管 V_2 和分压电阻 R_{13}、R_{14} 组成。电阻 R_{13} 和 R_{14} 串接在保护开关调整管 V_1 的输入端与地之间，电阻 R_{13} 和 R_{14} 的连接点与晶体管 V_2 基极电连接，晶体管 V_2 的发射极与开关调整管 V_1 的发射极电连接，晶体管 V_2 的集电极通过电阻 R_{15} 与开关调整管 V_1 的集电极电连接。

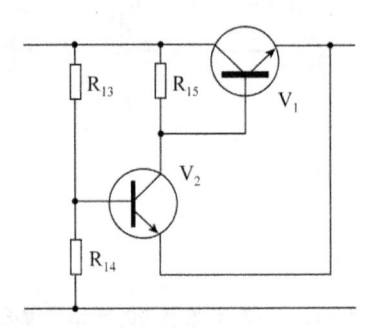

图 2-15　输入过电流保护电路原理图

由于采用多种安全保护，可以有效保护电源自身和负载的正常工作，具有较高的工作可靠性。

2. 权利要求请求保护的方案

该案请求保护一种通信电源模块的过热保护电路。独立权利要求 1 如下：

权利要求 1. 通信电源模块的过热保护电路，其特征是：包括交流滤波、桥式整流滤波电路、软启动电路、功率变换电路、二次输出整流滤波电路、PWM 控制电路；所述的功率变换电路包括逆变变压器 T、开关调整管 V_2，逆变变压器 T 包括第一输入绕组 L_1、第二输入绕组 L_2、第一输出绕组 L_3 和第二输出绕组 L_4，第二输入绕组 L_2 的一端与开关调整管 V_2 电连接，开关调整管 V_2 与驱动电路电连接，驱动电路控制开关调整管 V_2 的导通和关闭时间，开关调整管电连接有过热保护电路；过电流保护电路由晶体管 V_2 和分压电阻 R_{13}、R_{14} 组成，电阻 R_{13} 和 R_{14} 串接在保护开关调整管 V_1 的输入端与地之间，电阻 R_{13} 和 R_{14} 的连接点与晶体管 V_2 的基极电连接，晶体管 V_2 的发射极与开关调整管 V_1 的发射极电连接，晶体管 V_2 的集电极通过电阻 R_{15} 与开关调整管 V_1 的集电极电连接；

PWM 控制电路由驱动电路、取样电路、比较放大电路、脉宽调制电路、基准电路构成，交流电压经交流滤波进行滤波后输出与桥式整流滤波电路的输入端电连接，经桥式整流滤波进行输出，桥式整流滤波电路的输出端经软启动电路后与功率变换电路电连接，功率变换电路的受控端与 PWM 控制电路的控制端电连接，PWM 控制电路输入与二次输出整流滤波电路输出端电连接，由 PWM 控制电路的取样电路检测输出电压波动信号或输出电流波动信号，输出电压波动信号或输出电流波动信号与基准电路的基准信号一起输入到比较放大电路的输入端，由比较放大电路的输出端与脉宽调制电路的控制端电连接，控制脉宽调制电路的脉宽，脉宽变化信号经驱动电路放大控制功率变换电路稳定电压波动或电流波动，桥式整流滤波电路的输入端与 PWM 控制电路之间有输入过电压、欠电压保护电路。

所述的输入过电压、欠电压保护电路的输入端与交流滤波输出端或桥式整流滤波电路的输入端，取样电压分为两路，一路经 R_1、R_2 分压，R_1 和 R_2 的连接点经电容 C_1 对地滤波后，再通过 R_3、R_4 分压后输入到第一比较器的同相端脚；另一路经 R_7、R_8 分压，R_7 和 R_8 的连接点经电容 C_2 对地滤波后，再通过 R_9、R_{10} 分压后输入到第二比较器的异相端 6 脚，由电阻 R_5、R_6、R_{11}、R_{12} 构成桥路，电阻 R_5 和 R_{11} 连接后接负端，电阻 R_6 和 R_{12} 连接后接脚基准电压，电阻 R_5 和电阻 R_6 另一端接第一比较器的异相端 2 脚，电阻 R_{11} 和 R_{12} 另一端接第二比较器的同相端 5 脚，第一比较器和第二比较器输出端分别通过两只二极管正向导通过后与 PWM 控制电路的脉宽调制电路输入端电连接；如取样电压低于 5 脚基准电压，则第二比较器的 7 脚输出高电平去控制 PWM 控制电路关断，电源无输出；如取样电压高于 2 脚基准电压，则第一比较器的 1 脚输出高电平去控制 PWM 控制电路使其关断，电源无输出。

3. 现有技术的相关内容

针对该案检索到三篇专利文献即对比文件 1~3 作为现有技术。

对比文件 1 公开了一种防浪涌软启动电路。如图 2-16 所示，该防浪涌软启动电路包括整流桥 1、晶闸管 V、限流电阻 R_1、逆变器 4、主变压器辅助绕组 5、电容 C_1，

电学领域专利审查疑难案例评析

整流桥 1 的正极与限流电阻 R_1、晶闸管 V 相连接，晶闸管 V 通过电阻 R_2 与逆变器 4 相连，整流桥 1 的负极与驱动器 S_1、电容 C_1 相连，驱动器 S_1 与主变压器辅助绕组 5 相连。

在电源接通瞬间，输入电压经整流桥 1 和限流电阻 R_1 对电容 C_1 充电，限制浪涌电流。当电容 C_1 充电到约 80% 额定电压时，逆变器 4 正常工作。经主变压器辅助绕组 5 产生晶闸管 V 的触发信号，使晶闸管 V 导通并短路限流电阻 R_1，使开关电源处于正常运行状态。

由于设置了防浪涌电流电路，在进线电源合闸瞬间，输入电压经整流桥 1 和限流电阻 R_1 对电容 C_1 充电，限制浪涌电流，保证了电源正常可靠的运行。

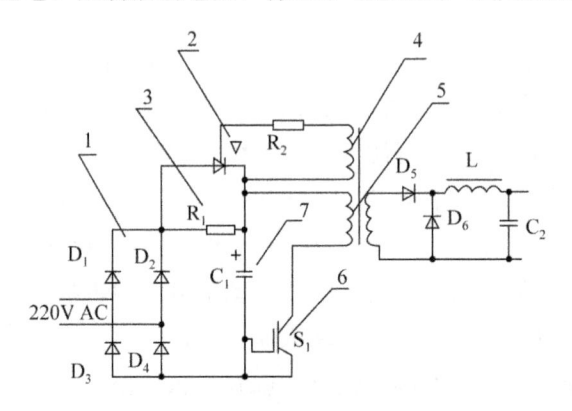

图 2-16　防浪涌软启动电路图

对比文件 2 公开了一种血液分析仪的锂电池供电电路，如图 2-17 所示，由锂电池组的充电电路、过电流保护电路、过电压保护电路、电量检测及报警电路、短路和过载保护电路、过热保护电路以及 DC 稳压模块组成。

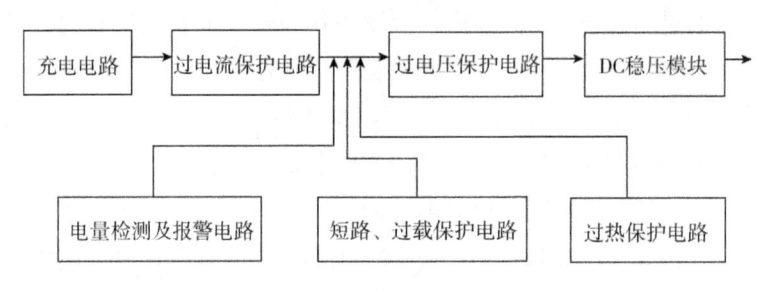

图 2-17　血液分析仪的锂电池供电电路框图

图 2-18 所示为锂电池过电流保护电路。该过电流保护电路由晶体管 Q_4 和分压电阻 R_4、R_9 组成，电阻 R_4、R_9 串接在晶体管 Q_1 的输入端与地之间，电阻 R_4 和 R_9 的连接点与晶体管 Q_4 基极电连接，晶体管 Q_4 的发射极与晶体管 Q_1 的发射极电连接，晶体管 Q_4 的集电极通过电阻 R_5 与晶体管 Q_1 的集电极电连接。电路正常工作时，通过 R_4 与 R_9 的分压作用，使得 Q_4 的基极电位比发射极电位高，发射极承受反向电压，于是 Q_4 处于截止状态。当电路短路时，输出电压为零，Q_4 的发射极相当于接地，则 Q_4

处于饱和导通状态，从而使调整 Q_1 基极和发射极近乎短路，而处于截止状态，切断电路电流，从而达到保护目的。

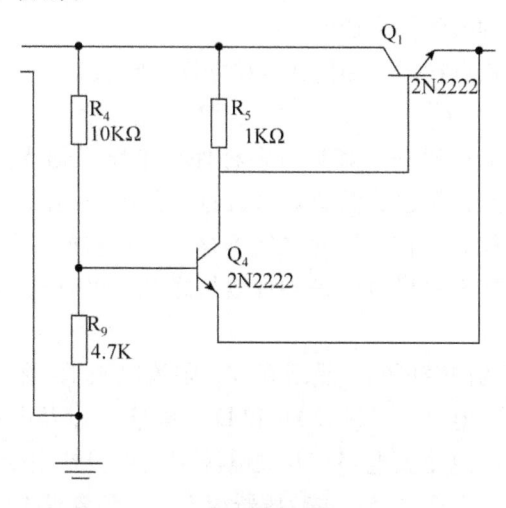

图 2—18　锂电池过电流保护电路图

对比文件 3 公开了一种具有两极漏电保护和过欠电压保护功能的电路，如图 2—19 所示，该过电压、欠电压保护电路的输入端与整流电路的输出端连接，取样电压经过 R_{23}、R_{24}、R_{25} 分压，分压后的信号经过 C_{11}、R_{26}、C_{12} 滤波，滤波后的信号一路经过 R_{27} 输入到比较器的 3 脚进行过电压比较判断，另一路信号经过 R_{29} 输入到比较器的 6 脚进行欠电压的比较判断。过电压比较判断后，比较器的 1 脚输出过电压驱动信号，过电压驱动信号经过 R_{30}、C_{14} 组成的延时电路延时后接到二极管 D_{17} 的一脚，欠电压驱动信号经过 R_{31}、C_{15} 组成的延时电路延时后接到二极管 D_{17} 的另一脚，二极管 D_{17} 的输出信号连接到执行电路进行脱扣动作。

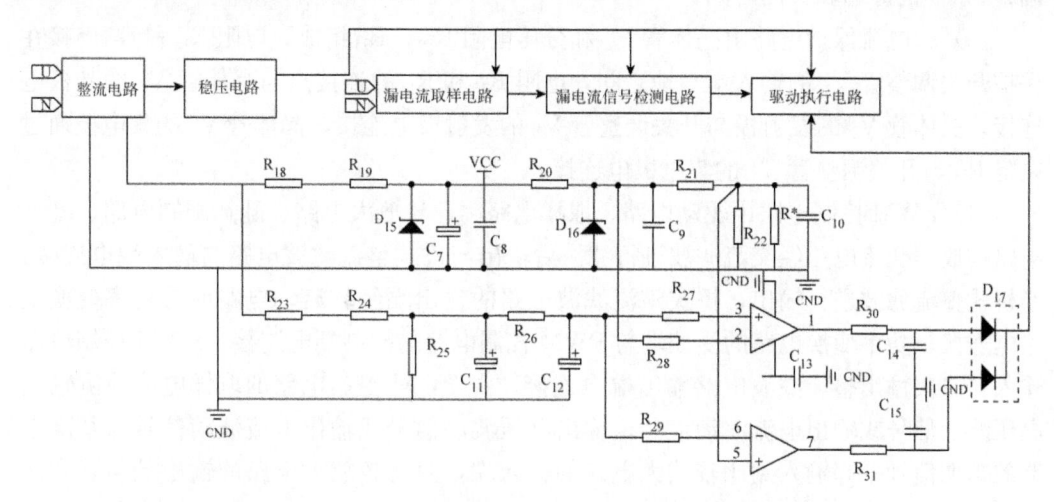

图 2—19　具有两极漏电保护和过欠电压保护功能的电路图

(二) 争议焦点

该案的独立权利要求 1 较长，包含通信电源模块以及各保护电路等多个电路模块，并且包含许多涉及电路细节的技术特征。

因此，该案的争议焦点在于：如何评判独立权利要求 1 是否具备创造性？

(三) 指导意见

该案涉及一种通信电源模块，其具有多种保护电路：输入过电压/欠电压保护电路、过电流保护电路、开关管过热保护电路。通过分析该案的说明书和附图，可以看出：上述保护电路各自独立工作，彼此之间不存在相互协同作用、相互联系或相互支持的关系，因此其总的技术效果也仅是各种效果之和，可以认为该技术方案是一种简单叠加。

由对比文件 1 公开的内容可知，晶闸管 V、限流电阻 R_1 和电容 C_1 组合起来相当于权利要求 1 中的软启动电路；二极管 D_5 和 D_6、电感 L 以及电容 C_2 组合起来相当于权利要求 1 中二次输出整流滤波电路；开关电源主电路包括主变压器和驱动器 S_1，相当于权利要求 1 中的功率变换电路，主变压器相当于权利要求 1 中的逆变变压器 T，驱动器 S_1 相当于权利要求 1 中的开关调整管 V_2；主变压器包括逆变器 4、辅助绕组 5 和输出绕组，逆变器 4 相当于权利要求 1 中的第一输入绕组 L_1，辅助绕组 5 相当于权利要求 1 中的第二输入绕组 L_2，输出绕组相当于权利要求 1 中的第二输出绕组 L_4。

由此可见，对比文件 1 作为最接近的现有技术，公开了权利要求 1 中的通信电源模块的大部分电路特征。权利要求 1 和对比文件 1 的区别在于：

(1) 一种通信电源模块的过热保护电路，开关调整管 7 电连接有过热保护电路；

(2) 还包括交流滤波 1、桥式整流滤波电路 2、PWM 控制电路 6，逆变变压器 T 包括第一输出绕组 L_3，开关调整管 V_2 与驱动电路 601 电连接，驱动电路 601 控制开关调整管 V_2 的导通和关闭时间；

(3) 过电流保护电路由晶体管 V_2 和分压电阻 R_{13}、R_{14} 组成，电阻 R_{13} 和 R_{14} 串接在保护开关调整管 V_1 的输入端与地之间，电阻 R_{13} 和 R_{14} 的连接点与晶体管 V_2 的基极电连接，晶体管 V_2 的发射极与开关调整管 V_1 的发射极电连接，晶体管 V_2 的集电极通过电阻 R_{15} 与开关调整管 V_1 的集电极电连接；

(4) PWM 控制电路由驱动电路、取样电路、比较放大电路、脉宽调制电路、基准电路构成，交流电压经交流滤波进行滤波后输出与桥式整流滤波电路的输入端电连接，经桥式整流滤波进行输出，桥式整流滤波电路的输出端经软启动电路后与功率变换电路电连接，功率变换电路的受控端与 PWM 控制电路的控制端电连接，PWM 控制电路输入与二次输出整流滤波电路输出端电连接，由 PWM 控制电路的取样电路检测输出电压波动信号或输出电流波动信号，输出电压波动信号或输出电流波动信号与基准电路的基准信号一起输入到比较放大电路的输入端，由比较放大电路的输出端与脉宽调制电路的控制端电连接，控制脉宽调制电路的脉宽，脉宽变化信号经驱动电路放大控制功率变换电路稳定电压波动或电流波动，桥式整流滤波电路的输入端与 PWM 控制电路之间有输入过电压、欠电压保护电路；

(5) 所述的输入过电压、欠电压保护电路的输入端与交流滤波输出端或桥式整流滤波电路的输入端，取样电压分为两路，一路经 R_1、R_2 分压，R_1 和 R_2 的连接点经电容 C_1 对地滤波后，再通过 R_3、R_4 分压后输入到第一比较器的同相端脚；另一路经 R_7、R_8 分压，R_7 和 R_8 的连接点经电容 C_2 对地滤波后，再通过 R_9、R_{10} 分压后输入到第二比较器的异相端 6 脚，由电阻 R_5、R_6、R_{11}、R_{12} 构成桥路，电阻 R_5 和 R_{11} 连接后接负端，电阻 R_6 和 R_{12} 连接后接脚基准电压，电阻 R_5 和 R_6 另一端接第一比较器的异相端 2 脚，电阻 R_{11} 和 R_{12} 另一端接第二比较器的同相端 5 脚，第一比较器和第二比较器输出端分别通过两只二极管正向导通后与 PWM 控制电路的脉宽调制电路输入端电连接；如取样电压低于 5 脚基准电压，则第二比较器的 7 脚输出高电平去控制 PWM 控制电路关断，电源无输出；如取样电压高于 2 脚基准电压，则第一比较器的 1 脚输出高电平去控制 PWM 控制电路使其关断，电源无输出。

对于区别特征（1），过热保护是常见紧急保护类型，常用于各类电路结构包括电源模块中，所属技术领域的技术人员有动机在开关管电连接过热保护电路，以为通信电源模块提供过热保护，从而构成通信电源模块的过热保护电路。

对于区别特征（2），交流滤波、桥式整流滤波电路以及 PWM 控制电路均属于开关电源中的常见电路模块，而变压器另具备一输出绕组也属于开关电源的常见配置。另外，通过驱动电路连接开关管，以控制其导通和关闭时间，这属于开关电源的常见控制形式。

对于区别特征（3），对比文件 2 公开了一种过电流保护电路，其公开了该区别特征（3）；而且过电流保护是常见紧急保护类型，常用于各类电路结构包括电源模块中，所属技术领域的技术人员有动机将对比文件 2 的这种过电流保护电路用于对比文件 1 的这种开关电源中，以为电源模块提供过电流保护。

对于区别特征（4），驱动电路、取样电路、比较放大电路、脉宽调制电路、基准电路均属于本领域开关电源控制的常见部件，通过取样输出电压波动或电流波动然后比较放大后进行脉宽调制，这种开关管控制方式也是本领域的常见控制方式。另外，过电压、欠电压保护属于开关电源的常见保护模式，而将输入过电压、欠电压保护电路的连接点选在桥式整流滤波电路的输入端与 PWM 控制电路之间连接，这是所属技术领域的技术人员根据其掌握的普通技术知识能够进行设计的。

对于区别特征（5），对比文件 3 公开了一种过欠电压保护电路，其公开了区别特征（5）中的大部分特征，但没有公开设置两个分压电路分两路进行电压取样。但是这种电压取样方式是本领域常见技术手段，所属技术领域的技术人员可以根据实际需要对对比文件 3 中的电路进行适当调整，分别设置两个分压电路分两路进行电压取样，并将其用于对比文件 1 中通过输出信号驱动开关管以实现对开关电源的过欠电压保护功能。

由此可见，权利要求 1 请求保护的技术方案是一种简单叠加，该技术方案所包含的电源模块和各保护电路的主体结构已经被现有技术公开，权利要求 1 请求保护的技术方案仅是将已知的电路模块简单地组合在一起。因此，权利要求 1 不具有突出的实质性特点和显著的进步,从而不具备创造性。

(四)案例启示

该案涉及一种组合发明。在进行组合发明创造性的判断时,通常需要考虑组合后的各技术特征在功能上是否彼此相互支持、组合的难易程度、现有技术中是否存在组合的启示以及组合后的技术效果等,与技术特征多少并无直接关系。

该案请求保护一种通信电源模块,其具有多种保护电路,而且权利要求1对于各电路模块所包含的元器件及其电路结构进行了详细的限定,使得其与检索到的最接近现有技术之间的区别技术特征非常多。但是,该电源模块以及各保护电路都是现有技术中已知的;它们组合在一起后,各自以其常规的方式工作,其总的技术效果是各电路效果的总和,在功能上并没有相互作用关系,即现有技术给出了组合的启示。因此,即使需要使用多篇对比文件进行结合评述,权利要求1也不具备创造性。

案例8:一种银行卡空中充值的方法

(一)案情说明

该案涉及一种基于第三方信息平台实现银行卡空中充值的方法和系统,其要解决的问题是克服偏僻地区通信网络不畅通、银行网点不足、业务拓展困难、服务成本偏高等困难,采用的手段是用户借助移动运营商网点在银行开设的银行借记卡账户完成用户银行卡的充值。

1. 说明书的相关内容

随着科学技术的发展,人们的生活水平逐渐提高,朝着信息化和便捷化方向迅猛发展,但仍然有部分地区受交通、地理位置、农业、水土资源、劳动力素质等影响,经济发展水平较低,这些地区大多是金融服务空白地区,具有通信网络不畅通,银行网点不足,业务拓展困难,服务成本偏高等困难,生活在这些地区的人们在办理各种费用的扣缴、收款、存取款等业务时,需要走很远的路,耗费大量的时间,当遇到能办理上述业务的机构设备不正常等情况时,还不能确保用户能完成业务的办理。

为克服现有技术的不足,提供了一种基于第三方信息平台实现银行卡空中充值的系统和方法。

如图2—20所示,基于第三方信息平台实现银行卡空中充值的系统,它包括移动通信运营商信息平台、银行卡充值业务平台、一个或多个移动通信运营商网点终端,所述的银行卡充值业务平台包括至少一个业务服务器、至少一个前置机和至少一台防火墙,移动通信运营商信息平台通过防火墙与前置机连接,前置机与业务服务器连接,移动通信运营商网点终端通过通信系统分别与移动通信运营商信息平台、银行卡充值业务平台连接,所述的移动通信运营商信息平台与银行卡充值业务平台通过DDN专线相连,进行实时数据对接。

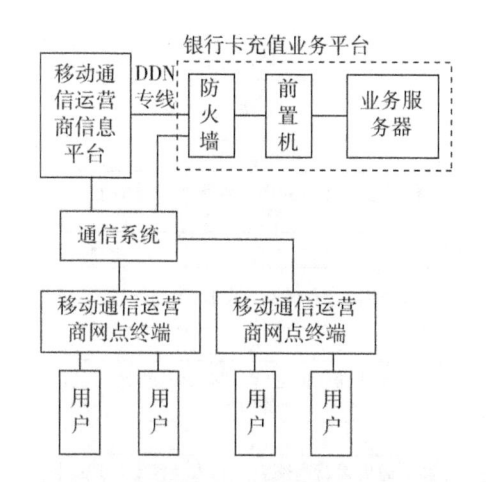

图 2—20 基于第三方信息平台实现银行卡空中充值的系统框图

所述的移动通信运营商网点终端包括计算机、手机等中的一种或多种相结合；所述的移动通信运营商信息平台包括中国移动本地信息平台、中国联通本地信息平台、中国电信本地信息平台、中国网通本地信息平台等中的一种或多种相结合；所述的通信系统包括中国移动本地通信系统、中国联通本地通信系统、中国电信本地通信系统、中国网通本地通信系统等中的一种或多种相结合；所述的银行卡包括惠农卡、借记卡、个人活期账户。

如图 2—21 所示，基于第三方信息平台实现银行卡空中充值的方法，它包括以下步骤：

（1）开户：移动通信运营商网点到银行开设借记卡账户（含惠农卡或普通借记卡），并将用于银行卡充值的手机或计算机等网点终端与该借记卡账户进行一对多或多对多绑定。

（2）存款：移动通信运营商网点通过柜台、网上银行、手机短信等方式存款到借记卡账户，用于新农合、新农保惠农卡、银行卡充值的预存款项。

（3）业务受理：用户向移动通信运营商网点提交银行卡充值业务申请，填写包括银行卡卡号、户名、待充值金额等信息的代缴费业务确认书，移动通信运营商网点业务人员根据用户提交的银行卡卡号、用户姓名等信息及所收纳的现金数额，通过短信等通信系统提供的方式向银行卡充值业务平台发起银行卡充值请求，银行卡充值业务平台核验移动通信运营商网点借记卡账户信息和用户信息是否正确，若不正确，则返回错误信息，请用户或移动通信运营商网点重新提交信息，若正确，则转入第（4）步充值判断。

（4）充值判断：银行卡充值业务平台自动查询移动通信运营商网点借记卡账户余额，判断其余额是否能完成用户提交的银行卡充值业务，若能完成，则转入第（5）步对用户银行卡进行充值，若不能完成，则返回错误信息，提示移动通信运营商网点向借记卡账户充值。

（5）向银行卡充值：银行卡充值业务平台将移动通信运营商网点借记卡账户上的预存款按网点终端提交的充值金额通过卡卡转账的方式转存至用户银行卡，并将充值

电学领域专利审查疑难案例评析

结果返回至网点终端或用户。

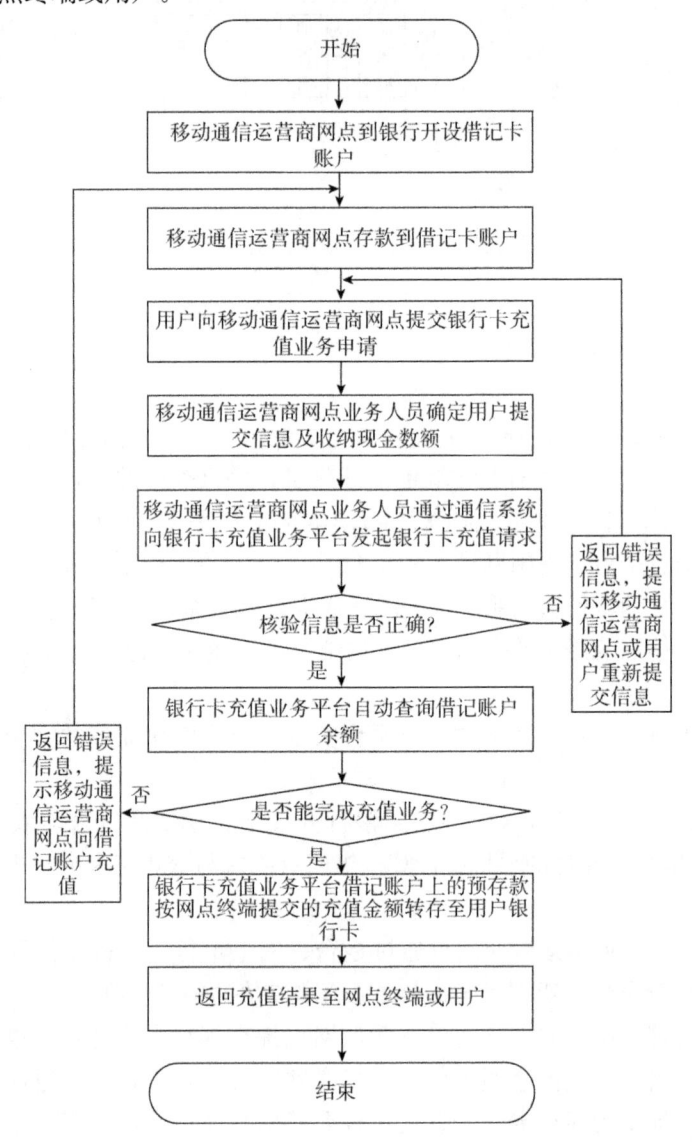

图 2—21 基于第三方信息平台实现银行卡空中充值的方法流程图

基于第三方信息平台实现银行卡空中充值的方法，还包括交易对账步骤、业务查询步骤、业务统计步骤、报表生成步骤和风险控制步骤，每日由移动通信运营商信息平台自动汇总惠农卡或银行卡充值发生额及交易笔数，并与银行卡充值业务平台自动对账，每月移动通信运营商信息平台、银行卡充值业务平台、移动通信运营商网点终端之间核对交易明细。

2. 权利要求请求保护的方案

权利要求 1. 一种基于第三方信息平台实现银行卡空中充值的系统，它包括移动通信运营商信息平台、银行卡充值业务平台、一个或多个移动通信运营商网点终端，所述的网点终端通过短信系统向银行卡充值业务平台发起银行卡充值请求；其特征在于：

116

所述的银行卡充值业务平台包括至少一个业务服务器、至少一个前置机和至少一台防火墙,业务服务器用于核验移动通信运营商网点借记卡账户信息和用户信息是否正确、自动查询移动通信运营商网点借记卡账户余额,判断其余额是否能完成用户提交的银行卡充值业务,以及将移动通信运营商网点借记卡账户上的预存款按网点终端提交的充值金额通过卡卡转账的方式转存至用户银行卡,并将充值结果返回至网点终端或用户,移动通信运营商信息平台通过防火墙与前置机连接,前置机与业务服务器连接,移动通信运营商网点终端通过通信系统分别与移动通信运营商信息平台和银行卡充值业务平台连接,移动通信运营商信息平台与银行卡充值业务平台通过DDN专线相连,进行实时数据对接;

采用专线连接,避免使用传统的互联网模式,在物理链接上实现隔绝,避免业务风险;

所述的基于第三方信息平台实现银行卡空中充值的系统执行用户银行卡空中充值的方法,它包括以下步骤:

(1)绑定账号:移动通信运营商网点到银行开设借记卡账户时,要将网点终端与该账户进行一对多或多对多绑定;

(2)存款:移动通信运营商网点通过柜台、网上银行、手机短信方式存款到其开设的银行借记卡账户;

(3)业务受理:用户向移动通信运营商网点提交银行卡充值业务申请,移动通信运营商网点业务人员根据用户提交的信息及所收纳的现金数额,通过通信系统向银行卡充值业务平台发起银行卡充值请求,银行卡充值业务平台核验移动通信运营商网点借记卡账户信息和用户信息是否正确,若不正确,则返回错误信息,请移动通信运营商网点或用户重新提交信息,若正确,银行卡充值业务平台自动查询移动通信运营商网点借记卡账户余额,判断其余额是否能完成用户提交的银行卡充值业务,若不能完成,则返回错误信息,提示移动通信运营商网点向借记卡账户充值;

(4)向银行卡充值:如果移动通信运营商网点借记卡账户余额能完成用户提交的银行卡充值业务,银行卡充值业务平台将移动通信运营商网点借记卡账户上的预存款按网点终端提交的充值金额转存至用户银行卡,并将充值结果返回至网点终端或用户。

3. 现有技术的相关内容

对比文件1作为最接近的现有技术,公开了一种手机付费服务系统,并具体公开了以下内容:

该服务系统中,付费方、收费方、移动运营商和银行建立如下合作关系:①移动电话用户开通用手机支付在移动运营商指定收费单位交费业务,付费方委托移动运营商在其需要缴纳费用时将其手机卡内预存款部分划转到收费单位;②移动运营商在银行设立账户,委托银行办理该账户向其他账户转账业务,将数字、符号信息或短信息发送到移动运营商开户银行的自动转账服务器,通知该银行从己方账户中即移动运营商银行账户中划转相同金额到该移动电话用户需缴费用的收费方指定银行账号。

图2—22所示为用手机进行现场支付需缴费用时的方法步骤流程图:付费方持有

电学领域专利审查疑难案例评析

移动电话，付费方通过按键发送数字、符号信息或手机短信将拟缴费信息告之移动运营商服务台，所述拟缴费信息内容包括移动运营商特服台电话号码、收费方收银机或计价器外接移动信号接转装置号码、需缴费金额和本次请求缴费确认码；移动运营商手机付费服务台的自动接转服务器收到付费方申请缴费信息，自动识别、检索、核对、存储移动电话用户缴费信息，根据付费方本次缴费确认码与上次缴费确认码不同确认付费方此次申请为真实申请，在移动电话用户手机预存款中扣除其申请的交费金额再通过发送无线或有线信号，将数字、符号信息或短信息发送到移动运营商开户银行用来自动接收、分辨、检索、核对、确认、存储与实施银行账户间划转账面金额的自动转账服务器，通知该银行从己方账户中即移动运营商银行账户中划转相同金额到该移动电话用户需缴费用的收费方指定银行账号；收费方收银员核对收银机或计价器上显示的收费金额与收银机或计价器外接的移动信号接收存储装置上显示的收费金额无误后打印收费凭单交付费方；移动运营商建立专门服务台，用于接收、分辨、检索、核对、确认、存储移动电话用户申请缴费信息和扣转移动用户手机卡内预存款及向收费方收银机或计价器外接移动信号接收存储装置发送划转入账信息、短信告之付费方已实施的扣转缴费信息和在专用网站上实时同步生成交易划转详单备核。

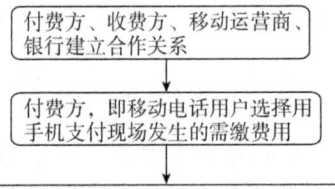

图 2-22 现有技术中的方法步骤流程图

(二）争议焦点

该案权利要求特征数量很多，很多十分具体的特征在对比文件中并未提及，对这类权利要求，如何进行创造性的考量和评述？

（三）指导意见

权利要求1与对比文件1的区别特征为：

该系统包括银行卡充值业务平台，所述的网点终端通过短信系统向银行卡充值业务平台发起银行卡充值请求；银行卡充值业务平台还包括至少一个业务服务器、至少一个前置机和至少一台防火墙；业务服务器用于核验移动通信运营商网点借记卡账户信息和用户信息是否正确、自动查询移动通信运营商网点借记卡账户余额，判断其余额是否能完成用户提交的银行卡充值业务，以及将移动通信运营商网点借记卡账户上的预存款按网点终端提交的充值金额通过卡卡转账的方式转存至用户银行卡，并将充值结果返回至网点终端或用户；移动通信运营商信息平台通过防火墙与前置机连接，前置机与业务服务器连接，移动通信运营商网点终端通过通信系统分别与移动通信运营商信息平台和银行卡充值业务平台连接，移动通信运营商信息平台与银行卡充值业务平台通过DDN专线相连，进行实时数据对接；采用专线连接，避免使用传统的互联网模式，在物理链接上实现隔绝，避免业务风险。

该系统执行的农户银行卡空中充值方法的（1）绑定账号步骤中，要将网点终端与借记卡账户进行一对多或多对多绑定。

该系统执行的用户银行卡空中充值方法的（2）存款步骤中，移动通信运营商网点通过柜台、网上银行、手机短信方式存款。

该系统执行的用户银行卡空中充值方法还包括（3）业务受理步骤：用户向移动通信运营商网点提交银行卡充值业务申请，移动通信运营商网点业务人员根据用户提交的信息及所收纳的现金数额，通过通信系统向银行卡充值业务平台发起银行卡充值请求，银行卡充值业务平台核验移动通信运营商网点借记卡账户信息和用户信息是否正确，若不正确，则返回错误信息，请移动通信运营商网点或用户重新提交信息，若正确，银行卡充值业务平台自动查询移动通信运营商网点借记卡账户余额，判断其余额是否能完成用户提交的银行卡充值业务，若不能完成，则返回错误信息，提示移动通信运营商网点向借记卡账户充值。

尽管该案相对于对比文件1的区别特征较多，但是如果从总体构思出发，按照解决问题的不同，将区别特征进行分组，可使创造性评述结构清晰、易于理解。

因此，按照解决问题的不同，将上述区别特征划分为以下四组：

（1）系统包括银行卡充值业务平台，所述的网点终端通过短信系统向银行卡充值业务平台发起银行卡充值请求；银行卡充值业务平台还包括至少一个业务服务器，业务服务器用于核验移动通信运营商网点借记卡账户信息和用户信息是否正确、自动查询移动通信运营商网点借记卡账户余额，判断其余额是否能完成用户提交的银行卡充

电学领域专利审查疑难案例评析

值业务，以及将移动通信运营商网点借记卡账户上的预存款按网点终端提交的充值金额通过卡卡转账的方式转存至用户银行卡，并将充值结果返回至网点终端或用户；该系统还执行用户银行卡空中充值方法中的业务受理步骤：用户向移动通信运营商网点提交银行卡充值业务申请，移动通信运营商网点业务人员根据用户提交的信息及所收纳的现金数额，通过通信系统向银行卡充值业务平台发起银行卡充值请求，银行卡充值业务平台核验移动通信运营商网点借记卡账户信息和用户信息是否正确，若不正确，则返回错误信息，请移动通信运营商网点或用户重新提交信息，若正确，银行卡充值业务平台自动查询移动通信运营商网点借记卡账户余额，判断其余额是否能完成用户提交的银行卡充值业务，若不能完成，则返回错误信息，提示移动通信运营商网点向借记卡账户充值。

（2）银行卡充值业务平台还包括至少一个前置机和至少一台防火墙；移动通信运营商信息平台通过防火墙与前置机连接，前置机与业务服务器连接，移动通信运营商网点终端通过通信系统分别与移动通信运营商信息平台和银行卡充值业务平台连接，移动通信运营商信息平台与银行卡充值业务平台通过DDN专线相连，进行实时数据对接；采用专线连接，避免使用传统的互联网模式，在物理链接上实现隔绝，避免业务风险。

（3）系统执行的用户银行卡空中充值方法的绑定账号步骤中，将网点终端与借记卡账户进行一对多或多对多绑定。

（4）系统执行的农户银行卡空中充值方法的存款步骤中，移动通信运营商网点通过柜台、网上银行、手机短信方式存款。

基于上述区别，权利要求1实际解决的问题是：①如何使用户直接使用现金而不是移动终端来便捷地完成银行卡充值业务；②如何提高银行卡充值业务的安全性；③如何提高移动通信运营商完成银行卡充值业务的灵活性；④如何使移动通信运营商更便捷地存款到其银行账户。

对于上述区别（1）：

该案是通过用户向移动运营商提出申请并递交现金后，由移动运营商收取现金并向银行发送请求，将资金从移动运营商的银行卡账户上划转到用户的银行卡账户上，在对比文件1的技术方案中，用户通过移动终端向移动运营商发送请求，由移动运营商扣取手机预存款并向银行发送请求，将资金从移动运营商的银行卡账户上划转到收费方的银行账户上，可见，两者在流程上的区别在于用户向移动运营商提交业务申请时交付的资金方式不同（本申请是现金的方式，而对比文件1是手机卡内预存款的方式），以及移动运营商的银行卡账户上的资金被划转的目的账户不同（本申请是划转到用户的银行卡账户上，而对比文件1则是划转到用户拟缴费的银行账户上），然而对于本领域技术人员来说，不论是使用手机卡话费的方式提交业务申请，还是使用现金的方式提交，其目的都是向移动运营商提出业务请求，并将相应的资金交付给移动运营商，并且这两种方式都是常见的方式，本领域技术人员可以根据不同的应用场景和不同的需求进行选择，即当用户不方便进行手机操作时，采用较为原始和普遍的提交业务的方式，如直接使用现金的方式，而当用户方便进行手机操作，也愿意使用这种方式时，可采用直接扣除手机内预存款的方式；同时，将移动运营商的银行卡账户上的资金划转到不同的账户上，以完成不同的业务操作，这仅是由业务需求的不同所导致的，如果当前的业务是存款操作，则必然需要将资金划转到用户自己的银行账户中，如果当前的业务操作是缴费，则需要划转到收费的银行账户中，这些都是本领域技术人员能够根据不同的业务需求所容易想到的。

另外，银行的充值业务平台在接收到充值转账等业务请求时，首先对用户信息和账户信息进行核对，也是本领域的一种常规操作方式。当采用预付费方式时，在进行付费前对预存款余额进行判断，当余额足够时进行扣除或转账，当余额不足时提醒用户对账户进行充值，也是本领域技术人员常用的技术手段。

对于上述区别（2）：

防火墙和前置机是银行卡充值业务平台常见的结构设置，将通信系统与银行的充值业务平台相连时，在系统之间通过防火墙连接，在防火墙后设置前置机，将业务服务器置于前置机后，是一种常见的银行支付系统安全的架构，同时为了确保各个部件之间的正常通信，移动通信运营商网点终端通过通信系统与移动通信运营商信息平台连接是一种常见的连接方式，相应地，由于要与银行充值业务平台进行通信，通过通信系统将移动通信网点终端与银行支付系统进行连接，对本领域技术人员来说也是容易想到的一种合理的连接方式。另外，通常情况下，银行核心业务系统中的业务内容及相关操作是要保密的，为了提高银行核心业务系统的安全性，采用专线连接，实现物理上的隔离，是银行业务系统中的常用技术手段。

对于上述区别（3）：

在频繁进行资金往来的终端与银行账户之间，进行一对多或多对多的绑定，从而提高业务的灵活性，这是常用的技术手段。

对于上述区别（4）：

通过柜台、网银或者手机短信的方式进行存款操作，这是存款时常用的技术手段。

由此可知，虽然权利要求1与对比文件存在大量区别特征，但在对比文件1的基础上结合本领域技术人员的常用技术手段，得出该权利要求的技术方案，对本技术领域的技术人员来说是显而易见的，因此，权利要求1不具备创造性。

（四）案例启示

通过增加权利要求中的特征数量并不必然提高权利要求的创造性，申请人在撰写申请文件以及针对审查意见进行修改时，应尽量避免单纯为增加篇幅而撰写冗长的权利要求。篇幅较长而创造性高度不够的申请即便获得授权，其专利权也缺乏稳定性，容易在后续司法程序中面临权利要求被无效的可能，并不利于申请人获得合理的专利权保护范围。

专利审查过程中，应以事实为依据，客观评价权利要求的创造性，不应以权利要求篇幅长短做出主观判断，维护专利审查的客观严肃性。如果授权的权利要求创造性高度过低，不但不能起到鼓励发明创造、推动发明创造的应用的作用，还可能导致申请人获得的专利权缺乏稳定性，导致后续无效程序，不利于节约程序，还会有害于申请人和公众的利益。

对于权利要求的技术方案相对于最接近的现有技术存在较多区别技术特征的情形，在进行创造性评判时可以采用由上而下的方式，提炼出方案的总体构思，从该总体构思出发，比较方案与现有技术在主要构架上的区别，确定该方案基于区别特征实际解决的技术问题，并根据所解决的问题对区别特征进行分组评述，从而使创造性评述结构清晰、易于理解。

第五节　区别在于人为制定的规则

对于计算机领域的发明专利申请，其解决方案有时会涉及数学公式、算法、商业规则等内容，从而形成技术性特征与非技术性特征交织的解决方案。在判断此类申请的创造性过程中，当区别特征中涉及这类规则性的非技术性内容时，如何考虑这类特征能否使方案整体上具备创造性，通常是审查实践中的难点。下面就通过两个典型案例对此类问题进行简单剖析。

案例9：一种信息处理设备

（一）案情说明

该案涉及一种信息处理设备，其通过仅使用所选择的有用基函数生成估计函数，以解决在保持估计准确性同时进一步降低存储量和计算量的问题。

1. 说明书的相关内容

在现有技术中，诸如线性回归/判别、SVM/SVR以及RVM的算法被称为用于执行回归或判别的学习算法。现有技术的方法使用诸如线性回归、非线性回归或SVM的学习算法，自动生成用于从内容数据检测特征量的特征量检测算法。

现有学习算法接收特征量向量$x=\{x_1,\cdots,x_m\}$，并通过机器学习生成估计函数$f(x)=\sum w_m\varphi_m(x)+w_0$，其中，用于输出标量的基函数$\varphi_m(x)$（$m=1,\cdots,M$）被线性地组合。具体地，当给定特征量向量$x_j$（$j=1,\cdots,N$）和目的变量$t_j$时，获得估计函数$f(x)$，其用于从特征量向量$x$估计目的变量$t$的估计值$y$。

在线形回归/判别的情况下，使用模型$\varphi_m(x)=x_m$。因此，如果在所给定的特征量向量x_j和目的变量t_j之间存在非线性，则难以基于该模型通过估计函数f准确地拟合一组特征量向量x_j和目的变量t_j。即降低了估计函数f的估计准确性。一方面，在

SVM/SVR 和 RVM 的情况下，使用具有 $\varphi_m(x)$ 作为非线性核函数的模型。然而，计算通过 SVM/SVR 或 RVM 获得的估计函数 $f(x)$ 所需的计算量大于计算通过线性回归/判别获得的估计函数 $f(x)$ 所需的计算量。另一方面，如果在特征量向量 x_j 和目的变量 t_j 之间存在非线性，则通过线性回归/判别获得的估计函数 f 的估计准确性小于通过 SVM/SVR 或 RVM 获得的估计函数 f 的估计准确性。由此，期望提供一种可以生成在保持估计准确性的同时进一步降低计算量的估计函数的信息处理方法和信息处理设备。

为解决上述问题，该案提供了一种信息处理设备，包括：数据输入单元，其用于输入特征量向量和与该特征量向量相对应的目的变量；基函数生成单元，其用于生成通过对特征量向量进行映射来输出标量的基函数；标量计算单元，其用于使用由基函数生成单元生成的基函数对特征量向量进行映射，并计算与该特征量向量相对应的标量；基函数评估单元，其用于使用由数据输入单元输入的目的变量连同由标量计算单元算出的标量以及与该标量相对应的特征量向量，评估用来计算标量的基函数对于估计目的变量是否有用；估计函数生成单元，其用于使用由基函数评估单元评估为有用的基函数、基于由标量计算单元算出的标量以及与该标量相对应的目的变量，通过机器学习生成用于从标量估计目的变量的估计函数；以及输出单元，其用于输出由估计函数生成单元生成的估计函数。

基函数生成单元可生成用于通过仅对特征量向量的部分进行映射来输出标量的基函数。

该信息处理设备还可包括世代更替单元，其用于基于基函数评估单元的评估结果，通过执行选择有用基函数、使用有用基函数通过突变和交叉生成新基函数，以及随机生成新基函数，生成下一代基函数。通过估计函数生成单元生成估计函数的处理、通过世代更替单元生成下一代基函数的处理、通过标量计算单元计算标量的处理，以及通过基函数评估单元评估基函数的处理可被迭代执行。

基函数评估单元可在根据信息量准则从由标量计算单元算出的标量中选择标量的同时，执行用于估计与标量相对应的目的变量的回归或判别学习，并可评估用来计算根据信息量准则所选择的标量的基函数是有用的。

估计函数生成单元可将由基函数评估单元评估为有用的基函数依次添加到估计函数。

上述技术方案可以生成在保持估计准确性的同时进一步降低计算量的估计函数。

另外，该案还在说明书的"应用示例"部分，记载了根据该案的实施例可应用于例如音频、图像、用户行为估计以及医学诊断等领域，具体内容如下：

根据该实施例的学习算法可用来自动构建如下估计算法：该估计算法用于接收从音乐提取的特征量，并估计音乐气氛（欢快、阴暗、平静、激昂等）和种类（摇滚乐、流行音乐、爵士乐、古典音乐等）、所使用的乐器类型（声乐、吉他、贝斯、鼓、钢琴

电学领域专利审查疑难案例评析

等）等。根据该实施例的学习算法可以用来自动构建如下识别算法：该识别算法用于接收从照片提取的特征量，并识别什么内容被映射到照片（物体识别）或者识别映射到照片的场景（街道、海、山等）。

另外，根据该实施例的学习算法可用来自动构建如下估计算法：该估计算法用于接收从由三轴加速度传感器、三轴陀螺仪传感器等获得的运动传感器信号提取的特征量，并自动地估计携带配备运动传感器的设备的用户行为。此外，根据该实施例的学习算法可用来自动构建如下识别算法：该识别算法用于接收从工厂中出货前的商品的图像或音频输入数据提取的特征量，并识别商品是否满足出货标准。

根据该实施例的学习算法可用来自动构建如下识别算法：该识别算法用于接收医学图像（X射线、CT图像等），并识别病人的疾病。根据该实施例的学习算法可用来构建如下用户接口［脑机接口（BMI）等］；该用户接口用于接收从诸如肌电传感器、脑电图仪等的人体传感器获得的信号，并识别用户的疾病或者识别用户期望的操作。

2. 权利要求请求保护的方案

权利要求1. 一种信息处理设备，包括：

输入单元，其用于输入特征量向量和与所述特征量向量相对应的目的变量；

基函数生成单元，其用于生成通过对所述特征量向量进行映射来输出标量的基函数；

标量计算单元，其用于使用由所述基函数生成单元生成的基函数来对所述特征量向量进行映射，并计算与所述特征量向量相对应的所述标量；

基函数评估单元，其用于使用由所述输入单元输入的目的变量连同由所述标量计算单元算出的标量以及与所述标量相对应的特征量向量，评估用来计算所述标量的基函数对于估计所述目的变量是否有用；

估计函数生成单元，其用于使用由所述基函数评估单元评估为有用的基函数、基于由所述标量计算单元算出的标量和与所述标量相对应的目的变量，通过机器学习来生成用于从所述标量估计所述目的变量的估计函数；

世代更替单元，其用于基于所述基函数评估单元的评估结果，通过执行选择有用基函数、使用所述有用基函数通过突变和交叉生成新基函数以及随机生成所述新基函数，生成下一代基函数；以及输出单元，其用于输出由所述估计函数生成单元生成的估计函数，其中，通过所述估计函数生成单元生成所述估计函数的处理、通过所述世代更替单元生成所述下一代基函数的处理、通过所述标量计算单元计算所述标量的处理以及通过所述基函数评估单元评估所述基函数的处理被迭代执行。

3. 现有技术的相关内容

对比文件1作为最接近的现有技术，公开了一种在模式识别问题中通过遗传算法选择径向基函数，并具体公开了以下特征：在使用监督学习的RBF网络中，AIC［2］被定义为

$$f(i) = N\log \frac{1}{N} \sum_{n=1}^{N} [(\hat{y}(n) - y(x(n), z_i, C_{m_i}))^T \times (\hat{yy}(n) - y(x(n), z_i, C_{m_i}))] + 4m_i$$

其中，$f(i)$ 是被定义的函数；$x(n)$ 是训练集的第 n 个实例；$y(n)$ 是期望输出的各自向量；RBF 神经网络输出层中第 k 个神经元的输出被给出（$k=1,\cdots,q$），即

$$y_k(x) = \sum_{j=1}^{m} w_{kj} h_j(x)$$

其中，$h_j(x)$ 是径向单元 $j=1,\cdots,m$ 为输入模式 x 的激励，w_{kj} 是径向单元 j 和输出神经元 k 之间的突触权重，第 j 个神经单元的激励可以被定义为

$$h_j(x) = \phi\left(\frac{\|x - c_j\|^2}{r^2}\right)$$

其中，$\phi(\cdot)$ 是一个 RBF；r 是一个定义 RBF 宽度的标量参数，应用优选和比赛选择生成新的个体，应用交换算子：交叉、突变、插入和去除，通过计算由个体定义的 RBF 网络的 AIC，计算新群体中每个个体的适应值，对每一个个体，使用在向量 z_i 和中心矩阵 C_{m_i} 中定义的 RBFs 的参数计算 RBF 网络的输出，为了测试使用 q-Gaussian RBFs 的 RBF 网络的性能，使用两个模式识别数据库的实验被执行。

（二）争议焦点

权利要求 1 与对比文件 1 的区别特征在于该信息处理设备还包括用于选择有用基函数生成下一代基函数的世代更替单元以及生成估计函数、生成下一代基函数、计算标量、评估基函数等处理步骤被迭代执行，即区别在于对学习算法的改进优化。那么，如何考量上述区别特征是否为对方案的创造性做出贡献的特征存在以下不同的观点。

一种观点认为上述区别特征仅涉及对算法本身的改进，没有记载要运用该改进的算法解决哪一技术领域的何种技术问题，没有体现出算法所涉及参数的物理含义，属于人为制定的算法规则的调整，没有为方案做出创造性贡献，因此，权利要求 1 不具备创造性。

另一种观点则认为现有技术并未公开乃至暗示上述区别特征，并且根据该案说明书描述可知，该案的实施例可应用于例如音频、图像、用户行为估计以及医学诊断等领域，因此，该案的技术方案能够解决诸如音频、图像、医疗等领域的技术问题，即权利要求 1 中所构建的估计函数可应用于多个技术领域解决相应的技术问题，例如，对于音乐特征、图像特征、用户行为、商品特征、用户疾病或者用户操作等的估计，并且能够提高对于这些对象的估计的准确性，同时降低估计的计算量，并获得相应的技术效果。因此，权利要求 1 相对于当前对比文件 1 具备创造性。

（三）指导意见

1. 权利要求保护范围的解读

《专利法》第五十九条第一款规定，发明或者实用新型专利权的保护范围以其权利要求的内容为准，说明书及附图可以用于解释权利要求的内容。因此在判断权利要求 1

的保护范围时,应以权利要求1记载的内容为准,对于其中的参数及术语的含义,可以参考说明书中的内容。

当前权利要求1所记载的上述区别特征,仅涉及相关函数的计算方法及相关计算参数,并未记载相关计算参数的物理含义,例如,特征向量、目的变量、权重向量等的物理含义。虽然说明书中记载了该方案可应用于音频、图像、用户行为估计以及医学诊断等领域,对应于不同的应用领域,相关计算参数应分别具有不同的物理含义,但当前的权利要求1并未限定该方案具体应用的领域,也并未具体记载相关计算参数到底有何具体的物理含义,即该权利要求请求保护的是实现普适的估计函数生成算法的信息处理设备。因此,根据上述内容,我们仅能判断出上述区别特征是对普适的算法进行的限定,即其只是对数学算法的本身做出了改进。

2. 创造性判断

对比文件1已经公开了利用通用计算机实现生成估计函数的部分数学运算步骤,但并未公开权利要求1中的以下特征:(1)世代更替单元,其用于基于所述基函数评估单元的评估结果,通过执行选择有用基函数、使用所述有用基函数通过突变和交叉生成新基函数,以及随机生成所述新基函数,生成下一代基函数;(2)其中,通过所述估计函数生成单元生成所述估计函数的处理、通过所述世代更替单元生成所述下一代基函数的处理,通过所述标量计算单元计算所述标量的处理,以及通过所述基函数评估单元评估所述基函数的处理被迭代执行。

权利要求1与对比文件1的区别仅在于生成估计函数算法的部分运算步骤,即算法特征部分。上述区别特征限定了生成下一代基函数的算法步骤以及对部分算法步骤进行迭代,而这些特征仅涉及对估计函数生成算法本身的改进。

而估计函数生成算法本质上只是一种运算规则,并未涉及任何具体技术领域,其在整个方案中所起的作用也只是按照方案当前记载的步骤生成特定的函数,并非要解决技术问题,该案所体现出的智慧贡献也仅反映在估计函数的生成算法上。换句话说,在利用计算机实现该算法各运算步骤的过程中,所述算法特征与计算机各单元之间的配合关系与现有技术中通用计算机各装置与一般计算机程序之间的配合关系并无本质上的差别,对计算机内部性能也没有产生可以运行所述计算机程序之外的新的影响,亦即在该方案中通用计算机只是作为执行所述算法或计算机程序的承载工具存在,二者之间并不存在其他的技术上的关联,在计算机上运行该估计函数生成算法不会使计算机系统内各组成部分在设置或调整方面有任何技术上的改进。

因此,基于上述区别,该权利要求实际解决的问题是如何计算得到相关函数的数学运算问题,看不出其能够解决何种技术问题。执行上述区别特征限定的计算步骤,所获得的效果也仅是按照计算步骤获得运算结果。

综上所述,上述区别特征仅是人们对算法规则的调整与改变,其在该权利要求1的技术方案中解决的仍然是数学运算上的问题,而没有解决任何技术问题,因此,对该权利要求1的技术方案没有做出技术性贡献。从整体上看，该案权利要求1请求保护的技术方案不具备创造性。

（四）案例启示

能够完成数学运算的通用计算机在现有技术中已普遍存在，对于这种仅将计算机系统作为算法执行载体的解决方案，当其与现有技术的区别仅在于算法特征部分时，由于对算法特征的调整和改变不会给方案的创造性带来技术上的贡献，因而此类申请不具备创造性。

对于在通用计算机上运行算法的相关发明专利申请，特别是涉及机器学习算法的相关发明专利申请，当权利要求与现有技术的区别仅在于算法特征时，审查的重点在于判断方案中的算法特征与计算机系统内部结构之间是否存在特定的技术关联，如果并不存在特定的技术关联，而仅是人们对算法规则的调整与改变，其在权利要求的技术解决方案中解决的仍然是数学运算上的问题，而没有解决任何技术问题，那么，算法特征对权利要求的解决方案没有做出技术性贡献。

倘若申请人希望保护一种通过优化算法来改善计算机系统内部性能的专利申请，那么在撰写申请文件时，应当在权利要求中具体体现算法与计算机技术参数、结构部件、内部资源等的具体结合，体现该算法在整个方案中发挥的技术作用。例如，如果发明请求保护一种涉及提高硬盘访问速度的方法和设备，其解决方案为通过改进硬盘数据的读取和写入算法来提高数据访问速度，那么在撰写权利要求时，不但要在权利要求中记载算法的具体实现步骤，还要记载与硬盘数据读写相关的技术内容，更要写明该算法与计算机硬盘读写部件或读写操作在技术上的配合、影响或作用，以体现出计算机系统因读写算法优化而使其访问速度更快的内部性能改进效果。由此撰写并形成的算法相关发明专利申请的解决方案属于技术方案，方案中记载的为提升计算机内部性能而改进的算法特征在创造性评判过程中会与其他特征一并加以考量。

案例10：一种左右记账处理方法

（一）案情说明

该案涉及一种左右记账处理方法，该方法基于左左右右规律确定账本名对应的交易金额为左栏金额还是右栏金额，实现账本的登录，以克服现有记账处理所存在的通用性差的问题。

1. 说明书的相关内容

目前，通常是采用借贷记账法的方式来进行记账处理，所述的借贷记账法是一种"借""贷"为记账符号，记录经济业务的复式记账法。在这种记账处理方法中，根据用户输入的记账信息，生成对应的账本，且针对不同的账本通常需要采用不同的账本填写方案，通常每种账本的填写方案均对应于一个账本模板，基于账本模板可进行账本的填写。

电学领域专利审查疑难案例评析

但是，现有记账处理方法中，由于针对不同的账本都需要不同的账本填写方案，对于用户来说，有新的账本时，使用传统记账处理方法的装置无法在不更新装置的情况下直接支持新账本；装置需要重新确定该新账本的填写方案，导致记账处理的通用性较差，同时用户无法在不寻求装置维护的基础上直接增加对新账本类型的支持。

该案提供了一种左右记账处理方法，使之可克服现有记账处理所存在的通用性差的问题。所述左右记账处理方法，通过获取账本的账本类型，可基于左左右右规律确定账本名对应的交易金额为左栏金额还是右栏金额，从而可实现账本的登录，使得账本的处理过程对任何账本都是通用的，可有效提高账本处理的通用性。

该案实施例的记账处理方法包括如下步骤：

步骤101，获取记账信息，该记账信息包括账本名以及账本名对应的交易金额，该交易金额为增加金额或减少金额；

步骤102，根据账本名，在账本类型数据库中查询得到该账本名对应账本的账本类型，该账本类型数据库包括账本名及账本名对应账本的账本类型，账本类型包括左账本和右账本；

步骤103，根据账本名获得账本，并按照账本的账本类型，以左左右右规律将账本名对应的交易金额确定为左栏金额或右栏金额，将确定的左栏金额或右栏金额登录在账本的左栏或右栏，其中，账本包括账本名，以及记录金额的左栏和右栏；

其中，所述的左左右右规律具体为：账本的账本类型为左账本，且账本的账本名对应的交易金额为增加金额时，将账本名对应的交易金额作为左栏金额，否则将账本名对应的交易金额作为账本的右栏金额；账本的账本类型为右账本，且账本的账本名对应的交易金额为增加金额时，将账本名对应的交易金额作为右栏金额，否则将账本名对应的交易金额作为左栏金额。

该实施例提供的左右记账处理方法，通过获取账本的账本类型，可基于左左右右规律确定账本名对应的交易金额为左栏金额或右栏金额，从而可实现账本的登录，使得账本的处理过程对任何账本都是通用的，可有效提高账本处理的通用性。

为便于对该申请实施例技术方案的理解，下面将以具体应用实例进行说明。该实施例可为用户提供一个用户输入界面，包括日期、说明、金额以及账户名选项。同时，该界面也可以表2—4的方式提供给用户，以便用户填写时更加直观和方便。

表2—4　用户输入界面

日期	说明	账本	金额
2012—02—06	购买饮料100件	现金	－10,000
2012—02—06	购买饮料100件	库存商品	10,000
2012—02—07	购买食物10箱	现金	－5,000
2012—02—07	购买食物10箱	库存商品	5,000

表2—4中的内容均是用户填写的内容，账本选项对应的是账本名，金额或增、减

选项表示的是相应账本名对应的交易金额，交易金额都分为增加金额或减少金额。该表 2-4 也可称为记账信息表。

用户在输入上述的记账信息后，就可以根据上述的记账信息表，得到相应的记账凭证和账本。

具体地，根据表 2-4 中的账本名，就可以在账本类型数据库中查询得到账本名对应账本的账本类型，其中账本类型数据库见表 2-5。

表 2-5 账本类型数据库

账本类型数据库	
左账本	右账本
资产类	投资者资本类
现金	投资者资本
银行存款	资本公积
应收账款	盈余公积
原材料	本年利润
库存商品	利润分配
固定资产	负债类
无形资产	长/短期借款
	应付工资
	应付账款
	应交税金
费用类	
生产成本	收入类
主营业务税金及附加	主营业务收入
销售费用	其他业务收入
财务费用	
所得税	

表 2-5 中记录了左账本和右账本对应的账本名，且左账本和右账本是按照上述等式来确定的，例如资产类项目记录的账本名有现金、银行存款等，均为左账本。表 2-4 中，用户填写的账本名应与该账本类型数据库中的账本名一致。

根据表 2-4 中填写的账本名，就可以在表 2-5 中查询得到账本名对应账本的账本类型是左账本还是右账本，并可根据账本名以及账本类型，按照左左右右规律得到相应的记账凭证。

表 2-4 中，账本名为"现金"对应的账本就为现金账本，属于"资产类"账本，然后根据资产类账本属于左账本的特性，就可以得到现金账本属于左账本；根据左左

电学领域专利审查疑难案例评析

右右规律就可以确定现金账本对应的交易金额为左栏金额还是右栏金额,并可将确定的左栏金额或右栏金额对应填写记账凭证中的左栏和右栏,从而可以得到标准的记账凭证1,见表2—6。

表2—6 记账凭证1

\multicolumn{5}{c	}{记账凭证}
\multicolumn{4}{l}{2012—02—06}	第006号
说明	账本名称	明细账本	左	右
购买饮料100件	现金			10,000
	库存商品		10,000	
合计			10,000	10,000

记账凭证1中的"右"和"左"选项中登记的金额就是根据左左右右规律确定的。具体地,现金是资产类,属于左账本,我们处理的是减少金额,因此登记在记账凭证的右栏,库存商品是资产类,属于左账本,我们处理的是增加金额,记录在记账凭证的左栏。其中所述的说明项,就是上述中的账本的业务类型,且记账凭证中必须包括记账凭证号(该记账凭证号由系统按照序列自动生成),如记账凭证1中的006号,以及记账日期(来自于用户填写的记账信息)等信息。

类似的,表2—4中购买食物的业务类型也会产生一个记账凭证2,见表2—7。

表2—7 记账凭证2

\multicolumn{5}{c	}{记账凭证}
\multicolumn{4}{l}{2012—02—07}	第007号
说明	账本名称	明细账本	左	右
购买食物10箱	现金			5,000
	库存商品		5,000	
合计			5,000	5,000

根据记账凭证1和记账凭证2,就可以得到相应的这几笔交易涉及的需要更新的账

本，分别为现金账本1（表2-8）和库存商品账本1（表2-9）。

表2-8　现金账本1

账本名称：现金（是左账本，减少金额登入右栏）					
日期	凭证号	摘要	左（借）	右（贷）	余额
		结余			20000.00
	006	购买饮料100件		10000.00	10000.00
	007	购买食物10箱		5000.00	5000.00

表2-9　库存商品账本1

账本名称：库存商品（是左账本，增加登入左栏）					
日期	凭证号	摘要	左（借）	右（贷）	余额
		结余			
	006	购买饮料100件	10000.00		10000.00
	007	购买食物10箱	5000.00		15000.00

现金账本1和库存商品账本1中，包括记账凭证号以及相应的摘要说明等。可以看出，账本中的左栏和右栏与记账凭证中账本名对应的左栏和右栏中登记的金额均是根据左左右右规律确定的，因此方位相同，这样，在得到记账凭证后，就可以将记账凭证中账本名对应的左栏金额和右栏金额对应地登录在账本名对应账本的左栏和右栏中。

2. 权利要求请求保护的方案

权利要求1. 一种左右记账处理方法，其特征在于，包括：

获取记账信息，所述记账信息包括账本名以及账本名对应的交易金额，所述交易金额为增加金额或减少金额；

根据所述账本名，在账本类型数据库中查询得到所述账本名对应账本的账本类型，所述账本类型数据库包括账本名及账本名对应账本的账本类型，所述账本类型包括左账本和右账本；

根据所述账本名获得所述账本，并按照所述账本的账本类型，以左左右右规律将所述账本名对应的交易金额确定为左栏金额或右栏金额，将确定的所述左栏金额或右栏金额登录在所述账本的左栏或右栏，其中，所述账本包括账本名以及记录金额的左

电学领域专利审查疑难案例评析

栏和右栏；

其中，所述左左右右规律具体为：账本的账本类型为左账本，且账本的账本名对应的交易金额为增加金额时，将账本名对应的交易金额作为左栏金额，否则将账本名对应的交易金额作为右栏金额；账本的账本类型为右账本，且账本的账本名对应的交易金额为增加金额时，将账本名对应的交易金额作为右栏金额，否则将账本名对应的交易金额作为左栏金额。

3. 现有技术的相关内容

对比文件1作为最接近的现有技术，公开了一种财务数据处理方法，并具体公开了如下内容：接收用户通过前台界面的输入，从数据库中提取用户指定的会计分录文件，其中所述会计分录文件中的会计分录信息包括账户标识、账户变动信息、账户类别，所述账户类别包括借方账户和贷方账户；接收用户通过前台界面输入的账务数据；基于账务数据修改所述会计分录文件中的会计分录信息。在所述会计分录信息修改完毕后，查询数据库，提取与所述会计分录信息中的账户标识对应的账户金额文件；基于所述会计分录信息中的账户变动信息，更新所述账务金额文件，所述的更新所述账户金额文件包括更新对应借方账户的账户金额文件和对应贷方账户的账户金额文件。

（二）争议焦点

该案权利要求1中所涉及的获取记账信息、数据库查询、根据账户类型和输入数据自动更新账本的手段已被对比文件1公开，权利要求1与对比文件1的区别仅在于权利要求1采用左右记账法记录账务数据，而对比文件1中采用的是借贷记账法。即两者的区别在于记账规则不同，基于上述区别如何评判该权利要求的创造性？

（三）指导意见

该权利要求1的技术方案是利用计算机、数据库实现左右记账法。对比文件1公开了一种财务数据处理方法，该方案同样是利用计算机、数据库实现财务记账方法。对比文件1中已经公开了从数据库中读取多个文件，分别提取其中各个字段的内容来合并更新数据表等技术手段，其同样应用于财务记账领域，也是用于对账户标识、账户变动信息、账户类别等内容进行查询更新的，二者无论是在核心技术实现手段还是在应用环境层面都是相同的。权利要求1相对于对比文件1的区别特征在于：按照所述账本的账本类型，以左左右右规律登记交易金额，所述左左右右规律具体为：账本的账本类型为左账本，且账本的账本名对应的交易金额为增加金额时，将账本名对应的交易金额作为左栏金额，否则将账本名对应的交易金额作为右栏金额；账本的账本类型为右账本，且账本的账本名对应的交易金额为增加金额时，将账本名对应的交易金额作为右栏金额，否则将账本名对应的交易金额作为左栏金额。

即二者的区别仅在于该案权利要求1将所述账本名对应的交易金额在记账凭证或账本中确定为左栏金额还是右栏金额是按照所设定的左左右右规律进行的，从整体来看，该区别特征使权利要求1请求保护的方案所解决的是采用何种登记交易金额的具体版式及规则的问题。

权利要求1对于左账本(对应于对比文件1中的"借方账户")类型仍为增加的金额填写在账本的左栏、减少的金额填写在账本的右栏,对于右账本(对应于对比文件1中的"贷方账户")类型更改为增加的金额填写在账本的右栏、减少的金额填写在账本的左栏。上述特征属于对记账格式和规则的更改。而记账规则是记录经济业务和账簿启用与登记时所遵守的规则,即规定了对应的交易金额登记在哪个账本的哪一栏的规则,记账人员可以根据实际需要以及传统记账方式的经验设计各种记账格式和规则。即记账格式和规则是按照人的主观意愿进行的一种设定方式,这种设定方式可以根据实际情况的需要进行任何形式的调整和变化,只是一种商业上记账格式和规则的制定。其解决的是以何种格式和规则登记交易金额的问题,没有解决技术问题,其只受人意愿的支配而不受自然规律的支配,其并未利用自然规律对现有技术作出任何技术贡献。因此,上述区别特征并未给该权利要求1的方案带来技术上的贡献。综上,该权利要求1相对于对比文件1不具备创造性。

(四)案例启示

在涉及商业方法的发明专利申请的创造性评判过程中,当申请与现有技术相比,区别特征全部是规则性的非技术内容,并且这些内容与方案中的技术内容不存在技术上的关联或相互作用时,如果从整体上判断上述区别特征没有使方案解决技术问题,那么将认为该部分特征没有对方案做出技术贡献,也不会因为该部分特征而使整个方案具备创造性。

此外,对于权利要求中记载的同一特征在"技术性"方面的理解在任何阶段应该保持一致。对于规则性内容而言,不包含任何技术特征的单纯的记账规则属于智力活动的规则和方法,同时因其不会解决技术问题、未采用技术手段、亦无法获得技术效果而不构成技术方案。此时,如果将某些其他技术特征补入该单纯的记账规则,使其方案整体上除了智力活动的规则和方法外还包括技术特征,那么从整体上判断时该方案由于包括技术特征而不属于智力活动的规则和方法,更进一步地还可能由于这些技术内容的存在而能够相应地解决一定的技术问题并获得一定的技术效果,从而满足技术方案的要求。但是,如果增加的技术内容与所述记账规则并无技术上的关联,即所述记账规则从整体上在方案中解决的问题(或所起的作用)仍然是如何规范登记的记账格式,那么在进行创造性评判时,倘若该权利要求与对比文件的区别特征仅在于该记账规则时,该记账规则整体上在方案中所起的作用依然是规范登记的记账格式,从而也不会对方案带来技术上的贡献,亦即不会因为该部分内容的存在而使方案具备创造性。

第六节 区别在于治疗方法

如果一个方案请求保护的是一种疾病诊断和治疗方法,则其不属于专利保护的客体。但如果申请人按照说明书的记载结合计算机等具体设备将其撰写为一种产品，从而克服不属于保护客体的缺陷，那么应当如何认定其中与疾病诊断和治疗相关的手段在整个方案中的作用，特别是在创造性评判过程中，应如何考虑这些内容？下面以一个案例为例来进行分析。

案例11：一种治疗心理疾病和矫正人格的装置

（一）案情说明

该案涉及一种治疗心理疾病和矫正人格的装置，该装置根据被治疗者在成长过程中的一些负面事件或负面刺激等心理过程和个性心理特征的信息设置治疗和矫正数据，并将治疗和矫正数据以音频和/或视频等方式向被治疗者播放，使被治疗者沉浸在新设置的成长情境中，从而促使被治疗者形成新的成长记忆，以解决治疗心理疾病和人格异常的效果不稳定、不持久和容易复发的问题。

1. 说明书的相关内容

许多人由于性格、心理等方面的心理疾病（含精神疾病，下同）而不能正常地学习、工作和生活，不仅增加了被治疗者本人的痛苦，也增加了被治疗者家庭和社会的负担。被治疗者的异常发展或心理疾病和人格异常（含人格问题和人格障碍，下同）通常是由于成长过程中的异常心理发展过程导致的，例如可能是由于"童年创伤"也即所谓的各种刺激造成的，如遭受殴打、被侮辱等；也可能是在心理发展过程中由于"部分过程缺失"造成的，所谓"部分过程缺失"是指被治疗者在成长过程中由于认知、情感、意志等心理要素缺失，而影响到个性心理的正常发展，例如导致情商缺失、性格异常等。"部分过程缺失"也可能是部分心理过程的缺失，例如在童年时由于受到家长的过度保护引起正常心理发展过程受阻而导致第二反抗期缺失等。由上述原因造成个体心理不能正常地适应环境，使被治疗者在经历一些家庭事件、学校事件的刺激后，产生不良情绪或不合理的认知，最终导致"偏移性异常发展"和"缺失性异常发展"，也即心理疾病和人格异常。

目前，在治疗心理疾病方面的医疗器械通常是通过播放音频、视频手段来影响大脑的边缘系统和脑干的网状结构，调节人体的神经系统、血液系统和内分泌系统等生理功能，从而改善被治疗者的情绪和精神状态，以达到治疗的目的，但是通过上述人体生理信息的自身反馈来治疗被治疗者的心理疾病和人格异常，只是改善被治疗者的情绪和精神状态，却无法改变被治疗者固化的思维模式、不合理的认知模式和行为模式，也即人格异常，所以治疗心理疾病和人格异常的效果不稳定、不持久和容易复发。

为解决上述问题，该申请实施例提供了一种治疗心理疾病和矫正人格的装置。该治疗心理疾病和矫正人格的装置包括：设置单元和输出单元，其中，设置单元用于根据被治疗者成长过程中的心理过程和个性心理特征的信息设置治疗和矫正数据，该实施例中的心理过程通常是指心理现象发生、发展和消失的过程，具有时间上的延续性，个性心理特征通常是指个体在其心理活动中经常地、稳定地表现出来的特征，这主要是人的能力、气质和性格。输出单元用于通过音频和/或视频等方式将治疗和矫正数据中的成长情境输出给被治疗者，使被治疗者沉浸在新设置的成长情境中，以促使被治疗者根据治疗和矫正数据中的成长情境对自身心理、性格等方面的心理疾病和人格异常进行治疗和矫正，其中，设置单元与输出单元连接。

在该实施例中，心理过程和个性心理特征的信息通常包括被治疗者在成长过程中导致被治疗者心理疾病和人格异常的负面事件或负面刺激等，可以根据被治疗者的心理过程和个性心理特征的信息以及被治疗者个体在不同年龄段遭受的心理、行为或人际交流等方面的问题，通过设置单元设置治疗和矫正数据，针对被治疗者的心理过程和个性心理特征的信息所设置的治疗和矫正数据包括被治疗者个体在不同年龄段的、与人格形成和发展相关的心理、行为或人际交流等方面的健康心理和人格的发展过程相适应的成长情境，例如根据被治疗者的心理过程和个性心理特征的信息设置出具有一定正面情节的家庭事件或学校事件等成长情境，输出单元则将治疗和矫正数据中的各种成长情境以音频和/或视频等方式向被治疗者播放或显示，诱导被治疗者根据成长情境进行新的成长想象，促使被治疗者形成新的成长记忆，矫正被治疗者在成长过程中一些负面事件或负面刺激等对自己造成的心理疾病和人格异常，使被治疗者的心理和人格得到再成长，继而使被治疗者得到完善、健全的心理和人格状态，避免被治疗者由于心理疾病和人格异常而长期处于紧张、痛苦、抑郁、焦虑、恐惧等不良情绪中，促进被治疗者康复，避免由于心理疾病和人格异常而造成被治疗者长期处于紧张情绪中，提高被治疗者的学习、生活和工作的质量，其中，音频可以是语音、歌声、琴声等音乐，视频可以是影视录像、动漫、电子游戏或图片等。

图2-23为该申请提供的治疗心理疾病和矫正人格的装置的工作流程图，该实施例治疗心理疾病和矫正人格的装置的具体工作步骤包括：

步骤401，通过采集单元采集被治疗者的成长过程中的心理过程和个性心理特征的信息。在该实施例中，可以将心理疾病和人格异常的症状及导致该症状的假设心理过程和个性心理特征的信息存储在采集单元中，假设心理过程和个性心理特征的信息是指通常情况下导致被治疗者发生心理疾病和人格异常的比较普遍的成长过程中的心理过程和个性心理特征的信息，例如导致被治疗者有交流障碍的假设心理过程和个性心理特征的信息通常是由于曾经遭受过被当众训斥的家庭事件，导致自卑缺陷的假设心理过程和个性心理特征的信息通常是由于成绩不好而遭受嘲笑的学校事件。采集单元可以根据被治疗者的心理疾病和人格异常症状来获取被治疗者的假设心理过程和个性心理特征的信息。然后被治疗者再根据自己的心理疾病和人格异常的症状和采集单元中对应的假设心理过程和个性心理特征的信息回忆或挖掘出导致自己心理疾病和人格异常的心理过程和个性心理特征的信息，从而实现通过采集单元采集导致被治疗者心理疾病和人格异常的心理过程和个性心理特征的信息，然后进入步骤402。

电学领域专利审查疑难案例评析

步骤402，通过输入单元输入被治疗者的心理过程和个性心理特征的信息。在该实施例中，输入单元将采集单元采集的导致被治疗者心理疾病和人格异常的心理过程和个性心理特征的信息输入到设置单元中，然后进入步骤403。在实际应用中，输入单元输入到设置单元中的心理过程和个性心理特征的信息通常包括在2－20岁导致被治疗者患有心理疾病和人格异常的家庭事件、学校事件等内容，输入到输入单元的被治疗者的个体信息可以包括被治疗者的性别、年龄、学历、职业等内容。

步骤403，通过设置单元设置治疗和矫正数据。在本步骤中，通过设置单元根据被治疗者的心理过程和个性心理特征的信息以及被治疗者的个体信息来设置治疗和矫正数据。治疗和矫正数据包括对被治疗者进行心理疾病治疗和人格矫正的各种音频和/或视频，音频、视频可以是语音、音乐、影视节目、动漫或图片等，然后将设置好的治疗和矫正数据存储在设置单元的存储模块中。通过设置具有正面的、健康的或斗志昂扬的成长情境的治疗和矫正数据，使被治疗者能够减少或消除成长过程中的负面事件和负面刺激对自己心理和人格的负面影响，继而使被治疗者的性格或心理得到健康的再成长，实现心理疾病治疗和人格矫正。例如，对于因为曾经遭受过被当众训斥的家庭事件而导致的有交流障碍的被治疗者，可以设计被治疗者本人在众人面前侃侃而谈而获得赞美的掌声的成长情境；对于因为成绩不好而遭受嘲笑的学校事件而导致有自卑缺陷的被治疗者，可以设计被治疗者本人在求学时通过努力学习而使成绩名列前茅的成长情境。设置完治疗和矫正数据之后，进入步骤404。

步骤404，通过输出单元将治疗和矫正数据显示给被治疗者。在本步骤中，通过输出单元中的音视频模块输出治疗和矫正数据中的语音、音乐、图片、影视节目、电子游戏或动漫等，并通过输出单元中的声音放大器和/或显示器将上述治疗和矫正数据输出给被治疗者，例如使被治疗者能够听到优美的音乐、热烈的掌声或由衷的赞美，看到老师和同学们鼓励或支持的笑容，使被治疗者沉浸在新设置的成长情境中，以使被治疗者的心理、性格得到再成长，从而得到完善和健全的心理和人格，实现人格矫正。在实际中，通过多次播放治疗和矫正数据可以使被治疗者的心理疾病和人格异常得到彻底矫正或消除。

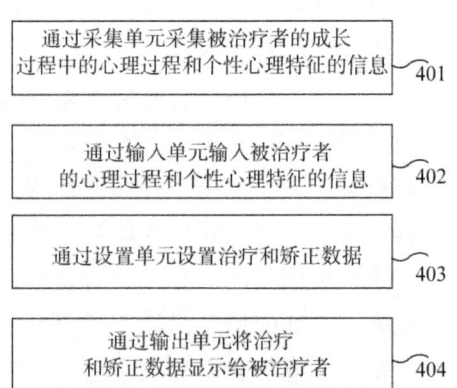

图2－23 治疗心理疾病和矫正人格的装置的工作流程图

2. 权利要求请求保护的方案

权利要求 1. 一种治疗心理疾病和矫正人格的装置，其特征在于，包括：

设置单元，用于根据被治疗者成长过程中的心理过程和个性心理特征的信息设置治疗和矫正数据，所述心理过程和个性心理特征的信息包括所述被治疗者在成长过程中导致心理疾病和人格异常的负面事件和负面刺激；

输出单元，用于将所述设置的治疗和矫正数据输出给所述被治疗者，以减少或消除所述被治疗者在成长过程中的负面事件和负面刺激对形成健康心理和人格的负面影响，形成新的成长记忆，所述治疗和矫正数据包括与所述被治疗者在不同年龄段形成与健康心理和人格相适应的成长情境，所述设置单元与所述输出单元连接。

3. 现有技术的相关内容

对比文件1公开了一种使用虚拟现实技术治疗心理疾病的方法以及使用该方法的装置，其也是通过建立虚拟环境来治疗心理疾病，并具体公开了以下技术特征：虚拟现实系统用于虚拟现实环境，包括计算机单元、头戴式显示器、显示器以及输入设备，计算机单元、头戴式显示器和输入设备之间相互连接。对病人进行评估，了解病人历史并且制定治疗策略，当需要虚拟治疗时，建立虚拟环境；虚拟治疗与认知心理学、行为治疗和行为神经科学有关，相当数量的患者经历虚拟治疗报告过去的与身体和情感虐待、遗弃、生活在独裁统治下的恐惧相关的心理创伤；在虚拟治疗中，人们有机会在安全的环境中来开发新的思维和行为，以养成能转移到现实的健康的生活习惯，患者看到虚拟的咖啡馆，看到啤酒塞，他有一个选择，接近柜台拿一瓶啤酒，或者离开这个房间；尝试拿一瓶啤酒，改变虚拟环境，突然患者发现自己岌岌可危地靠近悬崖，威胁感使其后退一步；治疗师指出患者还有另一个选择，并问他是否想再试试，患者回答"是"，这时患者跳过酒精选项并朝向门外优美的景色，他的呼吸更加轻松；患者沉浸于虚拟环境时，治疗师在产生威胁感的关键时刻提供治疗性干预："深呼吸，保持足够长的时间认识到你没事。看看周围，几分钟前你成功地做到了。你可以再做一遍，你是安全的"，这可以改变患者的烦躁不安，从而获得征服的经验。

（二）争议焦点

权利要求1与最接近的现有技术公开内容相比，区别在于：形成新的成长记忆，所述治疗和矫正数据包括与所述被治疗者在不同年龄段形成与健康心理和人格相适应的成长情境。即两者的区别在于对心理疾病的治疗手段不同。在判断创造性时，对于治疗手段等与疾病诊断相关的特征是否应当与一般技术特征同样被予以考虑？如何考虑上述区别对该权利要求在创造性上的贡献？

（三）指导意见

该申请与现有技术均是通过建立虚拟环境来治疗心理疾病的，二者的区别在于：现有技术通过外来力量迫使患者中止其不良情绪、精神或心理疾病，阻断精神或心理疾病的症状的延续，以逐步强化正常反应，从而达到治疗心理疾病的目的。例如，为

电学领域专利审查疑难案例评析

酗酒患者提供虚拟环境，在其沉浸于该虚拟环境中并尝试拿起啤酒时，改变虚拟环境使患者突然发现自己靠近悬崖，这样的虚拟环境给患者带来威胁感并使其下意识地后退一步；此时治疗师指出患者还有其他选择，并问他是否想再试试，患者回答"是"，这时患者跳过酒精选项并走向具有优美景色的门口，他的呼吸更加轻松。

而该申请是针对被治疗者的心理过程和个性心理特征的信息所设置的治疗和矫正数据，包括被治疗者个体在不同年龄段的、与人格形成和发展相关的心理、行为或人际交流等方面的健康心理和人格的发展过程相适应的成长情境；其中的输出单元将治疗和矫正数据中的各种成长情境输出给被治疗者，诱导被治疗者根据成长情境进行新的成长想象，促使被治疗者形成新的成长记忆，矫正被治疗者在成长过程中一些负面事件或负面刺激等对自己造成的心理疾病和人格异常，使被治疗者的心理和人格得到再成长，继而使被治疗者得到完善、健全的心理和人格状态。

因此，两者的区别就在于治疗手段的不同，现有技术是通过技术构建虚拟视觉图像来进行针对性刺激，而该申请是使被治疗者沉浸在虚拟环境中试图使被治疗者形成新的记忆。

然而，使被治疗者沉浸在虚拟环境中，并且试图使被治疗者形成新的记忆，这一过程属于深度催眠。虽然催眠技术是业界的一种常用技术，但从催眠效果上看，取决于两方面的条件，一是催眠者的素质和技能，二是被催眠者是否易于被催眠，同时催眠活动自身也受当时环境或其他状况的影响，导致其效果是不确定的。由于该申请的治疗过程是借由人的思维活动作用于外界，结果难以验证和预测，治疗效果也是因人而异、因时而变，方案中又包含了人的心理变化这个要素，而该要素本身具有不确定性，导致心理治疗的效果也是不确定的。

综上，根据上述区别特征确定权利要求1的方案中所述的根据与被治疗者在不同年龄段形成与健康心理和人格相适应的成长情境来实现记忆覆盖由于受内部和外部因素的影响，其效果要依赖于被治疗者本身以及催眠的各种因素，导致其效果本身具有不确定性，并非是符合自然规律的技术效果。同理，正因为无法确认区别特征为整个方案所带来的技术效果，所以也不会认为上述区别特征是运用自然规律解决技术问题的技术特征，其也并未对请求保护的主题带来任何技术上的贡献，从而该权利要求1的方案在整体上相对于现有技术不具备创造性。

（四）案例启示

对于包括与疾病诊断相关内容的产品权利要求而言，在判断其创造性时，与疾病诊断相关的特征与一般技术特征一样，会被同样地予以考虑，不会因为其涉及疾病诊断或治疗而有所不同。如果这部分内容使得整个方案相对于现有技术是非显而易见的，并且能够使方案获得有益效果，那么即认为该方案具备创造性。

但是该疾病诊断或治疗的手段必须是客观且确定的，亦即该特征能使整个方案获得的效果应该是确定的、符合自然规律的技术效果。如果其所能获得或实现的效果本身不是确定的或并非是符合自然规律的技术效果，甚至没有任何效果，那么这部分内容的存在即便构成了与现有技术的区别，也不能使方案具备创造性。

就该案例而言，虽然权利要求 1 方案中的相关治疗手段与现有技术存在不同，但由于其效果要依赖于被治疗者本身以及催眠等各种因素，导致其效果本身不是确定的，并非是符合自然规律的技术效果，因此上述区别并不能使权利要求 1 的方案在整体上相对于现有技术具备创造性。

第七节　多个区别的整体考量

在评价一项发明专利申请是否具有创造性的过程中，应当对方案整体进行考虑。特别是，当其权利要求与最接近的现有技术存在多个区别特征时，对于互相之间有紧密关联的特征，不应当将其生硬地割裂开来单独判断。下面以一个案例为例进行说明。

案例 12：一种呈现共享在线空间成员的方法

（一）案情说明

该案涉及一种用于向共享在线空间的用户呈现该共享在线空间的各成员的方法，该方法基于所确定的用户与成员之间的关系值将各成员的相应两个或更多个视觉表示进行缩放，使得具有较高关系值的成员具有较大视觉表示，从而解决使用户能够较为直观地区分出多个朋友的亲密度的问题。

1. 说明书的相关内容

随着虚拟社区技术的不断发展，越来越多的用户使用基于互联网的社交网络站点、聊天室、论坛讨论以及即时消息收发等在线通信介质进行非面对面的交互，在这种虚拟环境中，用户之间彼此协作或互相关注（如在微博、博客、在线会议、演示以及实况论坛讨论等）从而共享在线环境。在具有多个用户的共享在线空间中，每个用户都具有他/她关注并与之交互的多个其他用户（称之为朋友）。

在现有的系统中，为用户显示他/她的朋友时，仅以相同的方式来显示各成员（如在显示区域中具有相同的突出性），同时，也仅能提供一些初步分类，如按更新时间或按字母表顺序排列显示，但是这样的方式会使用户无法区分哪些朋友与自己更亲密，哪些较为疏远。

为了使用户能够较为直观地区分出多个朋友的亲密度，该申请提出了一种向用户呈现用户界面的方法和系统，其能够允许与用户具有较密切在线关系的那些成员参与者的个性化头像显示得比具有较疏远在线关系的那些成员更突出，并维护这样的视觉差异。

如图 2—24 所示，在一个基于 web 的聊天室，用户与聊天室中的其他成员进行在线聊天时，该聊天界面会为用户显示他/她的伙伴列表，该列表显示的是与当前用户具

电学领域专利审查疑难案例评析

有交互关系的聊天室成员,用这些成员在聊天室中的成员名显示他/她们,并且可按照特定的次序列出来,例如按照首字母顺序、登录时间等。

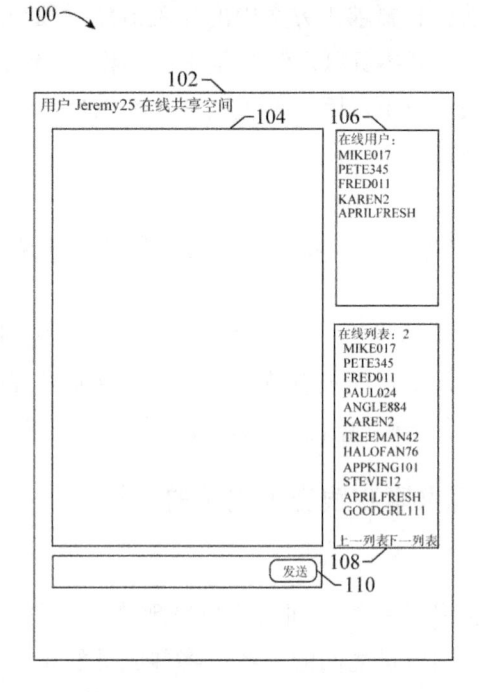

图 2-24 聊天室界面示意图

该实施例通过如下的方法来为用户提供具有视觉差异的用户界面:(1)确定用户与共享在线空间的每个成员之间的关系值;(2)将确定好的关系值与成员的视觉相关联,如将关系值与用户的照片或头像图片进行关联;(3)在用户的共享在线空间的显示中,基于关系值将成员的视觉进行缩放,以适合可用的屏幕空间,例如,将关系值较高的成员的头像图片放大显示,将关系值较低的成员头像图片缩小显示(见图2-25)。

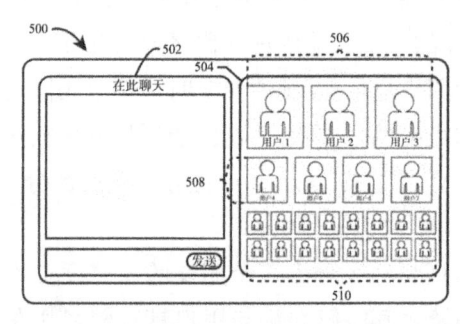

图 2-25 具有视觉差异的用户界面示意图

上述第(1)步中,通过如下步骤确定成员关系值:
1)基于当前用户与某个成员的共存来确定二者之间的关系值。
首先,基于他们共存的频率来确定频率因子,例如,用户每10次登录到共享在线空间，该成员可能同一时间有 4 次登录，则相应的频率因子为 4÷10＝0.4。

其次，基于他们共存的时刻相对于当前时刻来确定新近性因子，该因子被用来标识用户与该成员的共存是更新还是更老，新近性因子 1 被用于当前共存，并且自 1 开始下降的滑尺可基于该时间和/或日期后退到预设时间和/或日期（如一个月）来被应用于先前的共存。

最后，将频率因子和新近性因子组合以确定交互值，例如，在用户最后 10 次出席共享在线空间中，用户和成员具有 4 次共存；同时，新近性因子利用从 1 到 0 的滑尺，该滑尺针对距当前时间的一个月来划分成具有 30 个单位的刻度。第一共存是当前共存，从而得到对应于该共存的新近性因子为 1（也即最近），基于发生在之前的各天的其他共存，第二、第三以及第四共存分别具有新近性因子 0.93、0.63 及 0.33。基于上述运算，将频率因子和新近性因子进行组合，将各次共存对应的新近性因子相加，之后除以用户出席的总数，则得到组合值（1.0＋0.93＋0.63＋0.33）÷10＝0.289，并将该组合值 0.289 作为当前用户与该成员的交互值。

2）基于用户和成员之间的社交网络的关系的数量来确定该用户和成员关系的社交网络值。例如，用户和成员具有 4 个社交网络关系（如微博互相关注等），并且用户订阅了 3 个该成员的馈源（如用户订阅该成员的微博更新等），则二者之间的社交网络值为 4＋3＝7。

3）将上述确定的交互值和社交网络值进行相乘运算，得到用户与该成员的关系值，即 7×0.289＝2.023。

2. 权利要求请求保护的方案

权利要求 1. 一种用于向共享在线空间的用户呈现该共享在线空间的各成员的方法，包括：

确定所述用户和所述共享在线空间的成员之间的关系值，包括：

基于所述用户和成员在所述共享在线空间中的共存来确定用户和成员关系的交互值；

基于所述用户和成员之间的社交网络关系的数量来确定所述用户和成员关系的社交网络值；

将所述用户和成员的交互值和社交网络值相组合；

将所述关系值关联到所述成员的在所述共享在线空间中使用的指定视觉表示；以及在所述用户的共享在线空间的显示中，基于所述关系值来将各成员的相应两个或更多个视觉表示进行缩放，以适合可用屏幕空间，从而使得具有较高关系值的成员具有较大视觉表示。

3. 现有技术的相关内容

对比文件 1 作为最接近的现有技术，公开了一种 SNS 网络中成员关系圈的提取方法，并具体公开了如下特征：在步骤 S201 中，可以在服务器端建立关注人群数据库，

电学领域专利审查疑难案例评析

并根据查询条件从关注人群数据库中选取目标人群。该申请可以直接指定目标人群。在步骤S202中，可设定目标人群的关系圈的规模预定值、层次预定值和关系圈成员的特征过滤条件。在步骤S203中，从所述目标人群的关系链获取所述目标人群的联系人信息。所述联系人信息可以是联系人对应于SNS网络的唯一身份标识、特征信息、关系类型和关系权重。该联系人信息可以包括目标人群利用SNS网络直接联系或间接联系的联系人列表，如IM好友列表、blog的访问用户等。并且该目标人群与联系人的关系可表示为（ID, type, value）。ID表示联系人在SNS网络中的唯一身份标识，type表示关系的类型，例如定义为：好友，认识，陌生人。value定义为关系的权重，即关系的重要程度。权重越大表示关系越好，联系越紧密、越频繁。在步骤S204中，根据所述特征过滤条件和联系人信息选取所述目标人员的关系圈成员并判定所述关系圈成员在所述关系圈中所处的层次。在步骤S205中，根据关系圈数据库，按照层次显示所述关系圈成员。在该申请的一个实施例中，所述显示内容包括：关系圈成员的特征信息、关系类型、权重信息和关系路径（见图2-26）。

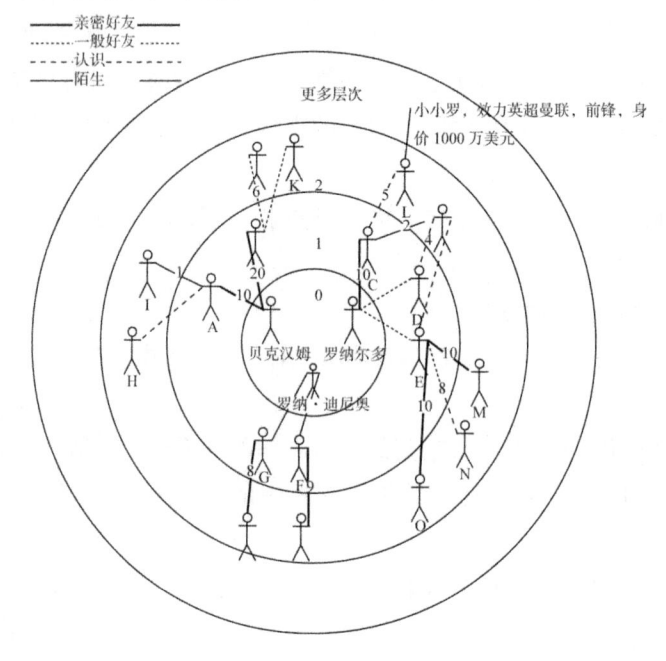

图2-26 成员关系圈示意图

（二）争议焦点

权利要求1相对于对比文件1的区别特征为：

"确定用户与成员之间的关系值包括：基于所述用户和成员在所述共享在线空间中的共存来确定用户和成员关系的交互值；基于所述用户和所述成员之间的社交网络关系的数量来确定所述用户和成员关系的社交网络值；以及将所述用户和成员的交互值和社交网络值相组合（下称特征a）；及在所述用户的共享在线空间的显示中，基于所述关系值来将各成员的相应两个或更多个视觉表示进行缩放，以适合可用屏幕空间，从而使得具有较高关系值的成员具有较大视觉表示（下称特征b）。"

该案争议的焦点在于：区别特征a（即确定用户和成员关系值的方式）涉及的是一种社会关系，反映这种社会关系属性的内容属于技术性内容还是非技术性内容？这些信息能否使方案整体上具备创造性？

对此，有一种观点认为：该案涉及显示共享在线空间成员的视觉表示，该视觉表示依赖于社会因素诸如关系值或者社会网络值，而上述显示是在常规的计算机上完成的。其中改变依赖于社会因素的显示相关的特征应当属于非技术特征，因为这些社会因素是基于纯粹的智力活动的，而这些智力活动则定义了一种社会关系；另外，一个基于社会因素的显示并没有在技术意义上改变计算机的内部性能，而仅是利用该计算机作为载体来实现一个非技术过程的自动化。因此，上述非技术特征不能产生技术贡献，从而也就不会对创造性产生贡献。基于此，考虑权利要求1的创造性，则可以认定区别特征在于基于社会因素缩放共享在线空间成员的可视化表示的非技术方法，因此，权利要求1要解决的问题就是如何在计算机上自动化实现上述非技术方法。由于上述非技术方法并未产生技术贡献，因此，本领域技术人员在面对该非技术方法的步骤的指导时，能够容易地想到在常规的计算机上实现该方法，从而获得权利要求1的方案，因此，权利要求1不具备创造性。

另一种观点认为：不应单独判断上述特征a是规则性的非技术性信息还是技术性信息，而是要将这些特征放入整体方案中，根据它们在方案中的作用，整体分析其是否会给方案的创造性带来贡献。

（三）指导意见

上述区别特征中，虽然特征a是用于确定用户与共享在线空间成员之间的关系值，但是该确定过程并不涉及人为的主观因素，无论是交互值还是社交网络值，反映的都是用户及其他在线空间成员在网络中的相互关系，是技术数据，需要借助数据的获取、行为分析等技术手段来得到，因此，不能将特征a简单地看作是非技术内容。特征b正是基于特征a所获取的关系值的高低，对视觉表示的图像进行缩放处理。因此，上述特征a与特征b之间是相互关联的，其作为整体构成了权利要求1相对于对比文件1的区别特征，应当从整体上考虑其是否具备技术性。

通过上述分析可知，特征a和特征b使其方案能够解决如何使共享在线空间中与用户具有密切关系的成员被差异化显示的问题，这显然属于技术问题。

对于上述区别特征，首先，在对比文件1中，其采用了使用权重的方式来确定用户与成员的关系密切度，但是并未涉及如何计算权重的内容，而该权重被用来计算用户和成员之间的特征评分，从而确定该成员对用户的影响力数值，因此，对于对比文件1的方案来说，其只需要通过常规的方式确定权重即可，例如，关系类型为好友时权重为10分，关系类型为陌生人时权重为1分等，同时，对比文件1要解决的技术问题是，如何针对特定的目标进行更为精确的关系圈的提取。因此，其只需要将用户的

电学领域专利审查疑难案例评析

关系圈提取出来，然后按照不同成员对用户的影响力来进行筛选显示即可，即对比文件1也不涉及向共享在线空间的用户显示其与不同成员之间的亲密度。

由此可见，本领域技术人员没有动机要对对比文件1进行改进，将其改进为通过用户和成员的交互值以及社交网络值来确定他们之间的关系值，从而确定他们之间的关系亲密度，本领域技术人员在面对对比文件1的方案时，只会想到将利用联系人信息形成的目标人群的关系链来显示成员的手段应用到在线共享空间的成员，不会想到要采用交互值和社交网络值来选择要突出显示的成员，也不会想到要基于用户和成员在共享在线空间中的共存来显示在线成员形象；同时，利用交互值以及社交网络值来计算用户和成员之间的关系值，也不是本领域的公知常识或者常用的技术手段；因此，在对比文件1的基础上，引入该区别技术特征应用到在线共享空间的成员差异化显示对于本领域技术人员来说并不是显而易见的。

另外，通过采用交互值和社交网络值来确定关系亲密度，从而对各个成员区别显示，能够得到有益的技术效果：使与用户在线关系密切的成员突出显示从而方便协作。因此，权利要求1相对于对比文件1与所属领域公知常识的结合具有突出的实质性特点和显著的进步，因而具备创造性。

（四）案例启示

在对一个技术方案的创造性进行判断时，应当对方案整体进行考虑，对于互相之间有紧密关联（如有因果关系或者有明显的配合关系等）的特征，不应当将其生硬地割裂开来，仅对其中的一部分特征进行单独判断，因为这样的割裂通常会导致在确定权利要求实际解决的问题时得出错误的结论，使得该部分特征往往会被认为未产生技术贡献，因此对创造性也不会做出贡献，进而可能会得出错误的创造性结论。

就本案而言，权利要求1中的特征 a 和特征 b 是相互关联的，特征 b 正是基于特征 a 所获取的关系值的高低，来对视觉表示的图像进行缩放处理，特征 a 和特征 b 相互配合使得该方案解决了共享在线空间中不同成员之间的视觉表示图像的缩放问题，因此不能将特征 a 和特征 b 割裂开来分开判断，而是应该将这两个特征作为整体构成权利要求1与对比文件1的区别特征，在考虑其创造性时，也应当针对这两个特征构成的整体方案考虑其创造性。

第三章 说明书充分公开

《专利法》第二十六条第三款规定,"说明书应当对发明或者实用新型作出清楚、完整的说明,以所属技术领域的技术人员能够实现为准。"

说明书是申请人公开其发明或者实用新型的文件。通过在说明书中清楚、完整地描述发明或者实用新型的技术方案,所属技术领域的技术人员能够理解并实施该发明或者实用新型。由此,一方面,申请人的发明创造得到了法律保护,有利于鼓励其作出发明创造的积极性;另一方面,公众获得了新的技术信息,既能够在其基础上作出进一步改进,避免因重复研究开发而浪费社会资源,又能够促进发明创造的实施,有利于发明创造的推广应用。

说明书是否"充分公开",应当基于对现有技术进行判断,以所属技术领域的技术人员能够实现为准。

第一节 无法解决技术问题

《审查指南》第二部分第二章第2.1.3节规定,"所属技术领域的技术人员能够实现,是指所属技术领域的技术人员按照说明书记载的内容,就能够实现该发明或者实用新型的技术方案,解决其技术问题,并且产生预期的技术效果。"

由此可见,如果基于说明书记载的内容,所属技术领域的技术人员无法解决其技术问题并产生预期的技术效果,则可以认为说明书没有达到充分公开的要求,应当要求申请人予以澄清。

案例1:一种翻转式磁能电池

(一)案情说明

该案涉及一种翻转式磁能电池,其要解决的技术问题是如何提高电池的安全性和使用寿命,采用的技术手段是利用第一、第二磁体同极相对时产生的斥力,使得缠绕在磁体外部的线圈中形成电动势,用以给外部负载供电,从而可以无限次充放电使用。

1. 说明书的相关内容

电池是生活中的常用设备,而目前主要的电池是化学电池,如镉镍电池、铅酸电池、锂电池。化学电池虽然制造技术已十分成熟,但普遍面临着寿命短、危险性高、

电学领域专利审查疑难案例评析

污染严重等问题。

因此,提供一种翻转式磁能电池,该翻转式磁能电池可以无限次充放电使用,并且安全性高,无任何污染。

图3-1为该翻转式磁能电池的结构剖视图,该翻转式磁能电池具有第一磁体1和第二磁体2,由铁氧体或钕铁硼构成。第一、第二磁体首尾相接设于同一壳体3中,第二磁体2可以绕与第二磁体正交的转轴201在壳体3内进行360°旋转,且旋转180°后,第一、第二磁体仍然首尾相接。壳体3外部套有一个可以沿第一、第二磁体纵向滑动的滑套4。当滑套4完全套住第一、第二磁体时,由于滑套4内壁的阻挡,第一、第二磁体在同极相对时,可以在斥力状态下保持固定的位置关系。

滑套4上绕有一个综合线圈41。如图3-2所示,综合线圈41分为绕线方向相反的第一部分411和第二部分412,第一、第二部分沿纵向分别将第一、第二磁体包围。第一部分411和第二部分412在综合线圈41中部相连。综合线圈41在两端分别引出一个端电极413、414,并在中部第一、第二部分连接处引出一个中央电极410。

该磁能电池在电能耗尽时,第一、第二磁体的磁性基本耗尽,此时,将滑套4抽离壳体3,通过翻转第二磁体2,使得第一、第二磁体处于异极相对的位置,再滑动滑套4,使之包围第一、第二磁体1、2;然后采用直流电对该磁能电池进行充电,直流电的一个供电端接中央电极410,另一个供电端同时接两个端电极413、414。由右手螺旋定则可知,充电后,第一、第二磁体获得方向相同的磁场,电能转换为磁能,储存于第一、第二磁体中。

使用时,将滑套4抽离壳体3,翻转第二磁体2,使得第一、第二磁体同极相对,再复位滑套4。此时,两磁体内部形成磁场的安培分子电流相互给对方一个阻力,使得两磁体的内部安培分子电流持续减弱,从而使两磁体的外部磁感应强度持续减弱,造成综合线圈41中的第一部分411和第二部分412的磁通量同时持续减弱。由于第一部分411中的磁场方向与第二部分412中的磁场方向相反,因此,第一部分411、第二部分412中将分别产生一个时针方向相反的感应电动势。又由于第一、第二部分的绕线方向相反,因此,两者内部的感应电动势恰好串联叠加,形成一个总电动势,该总电动势即可通过综合线圈41两端的端电极413、414给外部负载实现供电。

该翻转式磁能电池由于没有物质变化和消耗,因此可以无限次充放电使用,并且安全性高,无任何污染。

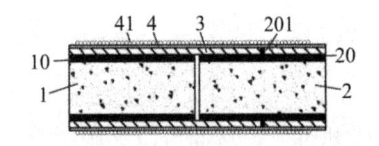

图3-1 翻转式磁能电池的结构剖视图 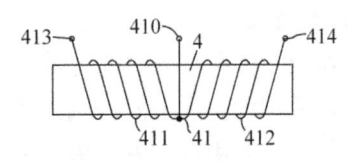　　图3-2 综合线圈的绕线示意图

2. 权利要求请求保护的方案

该案请求保护一种翻转式磁能电池。独立权利要求1如下:

权利要求1. 一种翻转式磁能电池，其特征在于：包括由铁磁质构成的第一、第二磁体，所述第一、第二磁体首尾相接设于同一壳体中，所述第二磁体可以绕与第二磁体正交的转轴在所述壳体内进行360°旋转，且旋转180°后，所述第一、第二磁体仍然首尾相接；所述壳体外部套有一个可以沿所述第一、第二磁体纵向滑动的滑套；所述滑套上绕有一个综合线圈；所述综合线圈分为绕线时针方向相反的第一部分和第二部分，所述第一、第二部分沿纵向分别将第一、第二磁体包围；所述综合线圈在两端分别引出一个端电极，并在中部所述第一、第二部分连接处引出一个中央电极。

（二）争议焦点

该案中，说明书记载了磁能电池的第一、第二磁体由铁氧体或钕铁硼构成。电池在放电时，第一、第二磁体同极相对，利用退磁时磁场的变化实现磁能对电能的转换。而现有的退磁技术是采用交流线圈提供强磁场实现退磁，或者采用高温退磁；退磁的关键是磁场强度能否克服材料矫顽力。但是，该案说明书中没有披露任何关于材料矫顽力与退磁磁场强度关系的技术内容，也没有公开实施有效退磁的技术内容。

因此，本案的争议焦点在于：铁氧体或钕铁硼充磁后，磁体同极相对是否会出现退磁？该翻转式磁能电池能否产生可供负载使用的电能？说明书对此是否作出清楚、完整的说明，以使所属技术领域的技术人员能够实施并产生预期的技术效果？

（三）指导意见

对于该案，权利要求1请求保护一种翻转式磁能电池，用于对外提供持续电流并循环充放电。说明书公开了第一、第二磁体在充电后，将滑套抽离，将第二磁体翻转，使得第一、第二磁体同极相对，再复位滑套。此时，在两磁体内形成磁场的分子电流相互给对方一个阻力，使得两磁体的内部分子电流持续减弱，从而使两磁体的外部磁感应强度持续减弱，造成综合线圈中的磁通量发生变化，从而产生电动势，对外部负载进行供电。

根据该技术方案，当第二磁体翻转使得第一、第二磁体同极相对时，第二磁体的磁场方向发生改变，在第一、第二磁体产生的磁场相互作用力下，第二磁体内部的磁畴及相应的感应磁场会发生改变，但这种作用力产生的影响和导致的变化通常在瞬间发生，随即形成稳定状态，此后对于永磁体来说，随着时间推移，磁体衰减导致的磁通量变化非常微弱。

从以上磁场变化分析看，在第二磁体翻转时产生的磁场变化瞬间发生，在复位滑套后，磁场变化可能已经结束。即使磁场变化在复位滑套后才结束，也只能在线圈中产生瞬间电动势，无法产生持续输出的电流；此后，第一、第二磁体之间无论形成相斥还是相吸的状态，其磁场均趋于稳定，自然衰减导致的磁通量变化非常微弱，在磁体与线圈之间没有相对运动的情况下，无法形成负载可用的电流。因此，根据说明书记载的内容，所属技术领域的技术人员无法采用该磁能电池对负载持续供电，即该技术方案无法解决其技术问题，并产生预期的技术效果。

此外，按照磁体的磁滞回线，对于永磁体，施加的外磁场大小达到其矫顽力大小，将使磁体的磁感应强度减小并达到 0 值，继续增加磁场大小，磁体将被反向充磁，产生反向感应磁场。

该案说明书中并未对第一、第二磁体的具体材料成分、制造方法及其磁性能等进行记载，且永磁铁氧体和钕铁硼在矫顽力、剩磁、表磁等方面的性能相差较大。根据第一、第二磁体的表磁、矫顽力等的不同，第二磁体翻转后内部的磁场变化也会不同。如果第一磁体的表磁低于第二磁体的矫顽力，两磁体同极相对，第一磁体产生的磁场会改变第二磁体的磁畴方向，但这种改变可逆，并未达到退磁的程度。如果第一磁体的表磁高于第二磁体的矫顽力，两磁体同极相对，第一磁体产生的磁场可能使第二磁体退磁，甚至可能进行反向充磁。但是，如上所述，该磁场改变的过程瞬时发生，并不能使线圈产生持续的电流输出。

综上所述，所属技术领域的技术人员根据说明书记载的内容无法实现该技术方案，以解决提供持续放电的技术问题，并产生预期的技术效果。因此说明书公开不充分，不符合《专利法》第二十六条第三款的规定。

（四）案例启示

说明书应当对发明或者实用新型作出清楚、完整的说明，以达到所属技术领域的技术人员能够实现的程度。"能够实现"是指能够实现该技术方案，解决其技术问题，并且产生预期的技术效果。

该案涉及一种翻转式磁能电池，根据说明书记载的内容以及该磁能电池中的磁场变化，所属技术领域的技术人员无法采用该磁能电池对负载持续供电，即该技术方案无法解决其技术问题，并产生预期的技术效果。由此可见，说明书记载的内容并未达到所属技术领域的技术人员能够实现的程度。

因此，申请人在撰写申请文件时，应当对于理解和实现发明必不可少的技术内容，进行完整、充分的公开。凡是所属技术领域的技术人员不能从现有技术中直接、唯一地得出的有关内容，都应当在说明书中进行描述，以使所属技术领域的技术人员能够实现该发明。

第二节　缺乏实验证据

对于涉及化学产品及其用途的发明申请，通常需要在说明书中给出实验证据加以证实才能达到能够实现的要求。如果说明书给出了具体的技术方案，但未给出实验证据，而该方案又必须依赖实验结果加以证实才能成立，则可以认为说明书没有充分公开。

案例 2：一种应急照明装置

(一) 案情说明

该案涉及一种应急照明装置，包括衬底以及位于衬底上的光源和发光涂层，为了实现在无电源情况下的应急照明，该发光涂层为掺杂稀土离子的碳酸盐或者掺杂过渡金属离子的碳酸盐，其余辉可持续数小时。

1. 说明书的相关内容

目前实现白色面光源的方式有红光、绿光及蓝光（RGB）混合或者黄光和蓝光（YB）混合。可以采用发短波长光的有机发光二极管（OLED）单元发出短波长的光激发发光层，使其发出长波长的光，再混合形成白光。如蓝色的 OLED 发光激发红光发光涂层（被波长小于红光的光激发后发出红光的涂层）和绿光发光涂层，产生红光和绿光，再与蓝光混合产生白光；或蓝色的 OLED 发光激发黄光发光涂层，产生黄光，再与蓝光混合产生白光。但是上述 OLED 发光源在断电的情况下都无法再继续发光，无法实现应急照明。

为此，该案提供了一种照明装置，如图 3-3 所示，包括：衬底 210，位于衬底 210 之上的发光涂层及位于发光涂层之上的蓝色光源 220。发光涂层为：绿光发光涂层 231 和红光发光涂层 232。为了激发红绿色光，且能混合出白光，蓝色光源 220 的出光面面向绿光发光涂层 231 和红光发光涂层 232，且绿光发光涂层 231 和红光发光涂层 232 不完全覆盖蓝色光源 220 的出光面。由于发光涂层在衬底和光源之间，因此，衬底 210 为透明衬底。为了达到断电后能够继续提供光源，发光涂层为长余辉特性的材料，可以包括掺杂稀土（如 Eu、Sm 或 Ce 等）离子的碳酸盐或者为掺杂过渡金属（Cu 或 Mn 等）离子的碳酸盐。发光涂层厚度可以为 0.5～100 μm。

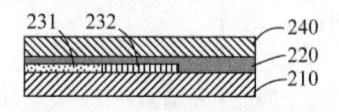

图 3-3 照明装置结构示意图

在上述长余辉材料中，由于掺杂离子能级形成了浅电子陷阱，受激后弛豫到该陷阱能级的电子，需要一定的受激能量才能脱出陷阱并弛豫回能量较低的基态，在无其他激发能量的情况下，只能靠热振动，以一定的概率跃迁回基态，因而形成持续一段时间的发光，这段时间的发光是在无外界光电激发的情况下产生的，也就是常说的余辉。长余辉材料具有较高的陷阱浓度和适中的陷阱深度，使得激发后被电子陷阱俘获的电子以一定的概率脱出陷阱退激发光，可以使余辉发光持续数小时。

2. 权利要求请求保护的方案

该案请求保护一种应急照明装置。独立权利要求 1 如下：

权利要求 1. 一种用于应急照明的照明装置，其特征在于，包括：衬底、位于所述衬底上的光源以及发光涂层,所述光源发出光的波长小于所述发光涂层被激发后发出光的波长,所述光源发出的光激发发光涂层发光,所述发光涂层为长余辉特性的材料;其中,所述发光涂层的厚度为0.5~100 μm;所述发光涂层位于所述衬底之上,且所述衬底为透明衬底,所述光源位于所述发光涂层之上,所述光源的出光面面向所述发光涂层;所述发光涂层为掺杂稀土离子的碳酸盐;或者发光涂层为掺杂过渡金属离子的碳酸盐;发光涂层的余辉可持续数小时。

（二）争议焦点

为了能够在断电情况下进行应急照明,该案在照明装置中设置了一层由掺杂碳酸盐类材料形成的具有长余辉特性的发光涂层,其效果为余辉可持续数小时。但是,说明书中关于该材料的成分、制备方法以及效果的实验数据都没有公开。

由此可见,该案的争议焦点在于:根据说明书公开的内容,所属技术领域的技术人员是否能够实现"发光涂层的余辉可持续数小时"的技术效果?说明书是否符合《专利法》第二十六条第三款的规定?

（三）指导意见

该案涉及一种照明装置,为了能够在断电情况下进行应急照明,该照明装置具有余辉可持续数小时的发光涂层。该发光涂层为掺杂稀土离子（如Eu、Sm或Ce等）的碳酸盐或者掺杂过渡金属（Cu或Mn等）离子的碳酸盐。但是,说明书对该材料的具体组成、制备方法以及证实"余辉时间长达数小时"的实验数据都没有进行明确的记载。

经过检索,现有的长余辉材料见表3—1,其余辉时间见表3—2。

表3—1 现有长余辉材料分类

长余辉材料的种类		主要优点	相对缺点	实　例
金属硫化物	过渡金属	余辉时间稍长	不耐紫外线,化学性质不稳定,发光强度低	(Zn,Cd) S:Co,Er
	碱土金属硫化物	体色鲜艳,弱光下吸光速度快	不耐紫外线,化学性质不稳定,发光强度低	CaS:Eu^{3+},Cr[1] (Sr、Mg) S:Eu^{2+}[2]
铝酸盐		余辉时间较长,化学稳定性好,对紫外光的稳定性好	遇水不稳定,发光颜色不丰富	MeAl$_2$O$_4$:Eu^{2+} (Me: Ca,Sr,Ba) SrAl$_2$O$_4$:Eu^{2+}[3][4] SrAl$_2$O$_4$:Eu^{2+},Dy^{3+}[5]
硅酸盐		化学稳定性好,耐水性强,发射峰值在470~540 nm之间可调	发光颜色不丰富	aMObM'OcSiO$_2$ dR: Eu^x,Ln^y b[6,7]

表 3—2　现有长余辉材料的参数性能

长余辉材料	余辉颜色	最大发射峰波长/nm	发光强度/（mcd/m²） 1 min	10 min	30 min	60 min	余辉时间/min
CaAl₂O₄：Eu²⁺，Nd³⁺	紫	440	—	20	—	6	>1000
（Ca，Sr）S：Bi³⁺	蓝	450	—	5	—	0.7	~90
Sr₄Al₁₄O₂₅：Eu²⁺，Dy³⁺	蓝绿	490	2251	418	136	63	>4000
CaAl₂O₄：Eu²⁺，Dy³⁺	黄绿	520	2791	424	134	61	>4000
SrAl₂O₄：Eu²⁺	黄绿	520	—	30	—	6	>2000
ZnS：Cu，Co	黄绿	530	—	40	—	5	~500
CaS：Eu，Tm	红	650	—	1.2	—	—	~45
Ro	红	630	126	9	3	1	~90

备注：Ro 在此为红色长余辉材料代号。

对于碳酸盐余辉材料，《碳酸盐矿物的阴极发光性与其 Fe、Mn 含量的关系》公开了，碳酸盐矿物的阴极发光性主要受其晶格中 Fe、Mn 含量的控制，其他元素尤其是稀土元素也可能对碳酸盐矿物阴极发光性存在实质性的影响。例如，在高压关闭后，DM－1 号样品（见表 3－3）的发光余辉可保持 60 s 以上。

表 3—3　碳酸盐矿物发光性分析结果

白云石稀土元素及 Fe、Mn 分析结果
元素/（μg/g）

样品	La	Ce	Yb	Eu	Fe	Mn
DM－1	2.0	14	0.19	0.18	140	880
DM－2	0.56	2.3	0.16	0.10	2600	1300

由此可见，现有的长余辉材料通常为金属硫化物、铝酸盐、硅酸盐。而掺杂碳酸盐材料不是目前常用的长余辉材料；现有技术中记载的碳酸盐类余辉材料，其余辉时间在 60 s 以上，与该案说明书记载的"余辉可持续数小时"的技术效果相差较远。

该案的说明书以及权利要求书仅记载了"所述发光涂层为掺杂稀土离子的碳酸盐；

或者发光涂层为掺杂过渡金属离子的碳酸盐；发光涂层的余辉可持续数小时",没有公开掺杂碳酸盐材料的具体组成以及制备方法,所属技术领域的技术人员按照说明书记载的内容并不能制备出该材料。说明书也没有公开关于"余辉持续数小时"效果的实验数据,所属技术领域的技术人员由此也无法证实该材料是否能够产生该技术效果。由此可见,说明书对于该"长余辉材料"公开不充分,没有达到所属技术领域的技术人员能够实现的程度。

(四) 案例启示

说明书应当清楚地记载发明或者实用新型的技术方案,详细地描述实现发明或者实用新型的具体实施方式,完整地公开对于理解和实现发明或者实用新型必不可少的技术内容,以达到所属技术领域的技术人员能够实现该发明或者实用新型的程度。

对于该案,其通过在照明装置上设置"长余辉发光涂层",以解决应急照明问题,因此,说明书首先应当写明该长余辉材料的具体组成、制备方法,以使所属技术领域的技术人员能够得到该长余辉材料。另外,对于该材料"余辉可持续数小时"的效果,是依赖实验结果加以证实才能成立的,因此,说明书还应当给出实验证据来证实该效果。但是,该案说明书对于该长余辉材料的具体组成、制备方法,以及"余辉可持续数小时"的实验数据,这些使所属技术领域的技术人员能够理解和实现该技术方案所必不可少的内容均没有记载,从而无法达到能够实现的要求。

第三节 明显笔误

审查实践中发现,因申请文件撰写失误导致无法获得相应专利权的案例屡见不鲜。笔误作为撰写缺陷的一种,有时可能会导致本领域技术人员无法实现说明书中记载的方案,无法解决其技术问题,并且无法产生预期的技术效果,从而因说明书未充分公开导致权利的丧失。对于申请文件中出现的明显笔误,虽然有时未必会造成说明书公开不充分的缺陷,但在撰写申请文件时还需加以留意。

案例3：一种 CMOS 传感图像可视度增强方法

(一) 案情说明

该案涉及一种 CMOS 传感图像可视度增强方法,其要解决的技术问题是如何自适应地调节成像的动态范围,提高 CMOS 传感图像的可视度,采用的技术手段是根据亮度分布统计对不同亮度等级的 CMOS 传感图像分配相应的 Gamma 值以进行 Gamma 校正,从而增强传感图像的表现能力。

1. 说明书的相关内容

医学电子内窥镜是传统内窥镜与计算机、微电子等技术的不断发展和融合的产物,是当前应用广泛的医疗仪器。医学电子内窥镜图像采集由图像传感器实现,图像传感器目前主要包括CCD传感器和CMOS传感器，CCD传感器具有高解析度、低噪声等优点，在高端产品中得到广泛应用，但是CCD传感器大规格的成品率低、成本高；CMOS传感器具有长时间曝光温升低、成品率高、成本低的优点，但其同时具有可视度不理想、成像的动态范围不能自适应调节以及需要软件进行后期加工等缺点。

该案提出的CMOS传感图像可视度增强方法根据亮度分布统计对不同亮度等级的CMOS传感图像自适应地分配相应的Gamma值以进行Gamma校正，从而在图像明暗程度发生变化时形成一个平缓的视觉渐变，达到增强可视度的效果。

该案提出的CMOS传感图像可视度增强方法包括以下步骤：S10，以步长S对[50，100]亮度范围进行划分，获得亮度区间，其中步长S取值范围为4～6；S20，获取各个所述亮度区间的CMOS传感图像像素亮度等级分布；S30，获取亮度等级小于X的像素数占总像素数的比例值满足不超过阈值T条件下的最大值X_{max}，其中，X为所述亮度区间的边界值，且$50 \leqslant X \leqslant 100$，阈值$T$取值范围为85％～90％；S40，根据$X_{max}$对当前CMOS传感图像分配Gamma值，其中，所述Gamma值$=-0.001 \times X_{max}+1$；S50，采用所述Gamma值对当前CMOS传感图像进行Gamma校正。

在步骤S10中，需要对[50，100]亮度范围进行划分，以获取亮度区间。一般情况下，采用CMOS传感器的医用电子内窥镜获取的传感图像亮度等级在范围0～255内，其亮度等级越接近0，表明传感图像越亮；其亮度等级越接近255，表明传感图像越暗。

在常见情形中，CMOS传感图像的平均亮度等级极端偏暗或偏亮的情况较为少见，大部分CMOS传感图像的平均亮度等级处于[50，100]亮度范围内，因此在步骤S10中，首先采用步长S对[50，100]亮度范围进行划分，获得亮度区间，其中步长S取值范围为4～6。

优选地，采用值为5的步长S对[50，100]亮度范围进行划分，得到均匀分布的10个亮度区间以及11个亮度等级边界值。

在步骤S20中，获取各个所述亮度区间的CMOS传感图像像素亮度等级分布。在步骤S10中已划分得到所述10个亮度区间，在步骤S20中即可对一整幅CMOS传感图像的所有像素亮度等级分布进行统计，也即获取在亮度等级小于50、亮度等级大于100以及所述10个亮度区间内的像素亮度等级分布。

在步骤S30中，基于CMOS传感图像像素亮度等级分布，获取亮度等级小于X的像素数占总像素数的比例值满足不超过阈值T条件下的最大值X_{max}，其中，X为所述亮度区间的边界值，且$50 \leqslant X \leqslant 100$，阈值$T$取值范围为85％～90％。具体地，可以在[50，100]亮度范围内将X值从小至大依次计算，得到每一边界值下像素数占总像素数的比例值，最终可以获得在所述比例值不超过阈值T条件下的最大值X_{max}。优选地，阈值T取值87.5％。

在步骤S40中，根据X_{max}对当前CMOS传感图像分配Gamma值。一般认为亮度

电学领域专利审查疑难案例评析

等级小于100的像素数占总像素数的比例值不超过阈值T时，CMOS传感图像为正常亮度图像；亮度等级X小于50的像素数占总像素数的比例值大于T时，CMOS传感图像偏亮；亮度等级X大于100的像素数占总像素数的比例值大于T时，CMOS传感图像偏暗。因此，根据所获得的X_{max}可以对当前CMOS传感图像分配Gamma值，其中，所述Gamma值$=-0.001\times X_{max}+1$，得到亮度等级与Gamma值对照表（以步长$S=5$为例）；当亮度等级X小于50的像素数占总像素数的比例值大于T时，对当前CMOS传感图像分配大小为1.1的Gamma值；当亮度等级X大于100的像素数占总像素数的比例值大于T时，对当前CMOS传感图像分配大小为0.98的Gamma值。

在步骤S50中，采用在步骤S40中获取的所述Gamma值对当前CMOS传感图像进行Gamma校正，从而增强CMOS传感图像的表现能力。

该申请提出的CMOS传感图像可视度增强方法根据亮度分布统计对不同亮度等级的CMOS传感图像分配相应的Gamma值以进行Gamma校正，从而增强传感图像的表现能力。对于偏暗的传感图像，采用的Gamma值小于1，可以有效提高场景的亮度和可视度；对应于普通场景，由于器件本身的Gamma特性具有一定的暗化特性，采用的Gamma值接近于1并略小于1，可以在一定程度上提高灰度图像的亮度；对应过亮甚至发白的传感图像采用大于1的Gamma值来拉伸图像的动态范围，增强图像的层次感和细节可视度。该申请提出的CMOS传感图像可视度增强方法采用适当的场景检测策略，设计连续变化的Gamma值，能够根据图像的明暗程度自适应地设定相应的Gamma值，从而在图像明暗程度发生变化时形成一个平缓的视觉渐变，达到增强可视度的效果。

2. 权利要求请求保护的方案

权利要求1. 一种CMOS传感图像可视度增强方法，包括以下步骤：

S10，以步长S对[50，100]亮度范围进行划分，获得亮度区间，其中步长S取值范围为4~6；

S20，获取各个所述亮度区间的CMOS传感图像像素亮度等级分布；

S30，获取亮度等级小于X的像素数占总像素数的比例值满足不超过阈值T条件下的最大值X_{max}，其中，X为所述亮度区间的边界值，且$50\leqslant X\leqslant 100$，阈值$T$取值范围为85%~90%；

S40，根据X_{max}对当前CMOS传感图像分配Gamma值，其中，所述Gamma值$=-0.001\times X_{max}+1$；

S50，采用所述Gamma值对当前CMOS传感图像进行Gamma校正。

权利要求2. 根据权利要求1所述的CMOS传感图像可视度增强方法，其特征在于，当亮度等级X小于50的像素数占总像素数的比例值大于T时，对当前CMOS传感图像分配大小为1.1的Gamma值。

权利要求3. 根据权利要求1所述的CMOS传感图像可视度增强方法，其特征在于,当亮度等级 X 大于 100 的像素数占总像素数的比例值大于 T 时,对当前 CMOS 传感图像分配大小为 0.98 的 Gamma 值。

3. 现有技术的相关内容

对于灰度图像,像素值用 1Byte 即 8bit 来表示,灰度值范围为 0~255,表示亮度由深到浅,对应图像中的颜色为从黑到白,黑色为 0,白色为 255。灰度图像在医学、图像识别领域有很广泛的用途。一般来说,灰度可认为是亮度,简单地说就是色彩的深浅程度。因此对于白色为 255 的灰度值图像,其显然是最亮的,而黑色为零的灰度值图像,则为最暗的。

此外,《数字图像处理》(Rafael C. Conzalez, Richard E. Woods(著),阮秋奇,阮宇智(译),电子工业出版社,2007 年 8 月)一书中记载了 Gamma 校正的定义:$s=cr^{\gamma}$,r 为输入灰度级,s 为输出灰度级,c、γ 为常数,图 3-4 所示为对于各种 γ 值(所有情况,$c=1$),式 $s=cr^{\gamma}$ 曲线,r 的取值范围为 [0, 1]。

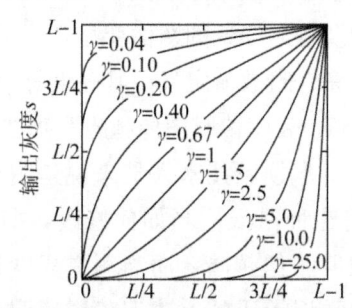

图 3-4 对应各种 γ 值的 $s=cr^{\gamma}$ 曲线图

根据书中的上述记载可知,采用小于 1 的 Gamma 值对图像进行处理,输出的灰度值大于输入的灰度值,即可以提高图像亮度;反之,采用大于 1 的 Gamma 值对图像进行处理,输出的灰度值小于输入的灰度值,即可以降低图像亮度。

(二)争议焦点

说明书中记载的部分内容"其亮度等级越接近于 0,表明传感图像越亮;其亮度等级越接近于 255,表明传感图像越暗""亮度等级 X 小于 50 的像素数占总像素数的比例值大于 T 时,CMOS 传感图像偏亮;亮度等级 X 大于 100 的像素数占总像素数的比例值大于 T 时,CMOS 传感图像偏暗",以及方案中的部分技术手段"当亮度等级 X 小于 50 的像素数占总像素数的比例值大于 T 时,对当前 CMOS 传感图像分配大小为 1.1 的 Gamma 值;当亮度等级 X 大于 100 的像素数占总像素数的比例值大于 T 时,对当前 CMOS 传感图像分配大小为 0.98 的 Gamma 值",均与本领域公知常识存在矛盾,所属技术领域的技术人员采用上述手段并不能解决该案所要解决的技术问题,该案说明书是否因此存在公开不充分的缺陷?

(三)指导意见

根据该案说明书的记载,该案要解决的技术问题是:"根据亮度分布统计对不同亮

电学领域专利审查疑难案例评析

度等级的 CMOS 传感图像自适应地分配相应的 Gamma 值以进行 Gamma 校正，从而在图像明暗程度发生变化时形成一个平缓的视觉渐变，达到增强可视度的效果。"此外，在说明书中还记载了其发明构思："根据亮度分布统计对不同亮度等级的 CMOS 传感图像分配相应的 Gamma 值以进行 Gamma 校正，从而增强传感图像的表现能力。对于偏暗的传感图像，采用的 Gamma 值小于 1，可以有效提高场景的亮度和可视度；对应于普通场景，由于器件本身的 Gamma 特性具有一定的暗化特性，采用的 Gamma 值接近于 1 并略小于 1，可以在一定程度上提高灰度图像的亮度；对应过亮甚至发白的传感图像采用大于 1 的 Gamma 值来拉伸图像的动态范围，增强图像的层次感和细节可视度。该申请提出的 CMOS 传感图像可视度增强方法采用适当的场景检测策略，设计连续变化的 Gamma 值，能够根据图像的明暗程度自适应地设定相应的 Gamma 值，从而在图像明暗程度发生变化时形成一个平缓的视觉渐变，达到增强可视度的效果。"

根据说明书记载的上述内容，本领域技术人员可以确定，为实现该案的发明效果，其发明构思是将原本暗的图像及普通场景的图像变亮，将原本过亮的图像调暗。

然而，说明书中关于图像亮、暗数值定义"其亮度等级越接近于 0，表明传感图像越亮；其亮度等级越接近于 255，表明传感图像越暗"存在与本领域中的公知技术常识明显不符的记载，这种错误对于本领域技术人员来说是明显可以知道的，并且本领域技术人员能够毫无疑义地确定这种错误应当如何修改，即根据本领域中的公知常识：当图像亮度越接近于 0 时，表明图像越暗，而当图像亮度越接近于 255 时，表明图像越亮。因此，说明书中与公知常识矛盾的上述记载属于明显的笔误，可以允许申请人根据所属技术领域的公知常识对此处的错误进行修改，并且这种修改也是不超范围的。

基于上述对图像亮、暗数值定义的明显错误，说明书中对应较亮数值区域与对应较暗的数值区域的记载："亮度等级 X 小于 50 的像素数占总像素数的比例值大于 T 时，CMOS 传感图像偏亮；亮度等级 X 大于 100 的像素数占总像素数的比例值大于 T 时，CMOS 传感图像偏暗""当亮度等级 X 小于 50 的像素数占总像素数的比例值大于 T 时，对当前 CMOS 传感图像分配大小为 1.1 的 Gamma 值；当亮度等级 X 大于 100 的像素数占总像素数的比例值大于 T 时，对当前 CMOS 传感图像分配大小为 0.98 的 Gamma 值"，存在同类的、关联的明显错误。即根据本领域的常识，当图像亮度越接近于 0 时，表明图像越暗，当图像亮度越接近于 255 时，表明图像越亮。根据这个常识来看，该申请说明书中定义的"亮度等级 X 小于 50 的像素数占总像素数的比例值大于 T 时，CMOS 图像偏亮""亮度等级 X 大于 100 的像素数占总像素数的比例值大于 T 时，CMOS 图像偏暗"同样存在明显的与本领域常识相矛盾的地方，即该案中关于偏亮和偏暗图像的定义也与本领域常识相矛盾。根据本领域的技术常识，再结合该案原始的记载可知，应当是"亮度等级 X 大于 100 的像素数占总像素数的比例值大于 T 时，CMOS 图像偏亮""亮度等级 X 小于 50 的像素数占总像素数的比例值大于 T 时，CMOS 图像偏暗"，以及结合说明书发明效果的记载："对于偏暗的传感图像，采用的

Gamma 值小于 1，可以有效提高场景的亮度和可视度""对应过亮甚至发白的传感图像采用大于 1 的 Gamma 值来拉伸图像的动态范围，增强图像的层次感和细节可视度"，进一步修改，将 1.1 的 Gamma 值分配给偏亮的图像亮度区间，即亮度等级大于 100 的像素数占总像素数的比例值大于 T 的区域；将 0.98 的 Gamma 值分配给偏暗的亮度区间，即亮度等级小于 50 的像素数占总像素数的比例值大于 T 的区域。

此外，当允许申请人做出以上修改时，该案能够实现"对于偏暗的场景，应用小于 1 的 Gamma 值进行校正，提高图像的亮度和可视度，对于普通场景采用的 Gamma 值接近于 1 并略小于 1，可以在一定程度上提高灰度图像的亮度；对于对应过亮甚至发白的传感图像采用大于 1 的 Gamma 值来拉伸图像的动态范围，增强图像的层次感和细节可视度"的发明目的和发明效果，可以认为该案请求保护的技术方案能够实现并解决其要解决的技术问题。

因此，虽然该案说明书中对部分技术手段的记载与本领域公知常识存在矛盾之处，但本领域技术人员能够明显知道错误是什么，并且能够直接地、毫无疑义地确定这种错误应当如何修改，说明书中的上述错误属于明显笔误，不足以导致所属技术领域的技术人员对该案的技术方案产生错误的理解，不足以阻碍所属技术领域的技术人员对该案的技术方案的实施，因此，可以认为该案请求保护的技术方案能够实现并解决其要解决的技术问题，不适用《专利法》第二十六条第三款。

（四）案例启示

申请文件在撰写过程中由于笔误造成的公开不充分的缺陷是否能够通过进一步的澄清和修改而消除，基本是基于能否"直接地、毫无疑义地确定"这一原则。

就本案而言，本领域技术人员可以确定，为实现该案的发明效果，其发明构思是将原本暗的图像及普通场景的图像变亮，将原本过亮的图像调暗，虽然说明书中关于图像亮、暗数值定义存在与本领域中的公知技术常识明显不符的记载，本领域技术人员能够直接地、毫无疑义地确定这种错误应当如何修改，因此该案说明书中与公知常识矛盾的记载属于明显的笔误，可以允许申请人根据所属技术领域的公知常识对该错误之处进行修改，并且这种修改也是不超范围的。

但是，对于申请文件中出现的撰写失误，并不是所有的情况都允许修改的，甚至有些撰写失误最终会导致申请被驳回。例如，虽然本领域技术人员可以认定说明书中某处记载属于明显错误，但如果其修改方式存在多种可能，不能"直接地、毫无疑义地确定"其真实意愿的表达，则不能允许申请人对此处错误进行修改，因为如果修改将导致修改超范围的缺陷。由此将导致该申请要么因为说明书公开不充分被驳回，要么因为修改超范围被驳回。

为了维护专利权的稳定性，申请人在撰写申请文件时应当尽量避免出现不应有的错误，从而避免不必要的权利损失。如果申请的说明书撰写得清楚、完整，会更有利于审查员对于发明的理解，从而更有利于专利申请的审批。

电学领域专利审查疑难案例评析

案例4：一种基于模数转换的数据采集系统

（一）案情说明

该案涉及一种基于模数转换的数据采集系统，根据芯片的当前温度对输出电压采样量进行补偿，解决了电压参考源温度漂移影响测量结果的技术问题，提高了数模转换的准确性。

1. 说明书记载的相关内容

数据采集系统是利用模数转换器（Analog to Digital Converter，ADC）将传感器传输来的模拟信号转换为数字信号的装置。数据采集系统中 ADC 的转换准确性与电压参考源提供的参考信号密切相关。在实际应用中，各种电压参考源的输出都会随着芯片的温度变化而漂移，尤其是对于低成本的电压参考源来说，温度漂移现象更加严重。电压参考源温度漂移会导致 ADC 的基准电压出现偏差，基准电压的偏差会导致数据转换的误差。例如：对于输出为 1.2 V 且温度漂移为 10 ppm/℃ 的高稳定性的电压参考源来说，当芯片温度从 25 ℃ 变化到 70 ℃ 时，电压参考源的输出会变化为：

$$\Delta V_{REF} = （70-25）\times 10 \times 10^{-6} \times 1.2 \text{ V} = 0.54 \text{ mV}$$

在 ADC 的分辨率为 12 位，且输入电压范围为 0～1.2 V 的情况下，ADC 的最高分辨率为 0.293 mV，显然电压参考源的温度漂移量 ΔV_{REF} 相对于 ADC 的最高分辨率不能忽略不计，而且会必然导致 ADC 数据转换的误差。对于更高分辨率的 ADC 而言，电压参考源温度漂移对测量结果的影响则更加严重。

鉴于现有的数据采集系统存在的问题，提出一种新型的数据采集系统，能够克服现有的数据采集系统存在的问题，避免电压参考源温度漂移对测量结果的影响，提高数据采集系统的模数转换的准确性。

数据采集系统（见图 3-5）包括 ADuC7060 芯片。ADuC7060 芯片为 Analog Devices 公司的 ARM7 处理器，利用 ADuC7060 芯片形成 24 位分辨率的高精度数据采集系统。

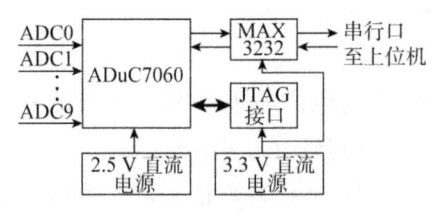

图 3-5 数据采集系统结构图

ADuC7060 芯片的 ADC0～ADC9 管脚为模拟信号输入端，ADuC7060 芯片输出电压采样量。ADuC7060 芯片内部集成设置的电压参考源可以作为模数转换的电压参考源，该电压参考源具体为 1.2 V 的电压参考源，且该电压参考源的温度漂移量为 10 ppm/℃。

ADuC7060 芯片内部集成设置有温度传感器，利用该温度传感器检测 ADuC7060 芯片的当前温度，温度传感器输出的电压值会随芯片的当前温度的变化而变化；ADuC7060 芯片可以根据检测到的当前温度对输出的电压采样量进行补偿。

ADuC7060 芯片的外部晶振可以为 32.768 kHz，模拟信号采集的采样速率不超过 4 kHz，数据转换的结果经过温度补偿后通过异步串行通信接口送到上位机进行处理。ADuC7060 芯片可以采用 2.5 V 直流供电，其外围电路可以采用 3.3 V 直流供电。ADuC7060 芯片与串口连接，如与 MAX3232 连接，ADuC7060 芯片通过该串口与上位机进行信息交互。

ADuC7060 芯片的 24 位模数转换器中包含多个通道，内部集成 1.2 V 的精确电压参考源，如果 ADC 输出的采样值为 S_{input}，可以利用式（1）计算出输入电压值：

$$V_{\text{input}} = \frac{S_{\text{input}} \times 1.2}{2^{24}} \times \delta \tag{1}$$

温度传感器测量温度的范围通常为 −40~120 ℃，在 25 ℃时，温度传感器输出电压约为 103 mV，温度传感器输出的电压变化规律为 0.28 mV/℃。当 ADuC7060 芯片的温度为 T ℃时，ADuC7060 芯片中的温度传感器输出的电压为：

$$V_{\text{senser}} = 0.103 \times (T - 25) \text{ (V)} \tag{2}$$

此时，电压参考源产生的基准电压为：

$$V_{\text{REF}} = 1.2 \times [1 + (T - 25) \times 10^{-5}] \text{ (V)} \tag{3}$$

24 位 Σ−Δ 模数转换器输出温度传感器电压采样值 S_{sensor} 为：

$$S_{\text{sensor}} = \frac{V_{\text{sensor}}}{V_{\text{REF}}} \times (2^{24} - 1) \tag{4}$$

把上述式（2）和式（3）代入式（4），并利用 $2^{24} - 1 \approx 2^{24}$，可以得到：

$$S_{\text{sensor}} = \frac{0.103 \times (T - 25)}{1.2 \times [1 + (T - 25) \times 10^{-5}]} \times 2^{24} \tag{5}$$

由于 ADC 输出的温度传感器的电压采样值 V_{sensor} 是已知量，因此，可以从公式（5）解出 ADuC7060 芯片的当前温度 T 为：

$$T = 25 + \frac{1.2 \times S_{\text{sensor}} / 2^{24}}{0.103 - \frac{1.2 \times S_{\text{sensor}} \times 10^{-5}}{2^{24}}} \tag{6}$$

为了简化计算量，温度传感器的 S_{sensor} 可以取高 16 位，利用高 16 位的有效值 S'_{sensor} 进行计算已经可以获得足够的精度了，这样式（6）可以简化为：

$$T = 25 + \frac{1.2 \times S'_{\text{sensor}} / 2^{16}}{0.103 - \frac{1.2 \times S'_{\text{sensor}} \times 10^{-5}}{2^{16}}} \tag{7}$$

从上述式（6）或式（7）可以看出，利用 ADuC7060 芯片上的电压参考源和温度传感器可以精确求出 ADuC7060 芯片的当前温度 T。

根据 ADuC7060 芯片的当前温度，数据采集系统可以对 ADC 输出的电压采样量

电学领域专利审查疑难案例评析

S_{input}进行温度补偿,补偿后的实际采样值V_{input}为:

$$V_{input}=\frac{S_{input}\times 1.2}{2^{24}}\times \delta=\frac{S_{input}\times 1.2}{2^{24}}\times[1+(T-25)\times 10^{-5}] \text{(V)} \quad (8)$$

其中,$\delta=1+(T-25)\times 10^{-5}$为温度漂移校正因子。

上述算法可以通过采用查表法简化计算,以降低其复杂性。计算过程如下:首先利用式(5)计算出ADuC7060芯片在正常的温度范围0 ℃<T<75 ℃(以1 ℃为变化步长)情况下,温度传感器S_{sensor}的采样值,同时根据0 ℃<T<75 ℃温度范围计算漂移校正因子$\delta=1+(T-25)\times 10^{-5}$的具体数值。在应用中,根据温度传感器输出的采样$S_{sensor}$查表获得芯片的当前温度$T$,再利用$T$的值查表得到漂移校正因子$\delta$的数值,然后利用式(8)进行校正即可。

2. 权利要求请求保护的方案

权利要求1. 一种数据采集系统,其特征在于,包括:

ADuC7060芯片,所述芯片的ADC0~ADC9管脚为模拟信号输入端,所述芯片输出电压采样量;

所述芯片内部集成设置的电压参考源作为模数转换的电压参考源,所述芯片内部集成设置的温度传感器检测所述芯片的当前温度;

所述芯片根据检测到的当前温度对输出的电压采样量进行补偿;

所述芯片与串口连接,所述芯片通过该串口与上位机进行信息交互。

(二)争议焦点

说明书首先了记载"温度传感器测量温度的范围通常为-40~120 ℃,在25 ℃时,温度传感器输出电压约为103 mV,温度传感器输出的电压变化规律为0.28 mV/℃";而在说明书随后段落还记载了式(2)"$V_{sensor}=0.103\times(T-25)$(V)"。当温度为25 ℃时,根据式(2)可计算得出:温度传感器输出电压约为0 mV。这一数值显然与说明书在先前记载的ADuC7060芯片中温度传感器输出的电压值103 mV不一致。

申请进入实质审查阶段后,申请人主动补正了说明书相关内容,并在意见陈述中指出:上述式(2)存在笔误,该公式应为$V_{sensor}=0.103+280\times(T-25)$(V)。

说明书关于温度传感器输出电压的前后描述不一致,这一矛盾是否导致说明书公开不充分?申请人主动补正的修改内容和意见陈述是否应当采信?

(三)指导意见

说明书公开不充分的判断,核心在于判断所属领域技术人员按照说明书记载的内容,是否能够实现该发明的技术方案,解决其技术问题并产生预期的技术效果。如果根据说明书记载的技术内容以及说明书明确引证的现有技术,能够确定说明书中某些错误的表述属于明显错误,并且该明显错误不影响整体方案的理解和实施,不应当适用《专利法》第二十六条第三款。

该案说明书中对于ADuC7060芯片内置温度传感器的描述前后不一致,具体而言,依据后续记载公式（2），即温度传感器输出电压的计算公式，当代入温度值 25 ℃ 时，计算得出的输出电压值为 0，与说明书在先前记载的该温度下的输出电压值 103 mV 不符合。两处不一致的描述应当以哪个描述为准，可以借助说明书明确引证的现有技术来佐证。

说明书记载：ADuC7060 芯片为 Analog Devices 公司的 ARM7 处理器，利用 ADuC7060 芯片形成 24 位分辨率的高精度数据采集系统。而 ARM7 处理器相关的技术文档（ADuC7060 芯片技术手册）可以从 Analog Devices 公司的网站或者直接从互联网搜索引擎获取（利用百度或其他搜索引擎，输入关键词 Analog Devices 和 ADuC7060 可从搜索结果中获取 PDF 格式的产品手册）。查看该芯片的技术手册，其中明确记载了温度传感器相关技术内容："ADuC7060 系列产品提供从片内带隙基准电压输出并与绝对温度成比例的电压。该电压还可以通过辅助 ADC 前端多路复用器有效地连接到 ADC，构成一个附加的 ADC 输入通道，这样就可以很方便地形成一个内部温度传感器通道，用于测量芯片温度。内部温度传感器的设计初衷不是作为绝对环境温度计算器，它用来作为 ADuC7060 裸片温度的近似指示器。典型温度系数为 0.28 mV/℃"。该手册还给出了关于温度与输出电压的传输关系，如图 3-6 所示。

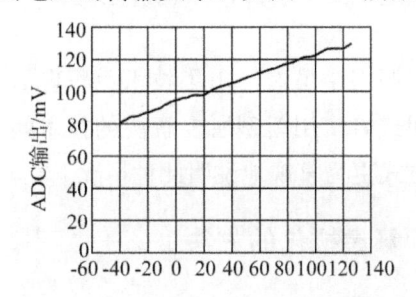

图 3-6 温度与输出电压传输关系图

ADuC7060 芯片技术手册公开的温度与输出电压的关系图为正弦函数，斜率是 0.28（由于 V_{sensor} 的单位是 V，因此斜率是 280 V/℃），从图 3-6 中的曲线可以得出：当温度为 25 ℃ 时，温度传感器输出电压约为 103 mV，该输出电压值与申请人补正的计算公式：$V_{sensor}=0.103+280\times(T-25)$ (V) 计算结果一致。

由此可见，说明书在先前记载的温度传感器相关技术内容与芯片技术手册公开的技术参数一致，并且与申请人补正的计算公式描述一致。因此，根据说明书文字记载的内容以及说明书给出明确指引的现有技术内容能够毫无疑义地确定该申请的技术方案，上述前后描述不一致的内容应当属于明显错误，申请人主动补正的意见陈述和修改内容可以接受。原始说明书中存在的这一明显错误并不影响本领域技术人员理解并实施其技术方案，因而说明书不存在公开不充分的缺陷，而仅存在表述不清楚的缺陷，应当适用《专利法实施细则》第十七条第三款。

（四）案例启示

专利审查实践中，《专利法》第二十六条第三款关于说明书公开不充分与《专利法实施细则》第十七条第三款关于说明书用词规范、语句清楚的适用容易出现混淆。两者的相同之处在于：说明书公开不充分的一种情形也是由于技术方案描述不清楚导致的。但是需要区分的是：适用《专利法》第二十六条第三款的情形是说明书描述不清楚的程度较为严重，以至于本领域技术人员根据说明书的记载无法具体实施其技术方案，并且这种缺陷是无法通过澄清或者补正克服的。而适用《专利法实施细则》第十七条第三款的情形，则是说明书存在语言表述不规范、明显错误或者其他轻微缺陷，但并不影响本领域技术人员理解并实施其技术方案。该案显然属于后一种情形，虽然申请文件存在表述上的错误，但是本领域技术人员根据申请文件公开的技术内容能够确定申请人意欲表达的正确内容。

对于申请文件中的明显错误，虽然在符合《专利法》第三十三条规定的前提下，允许申请人对其进行澄清和修改。但从提高撰写质量、清楚表达方案、节约审查程序的角度来看，申请人在原始申请文件的撰写过程中就应当措辞准确、表述严谨，应当尽量避免出现类似错误。

第四节　技术手段含混不清

如果一份专利申请的说明书中虽然给出了技术手段，但所属技术领域的技术人员采用该手段并不能解决发明或者实用新型所要解决的技术问题，则该说明书属于公开不充分。下面通过案例的方式更为直观地说明此种情况。

案例5：一种仿脑计算虚拟化的方法

（一）案情说明

该案涉及一种在流程运行环境中进行仿脑计算虚拟化的方法以及一种仿脑自主计算系统，其要解决的技术问题是计算机系统如何自动产生有创意的智能，采用的手段是使用计算机技术手段和虚拟化软件来实现仿脑计算，即仿效人脑而自动产生创意智能的科技。

1. 说明书记载的相关内容

如涌现论、量子意识、量子认知等理论，尽管在科学界多有辩论，但所提供方向的正确性仍然不变。只是如何从计算机科学的工程角度使用技术手段融合它们却看不到，更遑论工程实现后的应用系统了。实现量子意识工程方法其中的困难之一，就是量子电脑的硬件，至今多半还在实验室中，而纯量子计算图灵机方面，例如日本Tanaka US7400282 B2的专利，已经涉及工程方法，但也不能解决量子意识面对的问题。至于Yoder的已公开专利申请US2011/0140736A1 "Systems and Methods of Brain-like Information Processing"完全从逻辑电路的硬件角度进行仿脑设计，而不像该案是从虚拟化、软件角度出发的，硬件设计不是重点。

量子意识或量子认知理论只是被使用的实施例，而实际可能还有其他方法（如分子计算）。申请人认为该申请的方法是一般性的，因此该申请中用仿脑涌现论、仿脑意识、仿脑认知三个名词来取代上述三个理论。"仿脑"一词，在该申请中有着宽广的意义：它可以是情感引擎、有意识引擎和无意识引擎的通称，也可以是传统计算、量子计算和分子计算的混合解决方案。

该申请涉及仿脑计算虚拟化的领域。仿脑计算是仿效人脑而自动产生创意智能的科技。如何使用计算机技术手段和虚拟化软件来实现，是该申请所关切的。该申请的方法利用无意识引擎和有意识引擎来定义人的左脑和右脑，使用软件虚拟化的技术运行在未来的硬件科技，例如量子电脑或分子电脑上。其应用的领域包含量子门和绝热量子模拟，无意识和有意识的自主计算应用，以及涌现通信的应用。

对传统计算而言，所谓虚拟化是指在计算机操作系统（Operating System，OS）和传统硬件之间，插入一个虚拟层，也就是虚拟机监视器（Virtual Machine Monitor，VMM）。这个概念在仿脑计算的情况，就是在仿脑 OS 和仿脑硬件之间插入仿脑 VMM。在仿脑硬件上运行仿脑 VMM，在仿脑 VMM 上运行仿脑 OS。由于仿脑硬件也包括了传统硬件，仿脑 VMM 既支持运行意识引擎的网状调度器，也可以支持传统的 CPU 平行计算调度器，所以，除了仿脑引擎 OS，传统 OS 也可以在仿脑 VMM 上运行。

仿脑 VMM 根据已有的主观经验，利用微观涌现模型产生新的思维，称为仿脑思维体（Brain-like Concept Entity，BCE）。BCE 经过意志力和仿脑仿真器的纠结运作，在有意识引擎的 OS 中被认知（区别、解释、得到语义和意义）、被判定其智能级别后，BCE 的信息被存储在仿脑思维网络（Brain-like Concept Network，BCN）中，变成主观经验，并以虚拟仿脑状态机更新有关该 BCE 的元数据和状态值。这个主观经验可以再度被仿脑 VMM 利用微观涌现模型产生新思维，这个过程循环不止，逐渐发展为成熟的思维和一系列的思维。

该申请提出一种在流程运行环境中进行仿脑计算虚拟化的方法，其中所述流程运行环境具有纵向架构与横向架构，所述纵向架构包括情感引擎、无意识引擎、有意识引擎，而所述横向架构包括仿脑应用层、仿脑操作系统/仿脑虚拟机监视器（OS/VMM）层、仿脑硬件层，其特征在于，所述方法包括：

在仿脑 OS/仿脑 VMM 层上运行两类循环：

从无意识引擎 OS 酝酿混沌概念，之后进入仿脑 VMM 的第一类仿脑循环：执行 BP1 解决方案，其中，在仿脑 VMM 里，微观涌现模型利用所述混沌概念和/或外来刺激产生单一操作对象或近端/远端纠结对象，如果仿脑思维体（BCE）的状态仍为混沌，虚拟仿脑状态机（VBSM）创建元数据和无振荡网络模型节点，接受仿脑 VMM 平行运算调度器的指派，离开仿脑 VMM，最后回到无意识引擎 OS。

由有意识引擎提供主观经验，进入仿脑 VMM 的第二类仿脑循环：

电学领域专利审查疑难案例评析

步骤 1，执行 BP1 解决方案，其中，在仿脑 VMM 里，微观涌现模型利用所述主观经验和/或外来刺激产生单一操作对象或近端/远端纠结对象，如果 BCE 的状态为有序或临界状态，进入 BP2 解决方案。

步骤 2，在 BP2 解决方案里：（1）分解 BCE，进入冯·诺依曼循环；（2）在冯·诺依曼循环里，若 BCE 为吸引子，先经历冯·诺依曼过程 2 然后经历冯·诺依曼过程 1，在强意志力坚持下，度量到纠结结果；否则，弱意志力介入，仿脑图灵机循环先是冯·诺依曼过程 2 然后是过程 1，但过程 1 的度量只有弱意志力的坚持，如果意志力允许，BCE 离开冯·诺依曼循环，继续仿脑仿真器循环；（3）执行纠错，消除并纠正可能发生的仿脑错误；（4）虚拟仿脑状态机（VBSM），创建元数据和同步的网络模型节点；（5）调度器接受 VMM 网络运算调度器的指派，离开仿脑 VMM，进入有意识引擎 OS。

步骤 3，执行仿脑认知，在有意识引擎 OS 中，若输入是建立事件或建立语义，则执行有意识引擎 OS 的仿脑认知。

步骤 4，智能评估，进行涌现观念的智能等级评估。

步骤 5，完成循环并存储 BCE，包括可选择输出 BCE 的效应；可选择执行宏观涌现模型的涌现通信，最后以新的 BCE 的主观经验再进入仿脑 VMM。

图 3-7 所示是一个仿脑计算虚拟化的横向和纵向架构。横向架构包括三个层次：102 仿脑 OS/VMM 层、101 仿脑应用层和 103 仿脑硬件层。（1）仿脑 OS/VMM 层包含两个子层 OS 层和 VMM 层，以虚线分开，是该申请的重点，以白色方框表示。虚线的下方是方框 1024 仿脑 VMM，接受可能的外界控制，以及方框 1025。虚线的上方是三个操作系统：方框 1021 无意识引擎的 OS，1022 有意识引擎的 OS，还有 1023 情感引擎的 OS，同时运行在仿脑 VMM 之上。（2）仿脑应用层，包含四个"象限"：D（dominant）象限，I（informational）象限，S（stable）象限，C（compliant）象限，代表心理学上的四种人格，这些人格的造成是由于人脑的左右区分和所面对环境的"对人（社交）"与"对事（事实）"的态度。也就是说，D 象限的人使用右脑处理抽象事实的能力强，I 象限的人使用右脑处理抽象社交的能力强，S 象限的人使用左脑处理细节社交的能力强，C 象限的人使用左脑处理细节事实的能力强。该申请包含的"事实"实现例较多，以淡灰方框表示，"社交"的实现例较少，以深灰方框表示。（3）仿脑硬件层并非该申请的重点，以黑色方框表示，但仍与 OS/VMM 层的关系密切。

如图 3-7 所示，在硬件层中的方框 1031 包含了三种硬件：方框 10311 传统硅芯多核计算机硬件及其周边设备，方框 10312 量子计算机硬件及其量子设备，和方框 10313 人工合成分子计算机及其纳米设备。量子计算机和分子计算机将会有很大的商业用途，它们会与传统计算机形成一定的组合，一开始可能是松耦合，即传统计算机和量子/分子计算机分开为不同的计算机，而以快速通信相连。后来也会有紧耦合，例如形成同一个 CPU/周边设备，包含传统与量子计算使用合一的汇编语言指令集。OS/VMM 的细节设计也会由于松紧耦合的硬件而不同,但在概念上大体一致。譬如下面提到的无意识引擎 OS1021 在近期内是运行在传统操作系统 10211 上,看起来像是传统电脑的应用,但在未来无意识引擎的 OS 和传统电脑的 OS 可以合二为一,合并后的 OS 上面既可以运行传统电脑语言应用 1013,也可以运行无意识引擎的应用 1011 和 1012。

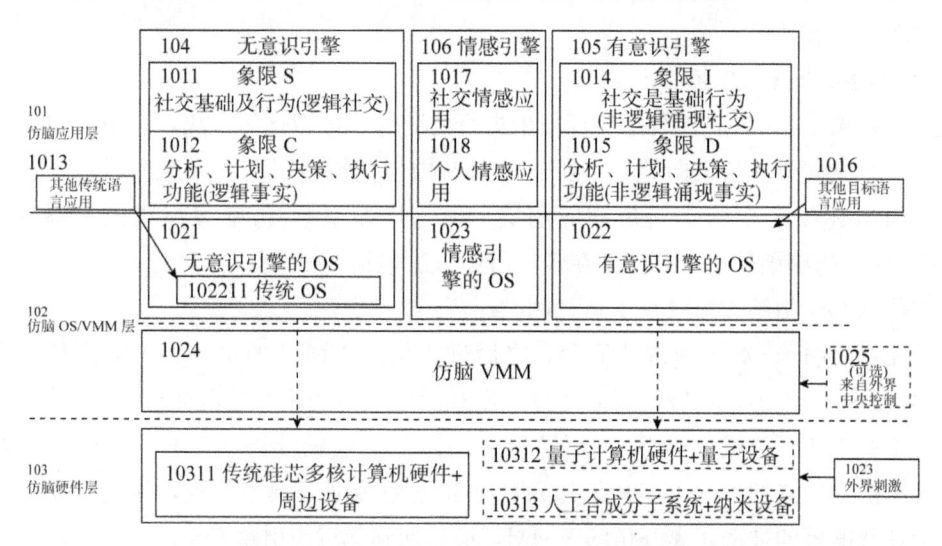

101 仿脑应用层	104 无意识引擎 1011 象限 S 社交基础及行为(逻辑社交) 1012 象限 C 分析、计划、决策、执行 功能(逻辑事实)	106 情感引擎 1017 社交情感应用 1018 个人情感应用	105 有意识引擎 1014 象限 I 社交基础及行为 (非逻辑涌现社交) 1015 象限 D 分析、计划、决策、执行 功能(非逻辑涌现事实)	
1013 其他传统语言应用				1016 其他目标语言应用
102 仿脑OS/VMM层	1021 无意识引擎的 OS 102211 传统 OS	1023 情感引擎的 OS	1022 有意识引擎的 OS	
	1024 仿脑 VMM			1025 (可选) 来自外界 中央控制
103 仿脑硬件层	10311 传统硅芯多核计算机硬件+ 周边设备	10312 量子计算机硬件+量子设备 10313 人工合成分子系统+纳米设备		1023 外界刺激

图 3-7 仿脑计算的应用层、OS/VMM 层和硬件层的结构框图

纵向架构包含三种引擎:情感引擎,无意识引擎和有意识引擎。(1) 情感引擎是使仿脑系统有别于其他生物进化系统的突出组件。虽然有人认为它可以是有意识引擎的一部分,但该申请将之独立出来,因为情感引擎的心理框架和情绪,与自由意志有关,而意志力既能影响无意识引擎的混沌概念酝酿,也能影响有意识引擎的主观经验的智能提升。纵向架构所包含的(2)无意识引擎和(3)有意识引擎,使用"意识"(consciousness) 这个词而非自知运算里的"自知"(awareness) 一词,是因为虽然两者意义相近,但"有意识"之事经常出现在人们的日常生活里,例如人们每天做有意识的决定,行有意识的动作,每分每秒都在过有意识的生活。同样,"无意识"这个词也很容易从生活中理解:人们游泳、开车、骑自行车或任何常规性的工作,已经熟到一定程度而不必有意识地用心来处理。这两个引擎的概念大致与诺贝尔奖得主 Roger Sperry 的左右脑区分 (Split Brain) 类似,虽然大致左脑专长于逻辑为主,右脑专长于创意,但又没有明确的区分(如右脑受伤后,其部分功能可以被左脑取代,虽然效率不明显),而也强调左右脑(或两个引擎)之间的通信。在该申请中,这三个引擎通称为"仿脑引擎"。

从纵向看,方框 104 是无意识引擎,属软件引擎,包括两种应用:方框 1011 社交基础及行为(逻辑社交,象限 S),和方框 1012 分析、计划、决策、执行功能(逻辑事实,象限 C),以及这两种应用所运行的平台,也就是方框 1021 无意识引擎的 OS。方框 105 是有意识引擎,也属软件引擎,包括两种应用:方框 1014 社交基础及行为(非

电学领域专利审查疑难案例评析

逻辑涌现社交，象限 I），方框 1015 分析、计划、决策、执行功能（非逻辑涌现事实，象限 D），以及这两种应用所运行的平台，也就是方框 1022 有意识引擎的 OS。方框 1016 为其他目标语言的应用，也运行在有意识引擎的 OS 上。另外，方框 106 是情感引擎，属软件引擎，包含方框 1017 社交情感应用、方框 1018 个人情感应用和方框 1023 情感引擎的 OS。

2. 权利要求请求保护的方案

权利要求 1. 一种在流程运行环境中进行仿脑计算虚拟化的方法，其中所述流程运行环境具有纵向架构与横向架构，所述纵向架构包括情感引擎、无意识引擎、有意识引擎，而所述横向架构包括仿脑应用层、仿脑操作系统/仿脑虚拟机监视器（OS/VMM）层、仿脑硬件层，其特征在于，所述方法包括：

在仿脑 OS/仿脑 VMM 层上运行两类循环：

从无意识引擎 OS 酝酿混沌概念，之后进入仿脑 VMM 的第一类仿脑循环：执行 BP1 解决方案，其中，在仿脑 VMM 里，微观涌现模型利用所述混沌概念和/或外来刺激产生单一操作对象或近端/远端纠结对象，如果仿脑思维体（BCE）的状态仍为混沌，虚拟仿脑状态机（VBSM）创建元数据和无振荡网络模型节点，接受仿脑 VMM 平行运算调度器的指派，离开仿脑 VMM，最后回到无意识引擎 OS；

由有意识引擎提供主观经验，进入仿脑 VMM 的第二类仿脑循环：

步骤 1，执行 BP1 解决方案，其中，在仿脑 VMM 里，微观涌现模型利用所述主观经验和/或外来刺激产生单一操作对象或近端/远端纠结对象，如果 BCE 的状态为有序或临界状态，进入 BP2 解决方案：

步骤 2，在 BP2 解决方案里：（1）分解 BCE，进入冯·诺依曼循环；（2）在冯·诺依曼循环里，若 BCE 为吸引子，先经历冯·诺依曼过程 2 然后经历冯·诺依曼过程 1，在强意志力坚持下，度量到纠结结果；否则，弱意志力介入，仿脑图灵机循环先是冯·诺依曼过程 2 然后是过程 1，但过程 1 的度量只有弱意志力的坚持，如果意志力允许，BCE 离开冯·诺依曼循环，继续仿脑仿真器循环；（3）执行纠错，消除并纠正可能发生的仿脑错误；（4）虚拟仿脑状态机（VBSM），创建元数据和同步的网络模型节点；（5）调度器接受 VMM 网络运算调度器的指派，离开仿脑 VMM，进入有意识引擎 OS；

步骤 3，执行仿脑认知，在有意识引擎 OS 中，若输入是建立事件或建立语义，则执行有意识引擎 OS 的仿脑认知；

步骤 4，智能评估，进行涌现观念的智能等级评估；

步骤 5，完成循环并存储 BCE，包括可选择输出 BCE 的效应；可选择执行宏观涌现模型的涌现通信，最后以新的 BCE 的主观经验再进入仿脑 VMM。

权利要求 18. 一种仿脑自主计算系统，其特征在于，它包括：

无意识引擎；

有意识引擎；

其中，通过细分仿脑计算虚拟化方法的三层结构由下至上生成七层架构，其中无意识引擎和有意识引擎各有自己的七层，如果以无意识引擎的七层为主，有意识引擎的各层只是通过自主计算的外循环、内循环、里循环，来辅助相应的无意识引擎的层；

无意识引擎的应用包含传统应用，无意识引擎的第七层应用：微观管理，无意识引擎的第六层应用：社交基础，无意识引擎的第五层应用：执行准备，无意识引擎的第四层应用：计划，无意识引擎的第三层应用：句法和语义分析；

有意识引擎的应用包含有意识引擎的第七层应用：社交应用、财政工程，有意识引擎的第六层应用：社交基础针对广大群众信息，有意识引擎的第五层应用：创意涌现执行准备，有意识引擎的第四层应用：决策涌现工程，有意识引擎的第三层应用：意义分析/数据挖掘/建立规则；

输入模块：外界刺激进入硬件感应器，包括文字、图形、视频、音频；

监听模块：原始刺激数据送入对象识别器；

分析模块：对象识别器的结果（如方块、圆形和其他几何图形）送给传统语义分析；而传统语义分析又必须依赖有意识引擎 OS 的仿脑认知以导出意义，而运行其上的有意识引擎第三层的应用可以取代人脑进行规则的创建，数据的挖掘，真正知道外界刺激的意义；

计划模块：完全理解的语义/意义被送到无意识引擎的第四层应用：计划；专业知识的主观经验必须经由有意识引擎第四层应用：决策（涌现）工程来辅助融入决策所要的涌现思维；

执行模块：一个既有专业知识又有创意的计划被送给无意识引擎的第五层应用：执行准备；传统的执行准备必须要有有意识引擎的第五层应用：创意执行，来成立专案解决方案，辅助创意的执行，避免成效不彰；

输出模块：一个完整的执行实现于硬件效应器；

其中，所述仿脑自主计算系统是在传统自主计算的监视→分析→计划→执行（简称 MAPE）的过程中，借助外循环、内循环、里循环，插入了从有意识引擎而来的涌现思维；

其中，所述仿脑自主计算系统的外循环表示监视→分析→计划→执行后再回到监视，仿脑自主计算系统的内循环表示任何两个过程都可以彼此循环，仿脑自主计算系统的里循环表示任何单独的过程可以自身重复。

（二）争议焦点

该案说明书中记载的方案基于业界尚有争议的量子理论，说明书中在描述发明原理以及实现发明的具体实施方式时采用了本领域无确切含义的术语，是否违反《专利法》第二十六条第三款关于充分公开的规定？

（三）指导意见

基于该案说明书的记载可知，该案要解决的技术问题是"计算机系统如何自动产

电学领域专利审查疑难案例评析

生有创意的智能"。

首先，该案中相应的方案的实现有赖于未来硬件科技的发展以及量子认知与量子图灵模型，然而量子意识理论在业界尚存在争议，并非已得到业界共识确定的理论基础，说明书中也记载了"实现量子意识工程方法其中的困难之一，就是量子电脑的硬件，至今多半还在实验室中"，虽然申请人强调了是从虚拟化、软件角度出发，硬件设计不是重点，但是其提出的仿脑计算虚拟化的方法是必须要运行在未来的硬件科技上的，例如量子电脑或分子电脑上，而不能运行在仅包含传统硬件的电脑上，而未来的硬件科技是未知的，本领域技术人员也是不能实现的，未来科技的发展趋势本领域技术人员并不能够确定，其假定的未来硬件与申请人预想的情况是否一致也不能够预料，因此，运行在未来硬件科技上的仿脑计算虚拟化算法是否能够实现相应地也是不能确定的。

其次，该案的说明书中使用了大量的非通用技术术语，申请人也未能在申请文件中使用本领域技术人员能够理解的概念或手段来阐释和限定这些术语，导致由这些术语堆砌组成的手段的含义含糊不清，相应的方案也不能由本领域技术人员来实现。例如"仿脑"以及以"仿脑"为定语的术语，例如"仿脑计算""仿脑思维体""仿脑思维网络 BCN""仿脑思维体 BCE"，以及其他术语，例如"无意识引擎""有意识引擎""微观涌现模型""宏观涌现模型""强意志力""弱意志力""纠结结果"等。显然，这些术语在本领域中并不具有通用的含义。

以"仿脑"为例，在说明书背景技术部分关于"仿脑"这一术语的含义有如下记载："量子意识或量子认知理论只是被使用的实施例，而实际可能还有其他方法（如分子计算）。既然我们的方法是一般性的，此后我们就用仿脑涌现论、仿脑意识、仿脑认知三个名词来取代上述三个理论。'仿脑'一词，在该申请中有着宽广的意义：它可以是情感引擎、有意识引擎和无意识引擎的通称，也可以是传统计算、量子计算和分子计算的混合解决方案。"

又如，"仿脑硬件层"在说明书中的相关记载如下："在硬件层中的方框 1031 包含了三种硬件：方框 10311 传统硅芯多核计算机硬件及其周边设备，方框 10312 量子计算机硬件及其量子设备，方框 10313 人工合成分子系统及其纳米设备。量子计算机和分子计算机将会有很大的商业用途，它们会与传统计算机形成一定的组合，一开始可能是松耦合，即传统计算机和量子/分子计算机分开为不同的计算机，而以快速通信相连。后来也会有紧耦合，例如形成同一个 CPU/周边设备，包含传统与量子计算使用合一的汇编语言指令集。OS/VMM 的细节设计也会由于松紧耦合的硬件而不同，但在概念上大体一致。譬如下面提到的无意识引擎 OS1021 在近期内是运行在传统操作系统 10211 上的，看起来像是传统电脑的应用，但在未来无意识引擎的 OS 和传统电脑的 OS 可以合二为一，合并后的 OS 上面既可以运行传统电脑语言应用 1013，也可以运行无意识引擎的应用 1011 和 1012。"

由此可见，申请人构建该案的方案时，既使用了诸如"量子设备""量子计算""分子计算"等现有技术中并不成熟且无公认结构的装置，也未能用本领域技术人员能够理解的现有手段来阐释其提出的"仿脑硬件层"究竟是如何构成和运行的，这两方面的缺陷导致本领域技术人员在试图理解和实现该案的方案时面临困难。继续分析该案的方案会发现还存在诸多类似性质的问题。例如，整个申请文件中缺少对"酝酿混沌概念"这一技术手段的记载和阐释；说明书中关于"微观涌现模型"及其运行机制的描述实际上也是由某些本领域技术人员难以准确确定其含义的术语堆砌而成的概念。

综上所述，当前说明书仅给出了由本领域技术人员难以准确确定其含义和实现过程的技术术语堆砌而成的概念，本领域技术人员在此概念性的描述和记载内容上并不能够实现计算机自动产生有创意的智能的方案，因此，该案的说明书未对发明作出清楚、完整的说明，致使所属技术领域的技术人员不能实现该发明，不符合《专利法》第二十六条第三款的规定。

（四）案例启示

说明书应当清楚、完整地叙述发明的内容，尤其是针对申请人在权利要求书中请求保护的技术方案，必须在说明书中有相应清楚、完整、详细的记载。如果一份专利申请的说明书公开的信息不能让所属技术领域的技术人员能够实现其技术方案、解决其技术问题并产生预期的技术效果，则该说明书属于公开不充分，这样的专利申请不可能被授予专利权。

申请人在撰写说明书时，对于本领域的现有技术，尤其是较为公知和容易找到证据的现有技术，可以简单记载。但涉及发明点的部分一定要充分公开，特别是该案这种情形，由于量子意识理论在业界尚存在争议，并非已得到业界共识确定的理论基础，更应该采用本领域技术人员能够准确确定其含义和实现过程的技术术语进行解决方案的描述，详细给出本领域技术人员能够具体实施的明确的技术手段。

案例6：一种基于边际成本的微网逆变器改进下垂控制方法

（一）案情说明

该案涉及一种基于边际成本的微网逆变器改进下垂控制方法，基于边际成本的改进 P-V 下垂控制以及改进 Q-f 下垂控制，以降低系统总运行成本，提高微电网的经济性，保证系统可靠、经济地运行。

1. 说明书的相关内容

微电网是由分布式电源、储能设备以及负荷等组成的统一整体。分布式电源一般通过逆变器并联运行以提高系统的供电可靠性，分布式电源种类繁多，其运行成本及效率均不同。

下垂控制是并网逆变器的常用控制原理，采用与传统发电机相似的下垂曲线来达到对微电网中微电源的控制，获取稳定的频率和电压。传统的下垂控制按照额定容量分配功率，未考虑各电源实际的发电成本，易造成系统运行成本偏高。

电学领域专利审查疑难案例评析

该案考虑不同类型分布式电源的边际成本，提出一种基于边际成本的微网逆变器改进下垂控制方法，适用于线路阻抗主要呈现阻性的交流微电网，如图3-8所示。

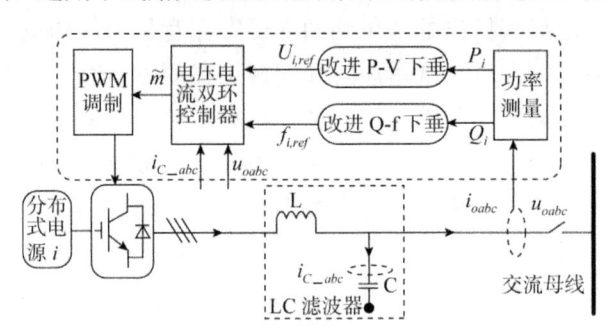

图3-8 交流微电网结构示意图

该控制方法包括以下步骤：

（1）基于边际成本的改进P-V下垂控制，考虑不同类型分布式电源的有功边际成本，改进传统P-V下垂控制，使得并联运行单元有功边际成本一致，以相同的有功边际成本分配各单元的有功功率，降低系统发电成本，实现系统经济优化运行。

（2）基于边际成本的改进Q-f下垂控制，使得并联运行单元无功边际成本一致，由相同的无功边际成本分配无功功率，降低无功发电成本，维持系统频率稳定。

基于边际成本的改进P-V下垂控制如下：

$$U_{i,ref}=U_{max}-(U_{max}-U_{min})\cdot\frac{L_i(P_i)}{\lambda_{L,P}} \quad (1)$$

式中，U_{max}、U_{min}为最大和最小允许电压，P_i为分布式单元i输出的有功功率，$L_i(P_i)$为分布式单元i的有功边际成本，其定义为式（2）。$\lambda_{L,P}$为有功下垂经济系数，各单元取值相同，需满足式（4）的条件。

$$L_i(P_i)=\frac{\partial C_i(P_i)}{\partial P_i}=2\alpha_{i,P}P_i+\beta_{i,P} \quad i=1,2,\cdots,n \quad (2)$$

其中，有功发电成本如下式：

$$C_i(P_i)=\alpha_{i,P}P_i^2+\beta_{i,P}P_i+\gamma_{i,P} \quad i=1,2,\cdots,n \quad (3)$$

式中，$\alpha_{i,P}$、$\beta_{i,P}$、$\gamma_{i,P}$为分布式单元i的有功成本系数。

$$\Delta U_i=(U_{max}-U_{min})\cdot\frac{L_i(P_{i,max})}{\lambda_{L,P}}\leqslant\Delta U_{max} \quad i=1,2,\cdots,n \quad (4)$$

其中，$P_{i,max}$为分布式单元i最大允许输出有功功率，ΔU_{max}为最大允许电压偏差量，一般为母线额定电压的5%。

基于边际成本的改进Q-f下垂控制如下：

$$f_{i,ref}=f_n+(f_{max}-f_n)\frac{L_i(Q_i)}{\lambda_{L,Q}} \quad (5)$$

式中，f_n为系统的额定频率，f_{max}为最大允许频率，Q_i为分布式单元i输出无功功率。$L_i(Q_i)$为分布式单元i的无功边际成本，其定义为式（6）。$\lambda_{L,Q}$为无功下垂经济系数，各单元取值相同，需满足式（8）的条件。

$$L_i(Q_i) = \frac{\partial C_i(Q_i)}{\partial Q_i} = 2\alpha_{i,Q}Q_i + \beta_{i,Q} \quad i=1,2,\cdots,n \tag{6}$$

其中，无功成本如下式：

$$C_i(Q_i) = \alpha_{i,Q}Q_i^2 + \beta_{i,Q}Q_i \quad i=1,2,\cdots,n \tag{7}$$

式中，$\alpha_{i,Q}$、$\beta_{i,Q}$ 为分布式单元 i 的无功成本系数。

$$\Delta f_i = (f_{\max} - f_n) \cdot \frac{L_i(Q_{i,\max})}{\lambda_{L,Q}} \leqslant \Delta f_{\max} \quad i=1,2,\cdots,n \tag{8}$$

式中，$Q_{i,\max}$ 为分布式单元 i 最大允许输出无功功率，$\Delta f_{\max}$ 为最大允许频率偏差量，一般为 0.5 Hz。

该方法考虑不同分布式电源的边际成本，改进传统下垂控制，实现各单元边际成本一致，系统发电成本最低，保证系统稳定的同时实现微电网经济运行。

2. 权利要求请求保护的技术方案

该案请求保护一种基于边际成本的微网逆变器改进下垂控制方法。独立权利要求 1 如下：

权利要求 1. 一种基于边际成本的微网逆变器改进下垂控制方法，其特征在于，包括以下步骤：

（1）基于边际成本的改进 P－V 下垂控制，在传统 P－V 下垂控制的基础上，考虑不同类型分布式电源的有功边际成本，该控制使得并联运行单元有功边际成本一致，以相同的有功边际成本分配各单元的有功功率，降低系统有功发电成本，实现系统经济优化运行。

（2）基于边际成本的改进 Q－f 下垂控制，在传统 Q－f 下垂控制的基础上，考虑不同分布式电源的无功边际成本，该控制使得并联运行单元无功边际成本一致，在相同的无功边际成本下分配无功功率，降低无功发电成本，维持系统频率稳定。

所述基于边际成本的改进 P－V 下垂控制如下式：

$$U_{i,ref} = U_{\max} - (U_{\max} - U_{\min}) \cdot \frac{L_i(P_i)}{\lambda_{L,P}}$$

式中，$U_{\max}$、$U_{\min}$ 为最大和最小允许电压，P_i 为分布式单元 i 输出有功功率，$L_i(P_i)$ 为分布式单元 i 的有功边际成本，$\lambda_{L,P}$ 为有功下垂经济系数，各单元取值相同。

（二）争议焦点

该案请求保护一种基于边际成本的微网逆变器改进下垂控制方法，说明书和权利要求中出现了多个公式，每个公式都包含多个参数，说明书中并未针对所有参数的含义给出详细说明，而且这些参数也不是本领域公知的。

该案的争议焦点在于：这些参数的含义是否清楚，说明书是否满足"充分公开"的要求？

（三）指导意见

说明书的内容应当清楚。说明书应当使用发明或者实用新型所属技术领域的技术

电学领域专利审查疑难案例评析

术语,应当准确表达发明或者实用新型的技术内容,以使所属技术领域的技术人员能够清楚、正确地理解该发明或者实用新型。

该案涉及一种基于边际成本的微网逆变器改进下垂控制方法,旨在解决系统运行成本偏高的技术问题。说明书记载了通过公式(1)(5)进行基于边际成本的有功/无功下垂控制,但是公式中的多个参数:有功下垂经济系数 $\lambda_{L,P}$,分布式单元 i 的有功成本系数 $\alpha_{i,P}$、$\beta_{i,P}$、$\gamma_{i,P}$,无功下垂经济系数 $\lambda_{L,Q}$,分布式单元 i 的无功成本系数 $\alpha_{i,Q}$、$\beta_{i,Q}$,都不是所属技术领域的技术人员公知的科技术语;所属技术领域的技术人员不知道如何获取上述参数来实现说明书记载的技术方案。

此外,U_{max}、U_{min} 为最大和最小允许电压,但是该最大和最小允许电压是指什么单元的最大和最小电压?是每个分布式单元的最大和最小电压?还是母线上的最大和最小电压?还是其他情况的电压?由此可见,这两个参数含义是不清楚的。

因此,虽然该案的说明书给出了技术手段,即实现改进下垂控制方法的具体计算公式,但对所属技术领域的技术人员来说,公式中的部分参数无法获得,即该手段是含糊不清的,根据说明书记载的内容无法具体实施,以解决其技术问题并且产生预期的技术效果。由此可见,说明书没有达到"充分公开"的要求,不符合《专利法》第二十六条第三款的规定。

(四)案例启示

说明书的内容应当表述准确。说明书中使用的技术术语,应当理解为相关技术领域通常具有的含义。如果技术方案中的某个或某些词语具有特定的含义,则说明书应当对该词语进行清楚的说明,否则所属技术领域的技术人员无法正确地理解该技术方案。

该案涉及一种控制方法,为了实现该控制方法,说明书中出现了多个公式,每个公式包含多个参数,其中部分参数不是所属技术领域公知的;所属技术领域的技术人员既不清楚其含义,也不知道如何获取,由此导致所属技术领域的技术人员根据说明书记载的内容无法实现该技术方案。

由此可见,申请人在撰写说明书时,应当用语清楚。对于自造词、物理或化学参数、公式变量等,如果在所属技术领域没有明确含义或者所属技术领域的技术人员根据现有技术无法理解的,都应当在说明书中进行记载和说明。

第四章 实用性

《专利法》第二十二条第四款规定,"实用性,是指该发明或实用新型能够制造或者使用,并且能够产生积极效果。"

建立专利制度的目的不仅是鼓励发明创造,还应当有利于发明创造的实施应用。因此,一项发明或者实用新型要想被授予专利权,就必须能够在产业上应用,并且产生的效果是积极的和有益的,也就是必须具备实用性。

判断一件申请是否具备实用性,通常从以下几种情形来考虑:(1)是否具有再现性,(2)是否违背自然规律,(3)是否利用了独一无二的自然条件,(4)是否产生积极效果。对于上述所列情形,判断时不应机械照搬,而应把握技术方案的本质,避免被申请文件中的文字所描述的表象迷惑。

第一节 违背自然规律

《审查指南》第二部分第五章第3.2.2节规定,"具有实用性的发明或实用新型专利申请应当符合自然规律。违背自然规律的发明或实用新型专利申请是不能实施的,因此,不具备实用性。"

这里所述的"自然规律"应当是自然界普遍的基本定律,是可靠的、为科学界所广泛认同的,例如能量守恒定律。

案例1:一种磁悬浮磁能动力机

(一)案情说明

该案涉及一种磁悬浮磁能动力机,利用"磁能"作为动力,将磁极的同性相斥应用其中,采用少量直流电能做启动和控制,从而达到节约风水资源、保护环境的目的。

1. 说明书的相关内容

在目前动力设备中,普遍使用蒸汽、汽油、柴油、电能、水能、风能、太阳能、核能等驱动动力设备。污染、噪声、环保、成本、场地等因素限制或制约着这些动力设备的应用。该案提供一种磁悬浮磁能动力机,可替代目前广泛使用的电机、汽油机、柴油机、风力动力机、水力动力机,实现环保节能、工艺简单、降低成本。

如图4-1所示,该磁悬浮磁能动力机包括空心定轴2,空心定轴2上设有内定子端盖绝缘圈30,内定子端盖绝缘圈30上设有碳刷31,空心定轴2上活动连接内转子支

电学领域专利审查疑难案例评析

架 36，内转子支架 36 上设有内转子绝缘圈 32，内转子绝缘圈 32 上套设内转子换向器 29，内转子换向器 29 四周设有内转子线圈 25，内转子线圈 25 上设有内转子线圈支架 23，内转子线圈支架 23 周边设有至少一块内转子磁钢 23a；内定子端盖绝缘圈 30 上设有内定子 9 和内定子端盖 28，内定子端盖 28 内相对内转子线圈 25 位置设有内定子端盖内隔磁物 26，内定子端盖内隔磁物 26 上设有内定子左侧固定磁极 27，内定子 9 内相对内转子磁钢 23a 位置设有马蹄形内定子内磁钢 19，内定子 9 外缘设有至少一块内子外磁钢 18；空心定轴 2 上活动连接外转子 1，内转子支架 36 上固定连接内转子主动齿轮 34，内转子主动齿轮 34 与设置在内转子支架 36 上的外转子齿轮 8 啮合连接，外转子 1 内相对内定子外磁钢 18 位置设有外转子内隔磁材料 13 和马蹄形的外转子内磁圈 14，外转子 1 外缘设有外转子外隔磁材料 17 和至少一块外转子外磁圈 16；外转子 1 上活动连接外定子外壳 5，外定子外壳 5 内设有外定子内磁钢 15；外定子内磁钢 15 和外转子外磁圈 16 间的空气隙、内定子外磁钢 18 和外转子内磁圈 14 间的空气隙、内转子磁钢 23a 和内定子内磁钢 19 间的空气隙均为沿旋转方向一端小一端逐渐增大的牛角形。

外转子 1 右侧设有外转子右侧隔磁材料 12 和外转子右侧磁钢 11，外转子 1 上设有外转子左侧端盖 33，外转子左侧端盖 33 左侧设有外转子左侧隔磁材料 24 和外转子左侧磁钢 22；外定子外壳 5 内相对外转子右侧磁钢 11 位置设有外定子右内侧磁钢圈 10，外定子外壳 5 上设有与外转子左侧端盖 33 活动连接的外定子端盖 20，外定子端盖 20 内相对外转子左侧磁钢 22 位置设有外定子左内侧磁钢圈 21。

外定子内磁钢 15 为马蹄形，其两端分别设有一外定子隔磁物 39，上述两个外定子隔磁物 39 之间设有电磁铁心 40，电磁铁心 40 内设有电磁线圈 41，如图 4—2 所示。

空心定轴 2 与内转子支架 36 之间设有内转子线圈轴承 35 或轴套；所述外转子 1 与外定子外壳 5 之间设有外定子轴承 3 或轴套；空心定轴 2 与外转子 1 之间设有外转子轴承 4 或轴套；所述外转子左侧端盖 33 与空心定轴 2 之间设有外转子左侧轴承 38 或轴套；所述外定子端盖 20 与外转子左侧端盖 33 之间设有外定子左侧轴承 37 或轴套。

外定子内磁钢 15 和外转子外磁圈 16、内定子外磁钢 18 和外转子内磁圈 14、内转子磁钢 23a 和内定子内磁钢 19、外定子右内侧磁钢圈 10 和外转子右侧磁钢 11、外定子左内侧磁钢圈 21 和外转子左侧磁钢 22 的磁极均为相斥的同极性磁极。

外转子 1 上螺纹连接飞轮 0。外转子齿轮 8 设置在外转子齿轮定轴 6 上，外转子齿轮 8 侧部设有外转子齿轮护圈 7。

外定子外壳 5 可换为根据用户需要电压等级的发电机的定子线圈。外转子外磁圈 16 与发电机的定子线圈按照用户需要电压等级的发电机原理匹配。

该磁能动力机的工作原理是：两个鼓形的转子，分别为外转子和内转子，在外转子和内转子周边宽一定角度的扇形体上装着一块钕铁硼永磁块，根据功率大小的需求，也可沿转子周边等分放置三块，转子在主要由铁氧体永磁铁做的定子环中旋转，定子有一条宽一定角度的槽口，沿槽口嵌有一个电磁铁，在扇形体磁块经过电磁铁线圈的瞬间，通以脉冲电能使它激励产生推斥力，推动转子旋转，当电磁铁励磁电路断开时，转子的速度就由其钕铁硼永磁块和定子环上的磁极同性相斥的磁推力维持着，同时，飞轮的储蓄机械能也随转子的旋转而加在转子上助力转子的旋转。定子环的作用是对转子的摆动不断补充动量。定子环内圈不是圆的，而是螺旋形的，其半径沿转子的旋转方向逐渐增大，因此，在定子的偏心内曲面和旋转的转子外圆间形成了一个非均匀性气隙，气隙的尺寸沿转子旋转方向慢慢逐渐增大，这样就确保了在定子内圈下运动中的转子外圆上的一定角度上的扇形体钕铁硼永磁块磁极，前端距离定子内圈的距离空间始终比后端的距离空间大，磁阻在空隙中的就比较大，因此转子外圆上一定角度的扇形钕铁硼永磁块磁极在旋转中总是在后端得到一个推力，使转子向前加速，所以，在转子转近电磁铁时圆周距离上并不消耗电池或电能的能量，这样一周之后，电磁铁再一次给予通电激励，使转子又一次得到电磁铁产生的力的推动而开始下一个循环旋转。

　　该磁悬浮磁能动力机利用磁能为动力，将磁极的同性相斥应用其中，采用少量直流电能做启动和控制，可以取代目前各种发电机、电动机、汽油发动机、柴油发动机、蒸汽机、水能机、风能机等，以应对能源枯竭或有限能源、限定能源的局面。

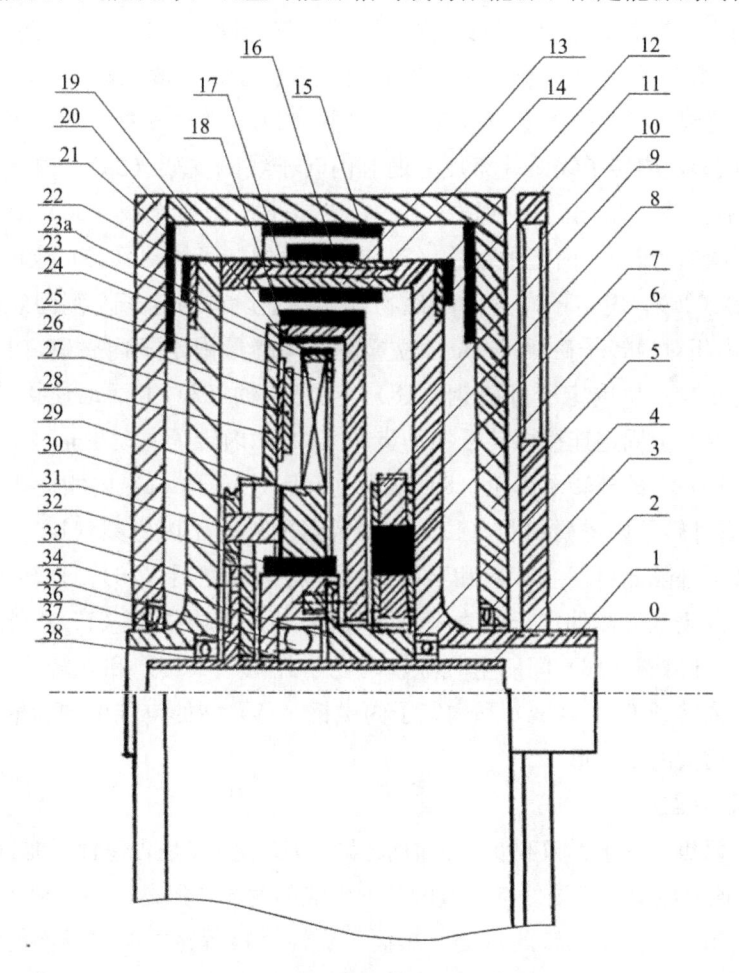

图4—1　磁悬浮磁能动力机剖视图

电学领域专利审查疑难案例评析

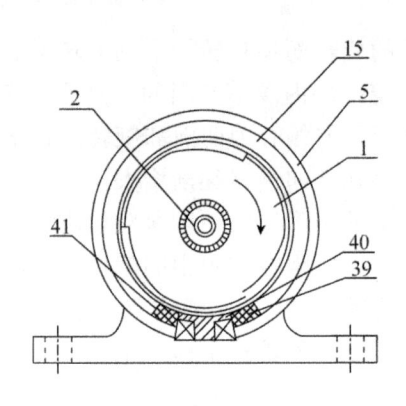

图 4-2 磁悬浮磁能动力轴向结构示意图

2. 权利要求请求保护的方案

该案请求保护一种磁悬浮磁能动力机。独立权利要求 1 如下：

权利要求 1. 一种磁悬浮磁能动力机，包括空心定轴（2），其特征是所述空心定轴（2）上设有内定子端盖绝缘圈（30），内定子端盖绝缘圈（30）上设有碳刷（31），空心定轴（2）上活动连接内转子支架（36），内转子支架（36）上设有内转子绝缘圈（32），内转子绝缘圈（32）上套设内转子换向器（29），内转子换向器（29）四周设有内转子线圈（25），内转子线圈（25）上设有内转子线圈支架（23），内转子线圈支架（23）周边设有至少一块内转子磁钢（23a）；内定子端盖绝缘圈（30）上设有内定子（9）和内定子端盖（28），内定子端盖（28）内相对内转子线圈（25）位置设有内定子端盖内隔磁物（26），内定子端盖内隔磁物（26）上设有内定子左侧固定磁极（27），内定子（9）内相对内转子磁钢（23a）位置设有马蹄形内定子内磁钢（19），内定子（9）外缘设有至少一块内定子外磁钢（18）；空心定轴（2）上活动连接外转子（1），内转子支架（36）上固定连接内转子主动齿轮（34），内转子主动齿轮（34）与设置在内转子支架（36）上的外转子齿轮（8）啮合连接，外转子（1）内相对内定子外磁钢（18）位置设有外转子内隔磁材料（13）和马蹄形的外转子内磁圈（14），外转子（1）外缘设有外转子外隔磁材料（17）和至少一块外转子外磁圈（16）；外转子（1）上活动连接外定子外壳（5），外定子外壳（5）内设有外定子内磁钢（15）；外定子内磁钢（15）和外转子外磁圈（16）间的空气隙、内定子外磁钢（18）和外转子内磁圈（14）间的空气隙、内转子磁钢（23a）和内定子内磁钢（19）间的空气隙均为沿旋转方向一端小一端逐渐增大的牛角形。

（二）争议焦点

该案的争议焦点在于：权利要求 1 请求保护的技术方案是否违背了能量守恒定律？

观点 1：该磁能动力机虽然有少量的外部电能的输入，但是其还是利用磁性材料所建立的磁场达到连续循环旋转的目的。然而，磁性材料所建立的磁场不能向外界提供动力。仅依靠磁性材料储存的能量，在不消耗外来能量的情况下就能维持持续旋转和输出动力，实际上是一种要求输出大于输入的能够永久自转的机器，明显违背能量守恒定律。

观点 2：该磁能动力机并非仅依靠磁性材料自身储存的能量，在启动时，通过外力带动飞轮旋转，提供一个初始转动的动能，并要求在少量线圈通电的情况下启动，且根据负载大小，调节持续直流电的大小，进而能够维持持续的转动；在工作时，建立的磁场并非是静止的保守场，由于定子、转子间的空气隙在工作时沿着旋转方向是不均匀的，故转动时的磁场为动磁场。该磁能动力机的输入能量为：少量用于维持的直流电＋飞轮转动动能＋同性相斥的动磁场，并非一种要求输出大于输入的永久自转的机器，不违背能量守恒定律。

（三）指导意见

众所周知，永磁体建立的磁场是一种保守场，该保守场只能作为能量转换的媒介，将外界的能量转换为其他形式的能量，而不能向外界提供能量，即永磁体的磁能积无法向外界供能，不会成为持续的能量源。

该案的磁悬浮磁能动力机利用定子的偏心内曲面和旋转的转子外圆间形成的非均匀性气隙，使得转子外圆上一定角度上的扇形永磁块磁极前端距离定子内圈的距离空间始终比后端的距离空间大，从而导致扇形永磁块磁极在旋转中总是在后端得到一个推力，使转子向前加速，在转子转近电磁铁时的圆周距离上不消耗电能，这样一周之后电磁铁再一次给予通电激励，转子开始下一个循环旋转。由此转子一个圆周的旋转运动仅在开始时给予一通电激励，而在圆周运动的大部分时间均可以对外界输出能量。而且该案的说明书中记载了："该磁悬浮磁能动力机利用磁能为动力，将磁极的同性相斥应用其中，采用少量直流电能做启动和控制。"由此可见，该案将永磁体磁场中的磁能看作可以取出的能量，利用该取出的能量，以及少量用于维持的直流电和飞轮转动的动能，使该装置实现供电。但是该案中的永磁块与定子环上的磁极建立的磁场是一种保守场，该保守场只能作为能量转换的媒介，将外界的能量转换为其他形式的能量，而不能向外界提供能量。

因此，该磁悬浮磁能动力机的输入能量只有少量用于维持的直流电和飞轮转动的动能，并不包括永磁体的磁能，其实质上是一种要求输出大于输入的动力设备，违背了能量守恒定律，无法实现连续运转，从而不具备实用性，不符合《专利法》第二十二条第四款的规定。

（四）案例启示

满足实用性要求的技术方案不能违背自然规律。能量守恒定律是自然界普遍的基本定律之一，因此，违背能量守恒定律，必然不具备实用性。

该案的磁悬浮磁能动力机以少量的输入能量实现连续运转，实质上是一种"永动机"。由于永动机明显违背了能量守恒定律，必然不具备实用性。因此，即使该案的说明书对磁悬浮磁能动力机的结构进行了详细描述，使得所属技术领域的技术人员能够将其制造出来，也无法在产业上进行使用。

由此可见，这种不具备实用性的情形是由技术方案本身固有的缺陷引起的，与说明书公开的程度无关。

因此，申请人在撰写申请文件时，不仅要记载技术方案的各组成要素以及要素之间的相互关系，还应当对该技术方案的工作原理或理论是否符合自然规律进行清楚的说明，以使其满足实用性的要求。

案例2：一种由多个电源单体构成的电池组

（一）案情说明

该案涉及一种由多个电源单体构成的电池组，每个电源单体的正极和负极之间具有含有铝盐、电气石等物质的层。该电池组在没有任何外接电源的情况下，能够在一定时间段内不断地为外界提供电能。

1. 说明书的相关内容

一种电源电池组，包含多个串联和/或并联的电源单体，每个电源单体包含正极和负极，在正极和负极之间具有含有铝盐、电气石、烷基酚聚氧乙烯醚、多元醇、硅油和碱金属卤化物的层。其中，在含有铝盐、烷基酚聚氧乙烯醚、多元醇、硅油和碱金属卤化物的层的浆料中加入电气石，可以显著地提高能量密度。因此，该电源电池组能够在一定时间段内持续地提供电流，并且该电源电池组的能量密度显著提高。

相对于100重量份的铝盐，电气石的含量可以为1～20重量份，优选为5～15重量份。电气石是一种天然存在的矿石，其化学组成为 $[Na, K, Ca][Mg, F, Mn, Li, Al]_3 [Al, Cr, Fe, V]_6 [BO_3]_3 [Si_6 O_{18}][OH, F]_4$。

所述烷基酚聚氧乙烯醚的含量可以为10～150重量份，优选为20～120重量份；所述多元醇的含量可以为50～500重量份，优选为80～350重量份；所述硅油的含量可以为1～100重量份，优选为5～60重量份；所述碱金属卤化物的含量可以为1～60重量份，优选为4～40重量份。

所述铝盐优选为硫酸铝和/或硫酸铝铵，更优选为硫酸铝和硫酸铝铵。硫酸铝的分子式为 $Al_2(SO_4)_3$，可以为其结晶水合物的形式，例如 $Al_2(SO_4)_3 \cdot 18H_2O$。硫酸铝铵的分子式为 $AlNH_4(SO_4)_3$，可以为其结晶水合物的形式，例如 $AlNH_4(SO_4)_3 \cdot 12H_2O$。所述烷基酚聚氧乙烯醚优选为壬基酚聚氧乙烯（40）醚，分子式：$C_{95}H_{184}O_{41}$。所述多元醇优选为甘油和/或甘露醇，更优选为甘油和甘露醇。所述碱金属卤化物优选为氯化钠。

该电源单体的制备方法为：

（A）制备含有铝盐、电气石、烷基酚聚氧乙烯醚、多元醇、硅油和碱金属卤化物的层的浆料：将90 g $Al_2(SO_4)_3 \cdot 18H_2O$、10 g $AlNH_4(SO_4)_3 \cdot 12H_2O$、100 g 壬基酚聚氧乙烯（40）醚、100 g 甘油、50 g 硅油、30 g 氯化钠、10 g 黑色电气石、10 g 石墨、20 g 石墨烯、200 g 甘露醇和50 g 防冻液混合均匀。固体原料在混合前均分别粉碎或研磨为 200 目以上的粉末。

（B）将纯镁板材裁剪成负极，在负极表面以间隔均等的距离打直径为 2 mm 的通孔。

（C）将步骤（B）得到的负极浸泡在 120 ℃的壬二酸中，取出自然干燥并冷却至常温后，涂布由 100 ml 防冻液与 40 g 的硫酸铝形成的溶液，自然干燥。

（D）将银镍合金板材裁剪成正极。

（E）将步骤（A）制得的浆料涂敷在步骤（C）制得的负极的两个表面上，形成两层含有铝盐、电气石、烷基酚聚氧乙烯醚、多元醇、硅油和碱金属卤化物的层，每层含有铝盐、电气石、烷基酚聚氧乙烯醚、多元醇、硅油和碱金属卤化物的层的厚度均为 0.3 mm。

（F）将两片由步骤（D）制得的正极分别放置在含有铝盐、电气石、烷基酚聚氧乙烯醚、多元醇、硅油和碱金属卤化物的层上，然后在正极上引出正极引线，在负极上引出负极引线，封装，得到一个电源单体成品。

对制备得到的电源单体进行性能测试：

（1）利用万能表检测电源单体的初始电压（空载）和电流（负载 75 kΩ）。

（2）将该单体的正负极直接连接，短路放电 15 h，然后停止短路放电，25 ℃放置 9 h 后利用万能表检测电压（空载）和电流（负载 75 kΩ），按照相同的方法重复短路 7 次，并测定短路后的电压和电流。

测试结果（仅数值）见表 4—1。

表 4—1　电源单体性能测试结果

实施例编号	实施例 1
初始电压	2.65
初始电流	53.95
第一次短路后电压	2.61
第一次短路后电流	53.05
第二次短路后电压	2.55
第二次短路后电流	53.40
第三次短路后电压	2.62
第三次短路后电流	53.92
第四次短路后电压	2.60
第四次短路后电流	53.90
第五次短路后电压	2.55
第五次短路后电流	53.85

续表

实施例编号	实施例1
第六次短路后电压	2.50
第六次短路后电流	52.78
第七次短路后电压	2.53
第七次短路后电流	52.98

从表4-1所示的结果可以看出,上述制得的电源单体在没有任何外接电源的情况下,能够产生电压和电流,经历7次短路后放电的电压和电流变化很小。

2. 权利要求请求保护的方案

该案请求保护一种电源电池组。独立权利要求1如下:

权利要求1. 一种电源电池组,该电池组包含多个串联和/或并联的电源单体,每个电源单体包含正极和负极,其特征在于,所述正极和负极之间具有含有铝盐、电气石、烷基酚聚氧乙烯醚、多元醇、硅油和碱金属卤化物的层;相对于100重量份的铝盐,所述电气石的含量为1~20重量份,所述烷基酚聚氧乙烯醚的含量为10~150重量份,所述多元醇的含量为50~500重量份,所述硅油的含量为1~100重量份,所述碱金属卤化物的含量为1~60重量份;

所述铝盐为硫酸铝和/或硫酸铝铵;

所述烷基酚聚氧乙烯醚为壬基酚聚氧乙烯(40)醚;

所述多元醇为甘油和/或甘露醇;

所述碱金属卤化物为氯化钠;

所述正极含有银、银镍合金或镍铬合金,所述负极含有镁或镁合金。

(二)争议焦点

该案的争议焦点在于:权利要求1请求保护的电源电池组是否违背能量守恒定律?

观点1:从给出的实验数据来看,该电源单体在每次短路后,检测得到的电压和电流均与初始状态下以及前次短路后的电压和电流基本相当,甚至在一些情况下比前次短路后具有更高的电压和电流,也就是说该电源单体在没有任何外部能源输入的情况下,就能够产生电压和电流。但是对所属技术领域的技术人员来说,在将电源单体的正负极直接短路15 h之后,存储在该电源单体中的能量会被消耗掉,根据能量守恒定律,在没有任何外接能源的情况下,该电源单体中存储的能量不可能恢复到接近短路之前的水平,更不可能比短路之前该电源单体中存储的能量更多。因此,由这种电源单体构成的电源电池组明显不符合能量守恒定律。

观点2:该电源从表面上看,正负极都没有消耗,但是微观上是有消耗的。因为当外部电路连接后,电压会随着工作时间延长而逐渐降低;降低到一定程度时断开外部电路,恢复一段时间后,电源的正负极表面和固态电解质离子重新达到电极电荷平衡,连接外部电路可以恢复到起初的电压水平，但是相比于最初始的电压水平，恢复后的电压水平有所降低，每一次循环都会降低，只是降低的程度比较小，以至于相邻两个循环之间的降低程度检测不到或者由于检测误差导致后一个循环比前一个循环的电压检测值稍高。该电源经过多次循环之后电压逐渐降低至无法使用的程度，从而寿命终结。因此，权利要求1请求保护的电源电池组并不违背能量守恒定律以及有关电池的工作原理的自然规律。

（三）指导意见

能量守恒定律是自然界普遍的基本定律之一。根据能量守恒定律，能量只能由一种形式转变为另一种形式，不可能凭空产生。

该案涉及一种电池组。电池通常是指具有电解质和金属电极，能将化学能转化成电能的装置。在化学电池中，化学能直接转变为电能是电池内部自发进行氧化还原等化学反应的结果。此外，电池还包括非化学电池如太阳能电池，它是将光辐射能量转化为电能。

由此可见，电池作为一种能量来源，能够产生向外输出的电流，这是电池内部离子定向运动的结果。要促使离子定向运动，则需要有能源，例如化学电池是利用氧化还原反应产生的化学能，太阳能电池是利用光辐射能量。不论是化学电池还是非化学电池，其工作原理均符合能量守恒定律，都是将一种能量转化为另一种能量，并不会凭空产生能量。

该案电池组中的单体正极由银镍合金制成，负极由镁制成，正负极之间为含有铝盐、电气石、烷基酚聚氧乙烯醚、多元醇、硅油和碱金属卤化物的层。从其构成来看，正负极之间无法发生氧化还原反应，即化学能不是该电池单体的能量来源；而且说明书也没有记载其他的能量来源，由此无法促使电池单体内部产生离子定向运动，即该电池单体无法产生电能。但是从说明书记载的实验数据来看，在没有任何外界能量输入的情况下，该电池单体能够不断地产生新的能量，这明显不符合能量守恒定律。

此外，从该电池单体的循环放电过程来看，先将电池单体的正负极短路15 h进行放电，然后将正负极断开放置9 h，电池单体的电压和电流就会恢复到接近短路之前的状态（稍高或稍低），其放电循环过程是"正负极短路放电→正负极断开放置→正负极短路放电"。对所属技术领域的技术人员来说，该放电循环过程没有任何外部能源输入，在此情况下，这样的循环过程一次也不可能实现，更谈不上经过多次循环之后，电池寿命逐渐衰减直至终结。

综上所述，权利要求1请求保护的电源电池组违背了能量守恒定律，不具备《专利法》第二十二条第四款规定的实用性。

（四）案例启示

违背自然规律的技术方案不满足实用性的要求，这种情形是由技术方案本身固有的缺陷引起的，与说明书公开的程度无关。也就是说，一项不满足实用性要求的技术方案，不可能通过改进其撰写方式来克服这个缺陷，也即这样的技术方案不可能被授予专利权。

对于该案，尽管说明书记载了相关的实验数据以说明该电池组能够产生电能，但是由该电池组的结构可知，在没有外部能量来源的情况下，是无法产生能量的，即该技术方案本身违背了能量守恒定律。

由此可见，申请人在撰写申请文件时，应当从技术方案本身及其原理、实验数据等方面对要求保护的主题是否符合自然规律进行清楚的说明，以使其满足实用性的要求。

案例3：一种多相氢－催化剂动力系统

（一）案情说明

该案涉及一种多相氢－催化剂动力系统，其要解决的技术问题是提供一种符合可持续发展要求的清洁能源，采用的技术手段是基于由氢至较低能态的分数氢的催化反应释放能量从而提供动力，并据此构成一种燃料电池系统。

1. 说明书的相关内容

"分数氢理论"：电子可由基态跃迁至更低的能态，即分数态，例如 $1/2$、$1/3$、$1/4$……并伴随着能量的释放。

基于该理论，提供了一种电池系统，其原理为：催化剂在一定条件下被激化使氢原子变得不稳定，转化为分数氢，同时辐射热能，并将能量转移。

该电池系统包含选自以下的至少两种组分：催化剂或催化剂源、原子氢或原子氢源、形成催化剂或催化剂源和原子氢或原子氢源的反应物、引发原子氢催化的一种或多种反应物、和使催化能发生的载体。还包括包含阴极的阴极隔间、包含阳极的阳极隔间、可选的盐桥、在具有分开的电子流动和离子传质的池运转过程中构成分数氢反应物的反应物以及氢源。

该电池系统的结构如图4－3所示。

氢催化剂反应器70包括容纳有能量反应混合物74的容器72、热交换器80和动力转化器（例如蒸汽发生器82和涡轮机90），催化涉及将来自源76的原子氢与催化剂78反应以形成较低能量的"分数氢"并产生动力，当反应混合物（由氢和催化剂构成）反应以形成较低能量的氢时，热交换器80吸收由催化反应所释放的热，热交换器将热与蒸汽发生器82交换，蒸汽发生器82从交换器80吸收热并产生蒸汽，涡轮机90从蒸汽发生器82接收蒸汽并对发电机提供机械动力，发电机将蒸汽能转化为电能，其可被负载接收以做功或用于耗散。

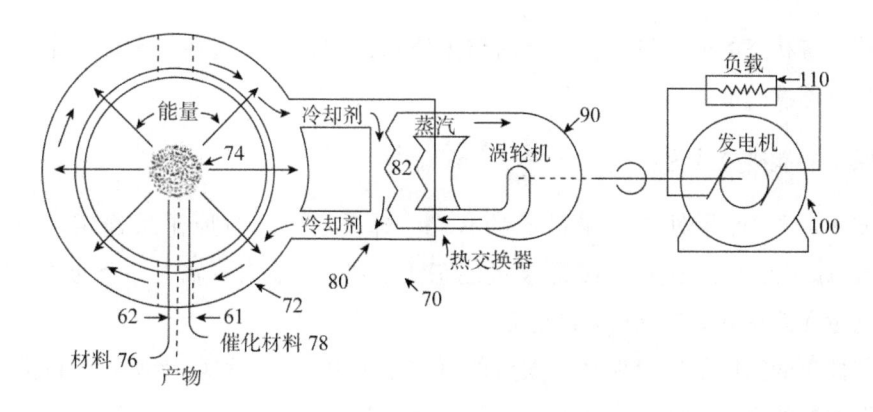

图 4—3 燃料电池系统结构示意图

2. 权利要求请求保护的方案

该案请求保护一种燃料电池系统。独立权利要求 1 如下：

权利要求 1. 一种燃料电池系统，所述燃料电池系统从由氢至较低能态的分数氢的催化反应产生电动势（EMF），其提供由分数氢反应释放的能量至电力的直接转化，所述燃料电池系统包含：反应物，在具有分开的电子流动和离子传质的池运转过程中，所述反应物构成分数氢反应物；包含阴极的阴极隔间，包含阳极的阳极隔间和氢源；其中所述反应物包含选自以下的至少两种组分：催化剂或催化剂源；原子氢或原子氢源；形成所述催化剂或催化剂源和所述原子氢或原子氢源的反应物；引发原子氢的催化的一种或多种反应物和使催化能够发生的载体；并且其中，通过反应混合物的反应形成原子氢和氢催化剂中的至少一种，并且借助其进行反应的一种反应物引起催化反应活化，其中引起所述催化反应的反应包括选自以下的反应：

（i）放热反应；

（ii）偶联反应；

（iii）自由基反应；

（iv）氧化—还原反应；

（v）交换反应；

（vi）吸收剂、载体或基质辅助的催化反应。

（二）争议焦点

根据玻尔原子理论可知，氢原子的基态为最低的能级，只能通过吸收能量激发至更高的能级。但是，该案提出一种分数氢理论，将玻尔模型的适用范围扩展到分数量子数。该分数氢理论虽然早在 1986 年就已经提出，但该理论的提出备受科学界争议。

由此可见，本案的争议焦点在于：权利要求 1 请求保护的技术方案是否违背了自然规律？是否具备实用性？

（三）指导意见

玻尔于 1913 年提出的氢原子理论认为：原子系统存在一系列不连续的能量状态，

处于这些能量状态的电子只能在一定轨道上绕核圆周运动，这些状态称为定态，相应的能量是不连续的值：E_1，E_2，E_3，…

氢原子的能级公式为：$E_n = -\dfrac{13.58}{n^2}$ eV

当 $n=1$ 时，原子处于能量最低的状态，即基态，此时原子最稳定；当 $n=2$，3，…时，原子处于激发态。当原子从高能态跃迁到低能态时，辐射一个光子；原子需要吸收能量才能从低能态跃迁到高能态。

玻尔提出的氢原子理论根基于大量的可靠证据之上，为科学界所广泛认同，是解决物理学问题的理论基础。

基于说明书公开的内容，该案的电池系统必须依赖于由氢至较低能态（分数氢）的催化反应释放能量才能实现。然而根据玻尔原子理论可知，氢原子的基态为最低的能级，只能通过吸收能量激发至更高的能级，而不可能出现具有比基态更低能级的分数氢，更不可能利用氢至分数氢的催化反应释放能量。

由此可见，权利要求 1 请求保护的技术方案与玻尔的氢原子理论是背道而驰的，脱离了物理界的重大理论思想，且没有足够的证据来证明分数氢的存在。现有技术中也不存在相似结构的能源、动力系统或电池系统。

因此，该技术方案违背自然规律而不能实现，不符合《专利法》第二十二条第四款规定的实用性。

（四）案例启示

满足实用性要求的技术方案不能违背自然规律。该自然规律应当是基于大量的可靠证据之上，为科学界所广泛认同的。

该案中的"分数氢理论"与科学界广泛认同的"玻尔理论"相悖，且没有足够的证据来证明分数氢的存在。因此，依据该理论构建的燃料电池系统，尽管其结构在说明书中进行了详细描述，使得所属技术领域的技术人员能够将其制造出来，但是由于违背了"玻尔理论"，该燃料电池系统无法"产生电能"，从而不具备实用性。

由此可见，申请人应当基于可靠的科学理论来提出技术方案，撰写申请文件时应详细说明工作原理并且必要时还应提供实验数据加以证明，以使其满足实用性的要求。

第二节　无积极效果

《审查指南》第二部分第五章第 3.2.6 节规定，"具备实用性的发明或者实用新型专利申请的技术方案应当能够产生预期的积极效果。明显无益、脱离社会需要的发明或者实用新型专利申请的技术方案不具备实用性。"

虽然"能够产生预期的积极效果"比较容易得到满足，但在实际申请中，仍然会有少量专利申请会违反该条件。

案例4：一种发电装置

（一）案情说明

该案涉及一种发电装置，其要解决的技术问题是保护环境，缓解能源紧张，采用的技术手段是在装置内设置飞轮内环以及两组共6台发电机，利用"飞轮效应原理"进行发电。

1. 说明书的相关内容

为了保护环境、缓解能源紧张，提供了一种结构简单，安全环保，不用任何原料的发电装置。整个发电装置设置在由10~16 mm厚钢板组成的密封罐内，用多台互为联锁的大功率真空泵，将罐内空气通过两个抽气口抽到95%的真空度，使整个发电装置在发电运行的"飞轮效应"过程中空气阻力为零，提高发电效率。

图4-4示出了该发电装置的结构。图4-5为该发电装置的发电工艺流程图。

如图4-4所示，罐内的飞轮发电装置设备，具有两组固定大圆环12，它们上面各固定着相差120°的三台发电机24，错开均布。该发电装置还具有直径10 m的飞轮内环13以及助力稳固三角形支架；主轴17及上面的三套主轴承14、18、21，以及三角形带轮16。由三台电动机组成的原动力和相应的带轮系统，驱动主轴17转动，使飞轮13外边缘与发电机24边缘摩擦，带动两端的各三台发电机24同步发电，发出电量经各发电机的输出三相电缆输出到中心配电室，再分配到该装置用电系统及省市电力网系统。罐内外除多台发电机组成的飞轮外，还有多套保证连续运行的附属设备系统：循环冷却水系统及排水系统、润滑油系统等。

该发电装置利用了"飞轮效应原理"：为了使飞轮转动，一开始必须用很大的力气一圈又一圈地反复推动，每转一圈都很费力；但每一圈的努力都不会白费，飞轮会越转越快，到达一定临界值后，飞轮的自重和冲力都会成为推动力的一部分，这时无须再用更大力气，飞轮依旧会快速转动，而且会不停地转动。据此，该发电装置初始由三台大功率电动机带动发电机转子飞轮旋转，当转子飞轮的转速达到临界速度时，仅由一台电动机维持运行；由于需要克服摩擦力和空气阻力等，临界速度下降，从能发出10.5 kV电压的速度降至能发出6 kV电压的速度时，使自停的一或两台电动机瞬间再启动接入，使转子飞轮速度再次升至临界速度。具体控制方法为：启动装置中的"欠电压继电器"，带动已暂停运行的一台（或两台）电动机瞬间再启动，使飞轮转速升至临界速度，过5~10 min先后再自动停一台（或两台），仍保留一台电动机运转。或者启动飞轮"速度继电器"，当转速低于1600 r时，它自动将已停动的一或两台电动机再启动；达到临界速度时，一至两台电动机先后自动停运，仍然保留一台电动机运转。

电学领域专利审查疑难案例评析

由于在真空罐内运行，空气阻力为零，该发电装置的飞轮效应只克服摩擦力，故它的厂用电率约占40%，相当于从电网每借1 kW·h电作原动力，可以还电网2.2 kW·h电，实现了不用煤、水、风和太阳能，便可达到节能环保的发电目的。

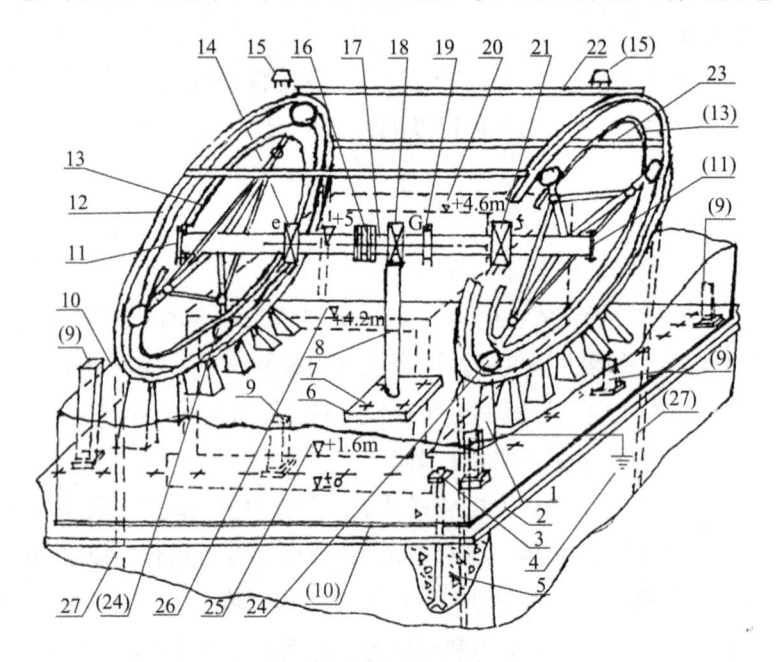

图4—4 发电装置的结构示意图

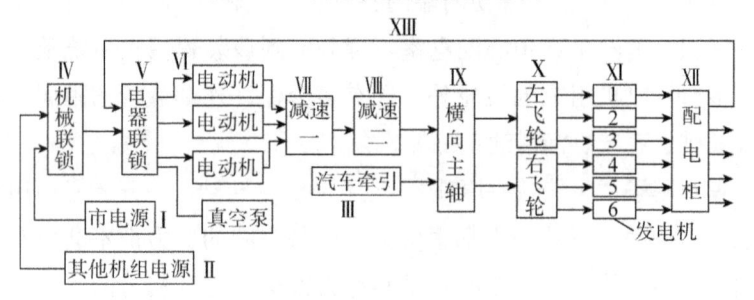

图4—5 发电装置的发电工艺流程图

2. 权利要求请求保护的方案

该案请求保护一种非能源环保真空式旋风发电装置。独立权利要求1如下：

权利要求1. 权利要求的第一技术特征"非能源环保真空式旋风发电装置"，它有一个真空罐包围着，下部有大而厚埋入地下的钢筋混凝土基础5#，内埋数百条地脚螺栓3#与钢板2#连接，钢板2#左右两边各焊接多条工字形钢柱1#，支承着凹形固定金属大圆环12#，钢板2#中心有一块方钢板6#及螺栓7#，用焊接加螺栓方式连接着垂直钢管柱8#；钢管柱顶通过带着上下两个半圆形轴瓦的抱箍将8#固定在横向主轴17#中心；钢板2#上部填1.6 m厚钢筋混凝土作为房基，在+1.6～+4.2 m建无人电气控制中心，装各型配电柜Ⅻ，负责本装置电力负荷的集中与分配；+4.2 m及

+4.6 m房顶平台，除装设数台电动机及调速的带轮或蜗轮蜗杆设备外，还装设着两套由钢筋混凝土支墩支承的半圆形轴瓦将抱箍与轴17♯固定；本装置的所有金属构件均应与重复接地装置4♯焊连并防腐，重复接地与室外避雷系统相连；在横向主轴17♯两端可安装内径为10 m或50 m、100 m、500 m、1000 m及以上的12♯固定金属大圆环及24♯发电机系列产品；横向主轴17♯两端有钢管及法兰螺栓连接的多角旋转支架，支架顶部各自连接着相应数目的自励磁式三相同步交流发电机24♯，每台发电机转子轴上的两个组合胶轮124♯与13♯外缘保持着有弹性的紧密接触；为增加稳定性，在12♯固定大圆环上部装有若干根横向钢管组成的桁架22♯，它们两边各有多条大号组合钢绞线部件36♯、37♯、38♯与厂房墙柱或与地桩相连；为了降温，在两套旋转金属大圆环13♯的顶部各装数个15♯冷却用喷水嘴，旋转金属大圆环13♯最低点各设若干个漏水孔与罐内排水地漏相连。

（二）争议焦点

该案的争议焦点涉及该发电装置是否符合能量守恒定律。

观点1：该发电装置利用三台电动机带动六台发电机，它通过带轮等方式，将电动机的能量转换成发电机的动能实施发电，它的能量守恒条件是：三台电动机的总能量等于六台发电机的总能量。在发电过程中，三台电动机同时启动，瞬间它的三相额定电压达到10.5 kV（此时称为临界电压），人工或自动停两台电动机作备用，留一台电动机运转，用它来克服摩擦力和空气阻力，此时本发电装置电压从10.5 kV自动下降至6 kV，这便是利用惯性力做减速运动的降电压发电过程。在6 kV电压下、欠电压继电器或低转速继电器自启动，两台备用电动机同时投入，又变成三台电动机同时出力，瞬间发电机电压又升至10.5 kV的临界电压，以此方式不断循环不断发电。由此可见，在装置的运行过程中，通过将电能转化为机械能，再由机械能转化为电能，在这个运行过程中，装置本身可以工作，不违背能量守恒定律，该案具备实用性。

观点2：该案声称"是一种不用任何原料的发电装置""从电网每借1 kW·h电作原动力，可以还电网2.2 kW·h电"，输出电能大于输入电能，显然是违背能量守恒定律的，该案不具备实用性。

（三）指导意见

根据说明书的记载可知，该发电装置由电动机带动飞轮旋转，再通过飞轮带动发电机发电。初始由三台大功率电动机带动飞轮旋转，当飞轮的转速达到能产生10.5 kV电压的临界速度时，仅由一台电动机维持运行，当飞轮的转速从能产生10.5 kV电压降至能发出6 kV电压的速度时，使自停的一或两台电动机瞬间再启动接入，使飞轮转速再次升至临界速度，以此方式不断循环发电。该案要解决的技术问题为：不用原料，用电地方就地发电，无需高电压远距离输电，克服了火电厂、核电站、水电站、风能、太阳能等发电的劣势，并且能够从电网每借1 kW·h电，还电网2.2 kW·h电。

电学领域专利审查疑难案例评析

然而，从该发电装置的整个系统来看，其输入是电能，输出的也是电能。从电网中获得电能，通过电动机、飞轮等传动机构以及发电机，再产生电能，馈电到电网中。因此，在整个发电系统中，利用已有电能，进一步转化为机械能，再继续转化为电能。而初始利用的电能作为一种二级能源，必然是需要消耗其他能源的，所以，从根本上讲，该案并非不用原料，而是间接使用了其他能源。该案声称的"用电地方就地发电，无需高电压远距离输电，克服了火电厂、核电站、水电站、风能、太阳能等发电的劣势"，是直接使用电能带来的效果。由此可见，该发电装置没有违背能量守恒定律，仅从说明书的文字记载来判断就会得出错误的结论。

另外，该案的发电装置，在使用电能发电的过程中，通过电能转换为机械能，再从机械能到电能，不仅没有增加新的能量，反而在能量的逐级转化过程中，额外消耗了电能。对于该案所提到的"飞轮效应"，作为中间部件的飞轮，仅是蓄能的部件，而不是产能的部件，因此飞轮不能额外产生能量，只能储存能量，飞轮所储存的能量从电网而来，由电网的电能转化为动能的形式储存在飞轮上，该动能的大小同飞轮转速的平方成正比，因为飞轮的转速有限，所以飞轮上存储的动能也是有限的，随着发电机电力的输出，飞轮上储存的电能逐步转化为输出的电能直到耗尽。飞轮在这种能量的转换过程中，仅起到蓄能以及传递能量的作用，并没有增加新的能量。因此，该案的发电装置并不能"从电网每借 1 kW·h 电，还电网 2.2 kW·h 电"。

综上所述，该案的发电装置虽然符合能量守恒定律，但其实质上是一个消耗电能以产生电能的装置，在"电能→机械能→电能"的转化过程中，消耗了不必要的能量，其输出的电能必然小于输入的电能，相比直接使用输入的电能作为供电源而言造成了能量的浪费。该案发电所使用的输入电能也是由其他原料转化而来的，并非从根本上不使用其他原料。因此，该案的发电装置，由于在发电过程中，造成了不必要的电能损失，没有产生《专利法》所规定的实用性意义上的积极的技术效果，因而该案说明书所公开的内容不具备实用性，不符合《专利法》第二十二条第四款的规定。

（四）案例启示

判断一件申请是否具备实用性时，要从技术方案、解决的技术问题和技术效果几个方面综合考虑。技术方案是否满足实用性的要求，不应仅从请求保护的"机器"是否可以"动"起来作为判断的依据，还要考虑技术方案针对要解决的技术问题，是否具有积极的技术效果。

对于该案，发电装置在输入电能经中间环节的转换后产生了小于所输入电能的能量输出，相比直接使用输入的电能作为供电源而言造成了不必要的能量浪费，那么该发电装置的使用不能产生积极效果，从而不具备实用性。

此外，权利要求应当清楚地限定要求专利保护的范围。对于独立权利要求，撰写时应当包括前序部分和特征部分，前序部分应写明要求保护的发明或实用新型技术方案的主题名称和其与最接近现有技术共有的必要技术特征；特征部分应写明发明或实用新型区别于最接近现有技术的技术特征。这样撰写的目的，在于使公众更清楚地看出独立权利要求的全部技术特征中哪些是发明或实用新型与最接近现有技术所共有的技术特征，哪些是区别于最接近现有技术的特征。但是，该案的独立权利要求1没有按照上述方式进行撰写，对于本领域的技术人员来说，难以明了要求保护的主题是什么，与最接近现有技术共有的技术特征有哪些，区别于最接近现有技术的特征有哪些，从而难以理解其要求保护的范围。

第三节　涉及独一无二的自然条件

《审查指南》在第二部分第五章第3.2节中例举了不具备实用性的几种主要情形，其中之一为利用独一无二的自然条件的产品，并且对于生产相应产品的方法权利要求也会认为其不具备实用性。那么，如果在权利要求的方案中涉及了自然条件，是否可以直接认定方案不具备实用性？下面以一个案例为例进行剖析。

案例5：一种湿地生态系统健康综合评价方法

（一）案情说明

该案涉及一种基于遥感技术的湿地生态系统健康综合评价方法，其要解决的技术问题是对西溪湿地进行健康状况评价，采用的技术手段是对遥感影像提取斑块面积、斑块数等湿地信息指标，对杭州西溪湿地景观格局变化进行定量分析，根据各相关指数参量对西溪湿地生态健康系统进行评价。

1. 说明书的相关内容

湿地生态健康评价是对湿地生态系统所处状态的一种综合性评价。通过湿地生态健康评价，能了解湿地生态系统结构和功能状况、湿地生态系统面临的压力以及湿地生态系统中所产生的反应，从而为制定湿地生态系统保护和恢复的对策提供依据。

遥感技术具有大面积同步观测、数据综合性、可比性、经济性并允许重复观测等特点，在湿地资源调查、湿地动态监测及湿地保护中有广泛的应用。目前国内外利用遥感数据对湿地景观变化的研究主要采用中等空间分辨率遥感影像为数据源，但城市湿地因其独特的地理位置和景观特征，经常表现出地类斑块面积较小、分布不均、破碎度高等特点，对于遥感数据的选取有着更高要求。因此，选择典型的城市湿地研究区，在现有数据基础上引入高分辨率遥感数据对城市湿地进行基于长时间序列多源遥感的湿地遥感监测，了解城市湿地的演变过程，分析城市湿地空间格局的动态变化，研究湿地生态系统健康综合评价方法，对城市湿地的保护以及城市生态环境的修复有重要的现实意义。

该案在遥感和地理信息系统支持下，以西溪湿地为例，对该区域的湿地景观格局变化（包括斑块数量和面积、斑块形状、景观破碎度、景观多样性变化等）进行动态分析，在湿地生态系统健康综合评价结果的基础上，进一步对西溪湿地生态健康系统

电学领域专利审查疑难案例评析

综合评价方法进行了讨论和分析。

图4-6是该申请的湿地生态系统健康综合评价方法的流程图。

在杭州西溪湿地范围内进行实地调研,选择已有的近10年研究区范围内高空间分辨率卫星遥感数据,将研究区土壤、植被等基础数据进行空间数字化操作,结合目视解译结果,分析湿地演变的趋势及程度,进行查漏补缺并购置其他高分辨率遥感数据作为主要数据源,对所有影像按照拍摄时间、卫星类别、数据格式等进行归档并建立影像数据库。

在湿地公约组织通过的国际湿地分类(国家林业局《湿地公约》履约办公室,2001年)等湿地分类规则文件基础上,根据西溪湿地的实际情况,结合湿地的定义及其生态特征,将西溪湿地内的类型主要分为:水域、绿地、裸地、建筑4种一级类别和对应的河流、库塘、沼泽、草地、灌丛、林地、岸滩、休耕地、建筑、道路10种二级分类。

在计算机自动分类的基础上,利用arcGIS软件对分类结果进行修正,通过手工描绘或借助图像处理工具的方法,确定变化图斑的范围。

在湿地信息提取中,先通过arcGIS软件按照湿地分类系统,将湿地内的类型分为水域、绿地、裸地、建筑4种一级类别和对应的河流、库塘、沼泽、草地、灌丛、林地、岸滩、休耕地、建筑、道路10种二级分类,完成对西溪湿地2000年、2007年及2012年的湿地类型解译和成图工作。

然后对遥感影像提取斑块数量和面积、斑块形状、景观多样性和景观破碎度等湿地信息指标,对杭州西溪湿地景观格局变化进行定量分析。

利用公式 $SHAPE=\dfrac{P_{ij}}{\min P_{ij}}$ 计算形状指数(SHAPE),P_{ij}为由栅格表层数目决定的斑块ij的周长,$\min P_{ij}$为由栅格表层数目决定的斑块ij的最小周长。在湿地信息提取方法的支持下,重点分别以2000年、2007年、2012年三期高分辨率遥感影像为基础,根据西溪湿地分类系统,制作了西溪湿地空间分布图。

分析得到随着杭州城市建设的快速发展和土地利用强度的增大,研究区非湿地景观斑块面积增加、湿地景观斑块面积减少,非湿地景观斑块数量增加、湿地景观斑块数量减少的趋势比较明显,景观呈现破碎化的趋势。

分析得到研究区各类型湿地的形状指数差别较小,其中绿地和建筑的形状指数最大,即绿地和建筑类型形状的复杂程度较大。

为进一步研究西溪湿地景观多样性变化特征,分别计算了香农多样性指数、香农均度指数和蔓延度指数3个指标。

观察湿地景观破碎度,衡量蔓延度、斑块平均大小、最大斑块所占景观面积的比例3个指标。

根据各指数参量,建立生态系统健康综合评价模板,主要以香农多样性指数、香农均度指数、蔓延度指数和斑块形状指数为衡量参数。

根据香农多样性指数、香农均度指数、蔓延度指数和斑块形状指数大小范围，形成优、良、差的生态系统健康状况评价。

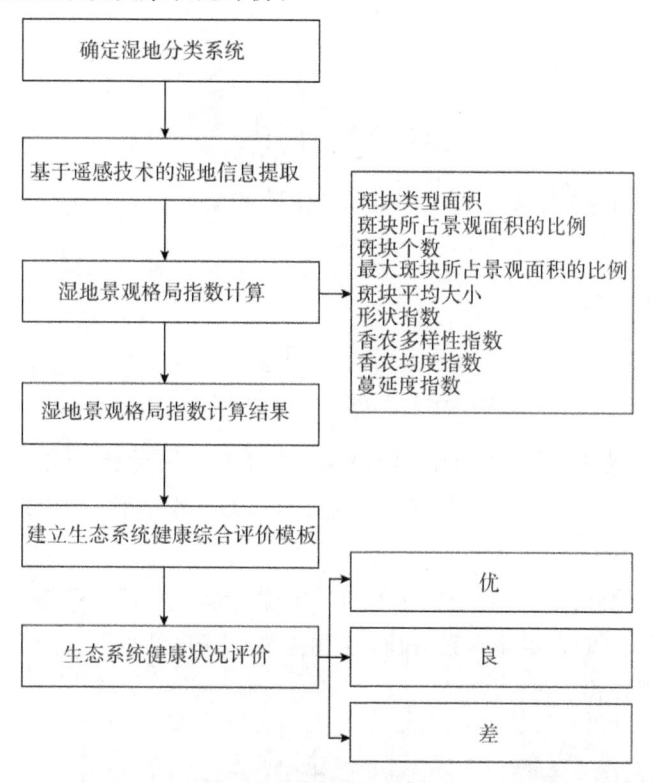

图 4－6　湿地生态系统健康综合评价方法流程图

2. 权利要求请求保护的方案

权利要求 1. 一种基于遥感技术的湿地生态系统健康综合评价方法，所用的是三期高分辨率遥感影像，所用特征，包括以下几个步骤：

步骤 1，结合湿地的定义及其生态特征，确定西溪湿地分类系统，将西溪湿地内的类型主要分为：水域、绿地、裸地、建筑 4 种一级类别和对应的河流、库塘、沼泽、草地、灌丛、林地、岸滩、休耕地、建筑、道路 10 种二级分类；

步骤 2，购置 2000 年 IKONOS 多光谱及全色数据、2007 年 QuickBird 多光谱及全色数据、2011 年 WorldView2 多光谱及全色数据等三期高分辨率遥感影像，并按照遥感影像的分辨率对高程数据重采样，得到高程数据重采样结果；

步骤 3，通过 arcGIS 软件按照湿地分类系统，将湿地内的类型分为水域、绿地、裸地、建筑 4 种一级类别和对应的河流、库塘、沼泽、草地、灌丛、林地、岸滩、休耕地、建筑、道路 10 种二级分类，完成对西溪湿地 2000 年、2007 年及 2012 年的湿地类型解译和成图工作，将 10 种二级分类分别标记为 1、2、3、4、5、6、7、8、9、10；

步骤 4，对遥感影像提取斑块数量和面积、斑块形状、景观多样性和景观破碎度等湿地信息指标，利用景观格局软件 FRAGSTATS 计算各类指数，对杭州西溪湿地景观

电学领域专利审查疑难案例评析

格局变化进行定量分析；景观格局指数包括斑块数量、斑块面积、斑块形状指数、香农多样性指数、香农均度指数、蔓延度指数、斑块平均大小、最大斑块所占景观面积的比例等；

步骤5，利用公式

$$CA = \sum_{j=1}^{n} a_{ij} \left(\frac{1}{10000}\right)$$

计算斑块类型面积（CA），单位：ha，范围：CA>0，$a_{ij}=p_{ij}$：第i类第j个斑块的面积（m^2）；

步骤6，利用公式

$$PLAND = p_I = \frac{\sum_{j=1}^{n} a_{ij}}{A}(100)$$

计算斑块所占景观面积的比例（PLAND），单位：百分比，范围：0<PLAND≤100，$p_i=$第i类景观类型在整个景观的比例，$a_{ij}=p_{ij}$：第i类第j个斑块的面积（m^2），$A=$总景观面积（m^2）；

步骤7，利用软件计算斑块个数（NP），单位：无，范围：NP≥1和最大斑块所占景观面积的比例（LPI），单位：百分比，范围：0<LPI≤100；

步骤8，利用公式

$$MN = \frac{\sum_{j=1}^{n} x_{ij}}{n_i}$$

计算斑块平均大小（MPS），单位：ha，范围：MPS>0；

步骤9，利用公式

$$SHAPE = \frac{P_{ij}}{\min P_{ij}}$$

计算形状指数（SHAPE），P_{ij}为由栅格表层数目决定的斑块ij的周长，$\min P_{ij}$为由栅格表层数目决定的斑块ij的最小周长；

步骤10，利用公式

$$SHDI = -\sum_{i=1}^{m}(P_i^e \ln P_i)$$

计算香农多样性指数（SHDI），单位：无，范围：SHDI≥0，P_i为第i类斑块所占整个景观面积的比例；

步骤11，利用公式

$$SHEI = \frac{-\sum_{i=1}^{m}(P_i^e \ln P_i)}{\ln m}$$

计算香农均度指数（SHEI），单位：无，范围：0≤SHEI≤1，P_i为第i类斑块所占整个景观面积的比例；

步骤 12，利用公式

$$\text{CONTAG} = \left[1 + \frac{\sum_{i=1}^{m}\sum_{k=1}^{m}\left[(P_i)\left(\frac{g_{ik}}{\sum_{k=1}^{m}g_{ik}}\right)\right] \times \left[\ln(P_i)\left(\frac{g_{ik}}{\sum_{k=1}^{m}g_{ik}}\right)\right]}{2\ln(m)} \right]$$

计算蔓延度指数（CONTAG），单位：百分比，范围：$0 < \text{CONTAG} \leqslant 100$；

步骤 13，在湿地信息提取方法的支持下，根据西溪湿地分类系统，制作了西溪湿地空间分布图，并统计 2007—2012 年各类型湿地景观格局动态变化；

步骤 14，根据各指数参量，建立生态系统健康综合评价模板，主要以香农多样性指数、香农均度指数、蔓延度指数和斑块形状指数为衡量参数；

步骤 15，根据香农多样性指数、香农均度指数、蔓延度指数和斑块形状指数大小范围，形成优、良、差的生态系统健康状况评价。

（二）焦点问题

该案请求保护的方案中涉及对杭州西溪湿地景观格局变化进行定量分析，而西溪湿地属于独一无二的自然条件，而《审查指南》中例举的不具备实用性的几种主要情形之一就是"利用独一无二的自然条件的产品"，那么该方案是否具备实用性？

（三）指导意见

1. 相关法条

《专利法》第二十二条第四款规定："实用性，是指发明或实用新型申请的主题必须能够在产业上制造或使用，并能产生积极效果。"

上述法条所说的"能够制造或使用"是指发明或实用新型的技术方案具有在产业中被制造或使用的可能性。如果专利申请是一种产品，那么这种产品必须在产业中能够制造，并且能够解决技术问题。如果专利申请是一种方法，那么这种方法必须在产业中能够使用，并且能够解决技术问题。满足实用性要求的技术方案不能违背自然规律并且应当具有再现性。

《审查指南》第二部分第五章第 3.2 节中例举了不具备实用性的几种主要情形，其中之一是"利用独一无二的自然条件的产品"。利用特定的自然条件建造的自始至终都是不可移动的唯一产品，不能再重复实施生产，即不能够在产业上制造，因此不具备实用性。同理，生产"利用了独一无二的自然条件的产品"的方法也因不能在产业上使用而不具备实用性。

2. 案例分析

该案请求保护的方案是一种基于遥感技术的湿地生态系统健康综合评价方法，该方法通过对遥感影像提取斑块面积、斑块数等湿地信息指标，对杭州西溪湿地景观格局变化进行定量分析，并根据各相关指数参量对西溪湿地生态健康系统进行评价。虽然该方法中涉及了西溪湿地这一独一无二的自然条件，但显然该方法并非利用西溪湿

电学领域专利审查疑难案例评析

地制造产品的方法,即不属于利用独一无二的自然条件的产品或生产该产品的方法,因此不属于《审查指南》中例举的不具备实用性的主要情形。

由于该案权利要求1是方法类型的权利要求,则应判断该方法是否能够在产业上使用,并能产生积极效果。然而该湿地生态系统健康综合评价方法,是基于对遥感影像提取斑块面积、斑块数等湿地信息指标,对杭州西溪湿地景观格局变化进行定量分析,根据各相关指数参量对西溪湿地生态健康系统进行评价,该方法的实施过程仅是对遥感影像的处理、相关指数参量的计算分析,不会对西溪湿地造成不可逆的破坏,并未违背自然规律,可以重复实施多次评价,具有再现性,即该方法可以在产业上使用;并且实施该方法获得的评价结果可以作为依据,对城市生态环境进行保护和修复,即能够产生积极效果。因此,该方法具备实用性。

(四)案例启示

由于《审查指南》中仅例举了几种不具备实用性的主要情形,并非穷举。因此,对于不属于《审查指南》所例举的主要情形的方案,不应武断地给出结论,而是应该根据实用性的概念进行判断。对于虽然涉及独一无二的自然条件,但并不属于利用独一无二的自然条件的产品或生产该产品的方法,如果其能够在产业上使用,具有可再现性,并且能够产生积极效果,则该方案具备实用性。

就本案而言,虽然该案请求保护的方案中涉及了杭州西溪湿地这一独一无二的自然条件,但该方案并非利用杭州西溪湿地制造产品的方法,并不属于独一无二的自然条件的产品或生产该产品的方法,不应武断地认为该方案不具备实用性,而是应该回归实用性的概念本身进行判断。由于该方案不会对西溪湿地造成不可逆的破坏,可以重复实施多次评价,具有再现性,即可以在产业上使用,并且实施该方案,即能够产生对城市生态环境进行保护和修复的积极效果,因此,该方案具备实用性。

第五章　其他法律及程序问题

除第一章至第四章重点阐述的疑难问题外，审查实践中还存在其他一些法律或者程序方面的疑难问题。本章分为四节，分别就《专利法》第二十六条第四款关于"权利要求应当清楚"的问题、《专利法》第五条相关问题、《专利法》第三十三条规定的修改超范围的问题以及驳回时机相关问题，从案例出发——进行解析。

第一节　权利要求应当清楚

权利要求的作用是在专利获权、确权以及侵权判定程序中用于确定专利权的保护范围，因此，权利要求对其请求保护的技术方案作出清楚的限定是获得专利权的必要条件。"权利要求应当清楚"，不仅指主题名称应当明确、清楚，还包括权利要求记载的各个技术特征以及各技术特征之间的关系应当清楚，不能采用含糊不清或者可能引起歧义的表达。

在对权利要求进行解读，判断权利要求是否清楚地限定了请求保护的技术方案时，应当站位本领域技术人员，基于整体发明构思作出客观、准确的判断。本节分别以两个典型案例来说明涉及表述歧义以及涉及程序代码的情形下，《专利法》第二十六条第四款的适用。

案例1：一种计算机领域的计算公式检测方法

（一）案情说明

该案涉及一种计算机领域的计算公式检测方法，针对公式计算中可能存在循环引用的问题，提出一种对计算公式的左操作数和右操作数进行比较、分析以确定回圈点的方法。

1. 说明书相关内容

计算机业务系统中涉及大量的数据计算，例如数据结构中的单向链表、双向链表和数学公式计算等，公式计算中涉及的数值可以是常量或者变量，而某些变量可能是其他公式的计算结果。在定义其他计算公式时，需要确定其不引用当前的计算公式，否则会引起回圈。回圈问题将导致计算进入死循环或者栈溢出等错误，为避免上述情

电学领域专利审查疑难案例评析

况，需要在进行公式计算之前找到引起回圈的节点所在。

该案提出的回圈检测方法将所有计算公式等号左侧都标识为左操作数，右侧标识为右操作数，其中，右操作数也可以为一个计算公式；读取所有计算公式的列表，将组织好的计算公式列表分析，收集所有左操作数集合和右操作数集合，把左操作数在右操作数集合中出现的公式提取出，即可标识为回圈点。

例如，对于以下四个计算公式 $a=b+c$，$b=d+e$，$d=f+g$，$g=a+c$，左操作数集合分别为 $\{a, b, d, g\}$，右操作数集合为 $\{a, b, c, d, e, f, g\}$，依照以下流程进行回圈点检测：

原计算公式列表 A 包括四个公式 "$a=b+c$、$b=d+e$、$d=f+g$、$g=a+c$"，左操作数包括（a, b, d, g），右操作数包括（a, b, c, d, e, f, g）。当递归循环从计算公式集合 A 中的第一个公式 $a=b+c$ 开始时，需要判断右操作是否在左操作数列表中，此时的右操作是 b 和 c，经判断可知右操作数 b 在左操作数列表中（此时左操作数列表中的 b 就是左操作数），抽取左操作数代表的公式，也就是抽取"左操作数（b）代表的公式（$b=d+e$）"到新的计算公式列表 B 中。此时，将 $b=d+e$ 抽取后以备下次递归使用，原计算公式列表 A 就剩下三个公式 "$a=b+c$、$d=f+g$、$g=a+c$"，进行下一次递归时，左操作数列表中仅包括三个左操作数（a, d, g）。

当递归循环到原计算公式列表 A 中的公式 "$b=d+e$" 时，判断 d 和 e 是否在上一次循环确定的左操作数列表（a, d, g）中，因"d"存在于其中，所以将"d"代表的计算公式（$d=f+g$）也从原计算公式列表 A 中抽取出来以备下次递归使用，那么，再一次递归时，原计算公式列表 A 还剩下两个计算公式 "$a=b+c$、$g=a+c$"，左操作数列表中还剩下（a, g）。

当再次递归循环到计算公式 "$d=f+g$" 时，由于 g 存在于左操作数列表中，则将公式 $g=a+c$ 从原计算公式列表 A 中抽取出来以备下次递归使用；再一次递归时，原计算公式列表 A 仅包括一个公式 "$a=b+c$"，左操作数列表仅包括（a）。

递归循环到原计算公式列表 A 中的最后一个公式 "$g=a+c$"，由于 a 存在于左操作数列表中，将公式 $a=b+c$ 从原计算公式列表 A 中抽出；因此，当执行到最后一次循环递归时，左操作数列表为空，表示存在"回圈"。

参见图 5-1 所示的回圈点检测流程，对于以上示例，能够得出公式 $a=b+c$ 和 $g=a+c$ 之间存在回圈依赖的结论（见图 5-2），并以异常形式抛出。

该方法能够有效解决计算机进行数据计算时进入死循环或将计算机资源耗尽的问题，可提高计算机的运行速度。

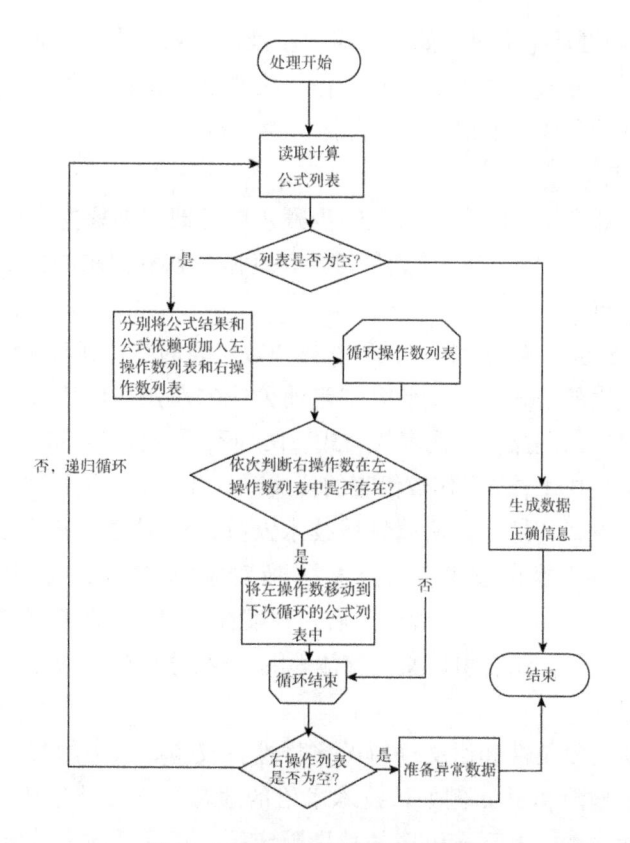

图 5-1　回圈点检测方法流程图

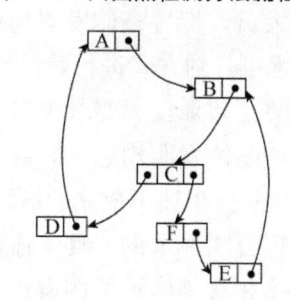

图 5-2　回圈点检测示意图

2. 权利要求请求保护的方案

该案的独立权利要求如下：

权利要求 1. 一种计算公式回圈点快速检测方法，其特征在于：

1) 读取所有计算公式的列表；
2) 判断列表不为空，则进行递归分析；
3) 将所有计算公式等号左侧都标识为左操作数，右侧标识为右操作数；
4) 将所有的左操作数放到一个列表中，递归循环到一个计算公式时，依次判断其所有的右操作数是否在左操作数列表中，如果在，则抽取左操作数代表的公式到新的计算公式列表中，以备下次递归使用；如果不在，则不作处理，继续下一个计算公式；

电学领域专利审查疑难案例评析

5）当本次递归循环结束时，如果当前的左操作数列表为空，则表示有回圈，将组织好的计算公式列表分析，收集所有左操作数集合和右操作数集合，把左操作数在右操作数集合中出现的公式提取出来，即可标识为回圈点。

（二）争议焦点

该案的争议焦点在于，权利要求1的步骤4中记载"抽取左操作数代表的公式到新的计算公式列表中"，这一表述是否能够清楚地限定权利要求的技术方案？对此存在以下两种不同的观点：

观点1：权利要求第4步所述"抽取左操作数代表的公式到新的计算公式列表中"，其中"左操作数代表的公式"至少包含"当前公式的左操作数代表的公式"和"当前判断的右操作数对应的左操作数代表的公式"两种不同的含义，造成权利要求不清楚。

观点2：观点1中对"左操作数代表的公式"的含义给出了两种可能的解释，从而假定了两种不同的方案，但是，所属领域技术人员根据该案说明书的记载，前一种解释（即"当前公式的左操作数代表的公式"）所对应的方案在逻辑上明显不成立，因此，"左操作数代表的公式"应当理解为后一种解释（即"当前判断的右操作数对应的左操作数代表的公式"），结合申请文件整体理解，权利要求1的方案是清楚的。

（三）指导意见

由于语言表达的复杂性和语义理解的多样性，权利要求中的某些用语或者限定本身可能存在不同的解释方式，例如，技术术语的通常含义和特定语境下的特定含义，名词或代词的指代关系、上下文语境的特别限定等。正确理解和认定权利要求请求保护的方案，应当站位本领域技术人员，把握整体发明构思，基于权利要求和说明书记载的技术内容，以逻辑合理、技术可行的方式进行解读，而不应当脱离整体发明构思，将某些用语或者限定孤立出来理解。如果权利要求中某些用词或者限定以某种假定的方式来理解，会使得方案明显背离整体发明构思，导致方案无法实施或者明显不符合常规逻辑，则应当避免刻意将其曲解为上述不成立的解释方式。

针对该案，说明书以四个计算公式为示例，具体描述了回圈点检测方法的执行过程，基于说明书对方法步骤的描述和对具体示例的解析，所属领域技术人员能够厘清该方法的各个步骤，从而清楚地获知该方案应当如何实施，并且根据上述方法步骤的描述能够得到预期的计算结果，解决"快速确定计算公式回圈点"这一问题。

由于 b 和 a 本身既是左操作数，又是右操作数，位于计算公式左边时，是左操作数，位于公式右边时则是右操作数，"左操作数"和"右操作数"这两个术语本身就是相对而言的。观点1认为"左操作数代表的公式"含义不清，原因在于其认为这一表述没有清楚地指明应当抽取的公式是"$b=d+e$"还是"$a=b+c$"，也就是说，"左操作数代表的公式"仅从文字上理解，可能存在指代对象不明的缺陷。

但是在理解发明的过程中，不应当将权利要求中记载的个别词语或者个别语句脱离整体技术方案孤立出来理解，甚至仅凭字面含义去推测某个术语或者语句可能存在的不同理解方式，并据此提出质疑。对方案的理解和认定也不应当脱离申请文件的整体发明构思，观点1对于"左操作数代表的公式"给出了两种含义的解释，分别对应两种假定的方案。然而，基于前一种解释的假定方案，即解释为"当前公式的左操作数代表的公式"，明显背离整体发明构思，按照这种解释，循环递归步骤无法继续执行，从而导致方案不具备技术可行性，无法解决"检测计算公式是否存在回圈"的问题，从而无法实现避免计算程序陷入死循环、栈溢出的问题。而基于后一种解释的假定方案，即解释为"当前判断的右操作数对应的左操作数代表的公式"，显然具备技术可行性，能够解决生成的问题并获得预期的效果。因此，所属领域技术人员基于整体发明构思来理解该权利要求请求保护的方案，只可能是后一种情形，也就是：在上述示例的计算公式列表中，第一次循环递归所抽取的计算公式为"$b=d+e$"，而不会抽取公式"$a=b+c$"。因此，该案权利要求对其方案的描述是清楚的，符合《专利法》第二十六条第四款的规定。

引申问题：

基于该案进一步引申出相关问题进行探讨：是否允许申请人对权利要求中可能引起歧义的用语进行修改，以更加清楚地限定其请求保护的方案？

假定申请人为了进一步规范文本，请求将权利要求中记载的"左操作数代表的公式"明确限定为"当前判断的右操作数对应的左操作数代表的公式"。对于这一修改方式，虽然原申请文件中没有明确的文字记载（即原说明书的文字描述与权利要求1的步骤4文字描述一致），但是通过以上对公式回圈点检测过程的分析能够直接、毫无疑义地确定：步骤4中记载的"抽取左操作数代表的公式到新的计算公式列表中，以备下次递归使用"中其抽取对象只能是"当前判断的右操作数对应的左操作数代表的公式"，整个处理流程的逻辑才正确，该回圈点检测方法才能够按照合理的方式执行下去。可见，申请人的上述修改并没有引入新的技术信息，明确限定了"左操作数"指代对象的方案能够从原始申请文件记载的内容中直接、毫无疑义地得到，因此，上述修改没有超出原申请文件记载的范围，符合《专利法》第三十三条的规定。

（四）案例启示

基于该案的分析和探讨，针对《专利法》第二十六条第四款关于权利要求清楚的要求，建议申请人在申请文件的撰写中注意以下几个方面：

（1）尽量采用含义明确的技术术语或者本领域通用术语进行描述，如果请求保护的技术方案中，某些术语或者用语具有不同于通常理解的特定含义，应当写明该特定含义。

（2）尽量以所有物关系、所属关系、包含关系等解释性前缀明确限定某些名词或者用语的指代对象，防止复杂的方案中由于指代关系不明确带来方案理解上的歧义，主动避免技术方案描述不清楚的缺陷。

以该案为例，本领域技术人员都能够清楚地知晓，公式的"左操作数"和"右操作数"分别指代一个数学公式等号左边的运算操作数和等号后边的运算操作数，因此，即使权利要求中不对上述术语作出进一步的解释和描述，术语本身的含义也是清楚的。

电学领域专利审查疑难案例评析

之所以存在权利要求不符合《专利法》第二十六条第四款的质疑,原因在于:权利要求请求保护的方法包括多个循环递归执行的方法步骤,对于公式列表中的某一个公式(如 $a=b+c$)而言,由于 b 和 a 本身既是左操作数,又是右操作数,位于计算公式左边时是左操作数,位于公式右边时则是右操作数,"左操作数"和"右操作数"这两个术语本身就是相对而言的,正是由于这种左右关系的相对性,加上权利要求中对于"左操作数"没有进一步以代表所属归属关系的前缀进行限定,所以导致"左操作数代表的公式"存在指代关系不清楚的质疑。在该案的审查过程中,申请人进行了澄清性修改,将"左操作数"修改为"当前公式的左操作数",虽然能够获知这种修改是出于善意的目的,期望更清楚地限定权利要求请求保护的方案,以便消除原权利要求中指代对象不明确的瑕疵,但是,如果在申请文件的撰写阶段就注意到上述问题,尽量消除权利要求表述中可能存在的缺陷,无疑更利于加快审查程序。

此外,在申请文件的撰写中,假如说明书中某些用语或者措辞可能导致不同的理解,而按照某种方式理解将导致请求保护的方案无法实施,是否存在说明书公开不充分的问题?

与该案同理,正确理解和认定说明书记载的方案,同样应当站位本领域技术人员,把握整体发明构思,以逻辑合理、技术可行的积极方式进行解读。如果按照某种方式解读的方案明显背离整体发明构思,导致方案无法实施或者明显不符合常规逻辑,则应当避免刻意曲解。当然,申请人在撰写阶段也应当充分考虑到语义表达的多义性和模糊性,尽可能清楚、准确地描述发明的技术方案,以达到《专利法》第二十六条第三款规定的"清楚、完整""本领域技术人员能够实施"的标准。

案例2:一种浇铸过程的优化预测方法

(一)案情说明

该案涉及计算机辅助设计领域,提出一种模拟铸铁砂型铸造浇铸过程的优化预测方法,基于光滑粒子动力学计算方法针对铸铁件重力铸造下渣团随着金属液流动的固液两相流动模拟,能够准确预测渣团的运动轨迹,优化浇铸系统。

1. 说明书相关内容

铸铁砂型铸造是金属熔液在重力作用下充填砂型型腔,以形成铸件的一种方法。由于金属熔液在重力作用下充满型腔,因此称之为重力铸造,其常见工艺过程是金属熔液通过砂型铸口,在重力作用下通过直浇道、横浇道、内浇道进入型腔,直至充满型腔,冷却后得到凝固的铸件。通常,铸铁在熔炼过程中会产生渣团,在浇铸、充型过程中会产生氧化反应,形成二次氧化渣团,渣团进入型腔会造成铸件缺陷。如何掌握和预测铸铁件在浇铸过程中渣团在金属熔液内的流动轨迹,为优化浇铸起到挡渣、撇渣作用,预防消除铸件缺陷提供理论依据,是现有技术中需要解决的一个重要问题。

该案针对铸铁件砂型铸造特点,对铸铁在砂型模具内充型过程中渣团的运动轨迹进行预测,通过建立模型和程序计算,预测渣团运动轨迹,为优化浇铸起到挡渣、撇渣作用，预防和消除铸件缺陷提供理论依据。

该预测方法与现有技术相比具有明显的先进性，它基于光滑粒子动力学计算方法针对铸铁件重力铸造下渣团随着金属液流动的固液两相流动模拟，可以有效地模拟渣团的运动轨迹，在铸造前进行预测，根据计算结果进行浇铸系统优化设计，能有效避免渣团进入铸件内部，在实际铸造中可预防、减小和消除铸件缺陷；通过对曲轴铸件试制，并基于光滑粒子动力学计算方法建立粒子间相互作用的数学模型，模拟了曲轴浇铸过程中固液两相流动状态，以计算机 VS2010 为开发平台编写程序，进行计算机运算，得出预测结论，显示曲轴重力铸造中渣团的轨迹和分布情况。此预测方法使用设备少，计算方法通用、合理，计算速度快，模拟结果准确，适合铸铁件重力铸造下渣团的运动轨迹预测，从而优化浇铸系统，适用于黑色金属重力铸造渣团运动轨迹预测和浇铸系统优化。

2. 权利要求请求保护的方案

该案的独立权利要求如下：

权利要求 1. 一种模拟铸铁砂型铸造浇铸过程的优化预测方法，其特征在于：铸铁砂型铸造过程中，在重力作用下，预测渣团运动轨迹：

步骤 1. 建立渣团运动轨迹预测模型

基于光滑粒子流体动力学计算方法，建立粒子间相互作用的数学模型，找出铸造充型过程中固液两相流动规律，模拟金属熔液渣团流动过程；

采用计算机程序对金属液、渣团和边界进行粒子化，在计算机内存中预留容量，进行初始粒子的属性配置，对三种不同属性粒子分别进行质量、密度、初始速度、黏度的设置；配置粒子属性后，对光滑长度 L 和计算时间步长 Δt 进行设置。

①建立相互作用粒子的搜索方法

确定支持域内相互作用的粒子，并进行配对；

②在预测的基础上，经过前二分之一时间步长后，对金属液粒子和渣团粒子的速度、位置进行修正；

③在经过一个时间步长后，对金属液粒子和渣团粒子的速度、位置进行计算；

金属液粒子和渣团粒子在 $n+\Delta t$ 时刻的速度值等于其在 n 时刻的修正速度值乘以 2 再减去其在 n 时刻的速度值，金属液粒子和渣团粒子在 $n+\Delta t$ 时刻的位置值等于其 2 倍的修正位置值减去其在 n 时刻的位置值，其中 n 表示当前计算时刻；

一个时间步长计算完成后，重新进行粒子的搜索配对和粒子速度、位置的计算，直至充满型腔，并得到渣团随金属液流动的运动轨迹；

曲轴铸铁件重力铸造渣团运动轨迹预测是由计算机程序完成的，具体计算机程序如下：以 VC++ 为开发平台进行程序编写：

```
Void Fill_1( )
{ int vchgtflg=0;
float
```

```
sph_xyz, vcavity, delgl, vchtold, nsurf;
float
    vx, vy, vz, fx, fy, fx1, fy1, fz1, fdm;
float pp1, pp2;
float q1, q2;
if (vx/dx+vy/dy+yz/dz>1, 0f)
{bDtNeedAdjusted=true;
    Return;}
UnitVariable * pUVa, * pUVd,
* pUVad, * pUVdm;
pUVa=pUV;
if (aL! =NULL && pL->u * dt);
pUVd=pUL;
if (pUVd->iSign! =1 && pUVd->iSign! =15)
pUVd= pUV;
pUVdm= pUVd->pNeighbor [0];
if (pUVdm==NULL
(pUVdm->iSign! =1 && pUVdm->iSign! =15))
pUVdm=pUVa;
pUVad=pUVa;
if (pUVd->pFV->nAcdS!) =1
pUVd->pFV->nAcdS! =2)
pUVad=pUVd;
if (pUVa->pFV->FraliqN<Empty
    pUVdm->pFV->FraliqN>Empty)
pUVad=pUVd;
if (pUVd->pFV->FraliqN<Empty)
    (fdm=max (pUVdm->pFV->FraliqN, pUVd->pFV->FraLiqN);
pp1= (float) ( (fdm-pUVad->pFV->FraLiqN)
    * vx- (fdm-pUVd->pFV->FraliqN) * dx);
q1= (float) (pUVad->pFV->FraLiqN * vx);
q2=max (pp1, 0, of);
fx1=q1+q2;
pp2=pUVd->pFV->FraLiqN * dx;
fx=mix (fx1, pp2);
if (fabs (fx) <Empty)
```

```
fx=0;
if (pUVd->iSgign==15))
pUVd->FraLiq=1, 0f;
else
pUVd->FraLiq=fx/dx;
if (pH->U<0, 0f)
(vx= (float) fabs (pH->u * dt));
pUVd=pUR;
if (pUVd->iSign! =1 && pUVd->iSign! =15)
pUVd= pUV;
…
```
（此处省略后续部分的程序代码）

（二）争议焦点

该案的争议焦点在于，权利要求的描述除了方法步骤外，还包括计算机程序代码，这种表述方式是否能够清楚地限定权利要求的技术方案？对此存在以下两种不同的观点。

观点1：允许权利要求中出现计算机程序本身，例如源代码（权利要求不全是源代码）。出现源代码，是申请人撰写权利要求的真实意思表达，是其对权利要求保护范围的真实诉求（虽然像登记软件著作权）。针对其是否清楚等问题，认为审查程序处理实际意义不大，可以留待后续司法侵权审判中解决。

观点2：不允许权利要求中出现源代码本身。一方面，专利与著作权的保护应有明确区分，《审查指南》中规定"源代码本身"不是《专利法》可以授权的客体，写入权利要求中不妥。另一方面，源代码本身显然不具备"自然语言文字"清晰明确易懂地宣告权利要求保护范围的属性，无法让公众明确权利要求的具体保护范围，导致权利要求的保护范围晦涩艰深、难以界定，与权利要求清晰明确界定专利权保护范围的立法本意相背离。故这种撰写形式会导致权利要求不清楚。

（三）指导意见

绝大多数情况下，权利要求的撰写中使用"计算机程序本身"（该案中是VC++源程序本身）来表达权利要求的保护范围是不恰当的。一方面，专利权保护的对象是自然语言表达的技术方案，软件著作权保护的对象方才是计算机程序本身的表达，两者的保护对象不同，应当予以区分。另一方面，审查指南明确规定"计算机程序本身"属于《专利法》第二十五条第一款规定的"智力活动的规则和方法"，属于不授予专利权的客体。

常态下，计算机程序本身想表达的内容均可以使用自然语言进行表达。故在绝大部分情况中，权利要求中并不存在使用计算机程序本身来表达权利要求保护范围的必要性和不可替代性。对于必须使用代码表达技术方案的情形，申请人负有举证责任。

在实际操作中，当权利要求中使用"计算机程序本身"来表达权利要求的保护范围时，即便在技术上能够理解该代码所表达的含义，也可以初步认定其导致权利要求保护范围不清楚，让人不能清楚地知晓，申请人是否想要保护"计算机程序本身"这种不授予专利权的客体。因此，即使权利要求中记载的计算机程序本身是本领域技术人员可以理解的，即其技术含义清楚，也存在保护范围不清楚的缺陷，除非申请人能够证明使用计算机程序本身是必需的。若申请人不想保护权利要求中已有的"计算机程序本身"，则应当将其删除。

（四）案例启示

涉及计算机程序的发明，虽然在技术本质和方案的最终实现来看，是系统设计人员和程序员根据系统需求进行功能模块划分、确定数据处理流程、采用合适的编程语言和特定的数据结构，通过编写用于执行相应流程的计算机程序代码来实现的，但由于《专利法》保护的计算机程序代码背后的技术构思，而非具体表达形式的计算机程序代码，因此，计算机程序只需要以自然语言描述的流程图体现出其技术构思即可，并不需要提供具体的程序代码。如果在权利要求中采用代码形式加以描述，无论源代码、目标代码还是夹带着自然语言的伪代码，都可能导致权利要求保护范围不清楚，因此，无论处于何种理由和目的，都不建议在专利申请文件中以代码代替自然语言表达的流程表述。

第二节 《专利法》第五条相关问题

《专利法》第五条规定了对违反法律、社会公德或者妨害社会公众利益的发明创造不授予专利权。如何理解"法律"的含义和范围？《专利法实施细则》第十条规定，《专利法》第五条所称违反法律的发明创造，不包括其实施为法律所禁止的发明创造。那么，发明创造本身和实施发明创造的分界线是什么？此外，违反社会公德以及妨害社会公共利益如何界定和理解？本节以多个实际案例加以说明。

案例3：一种电能币使用方法

（一）案情说明

该案涉及一种以电能为媒介的电能币使用方法，设定了一种如何使用电能币进行兑换和结算的方法和系统，以实现货币标准化。

1. 说明书记载的相关内容

现有的交易媒介均为货币，全球各国发行的货币都是信用货币，信用货币本身是没有价值的，它是以国家的信用担保发行的一种货币，如果发行货币的国家发生了财政危机，不再守信用，加大货币的发行，大量印钱币，就会让货币泛滥，让财富贬值。

该案提供了一种以电能为媒介的电能币使用方法，目的在于克服现有的信用货币本身没有价值,可能导致货币泛滥、财富贬值的不足。其方案利用电能作为媒介挂钩的电能币,涉及电能币发行中心系统、电能币自动兑换中心系统、金融机构系统、用电单位、供电单位、费用支付系统、电能币支付系统、政府机构、债券市场等多个参与方之间,基于电能币进行交易和结算,实现货币的标准化。一个电能币等于一度商业用电,因而不会轻易贬值,社会财富不易缩水。人民银行可以通过发行大面额电能币的纸币,小面额人民币的纸币,来平衡货币的膨胀,可以建立一个强大的债券市场(见图5—3)。

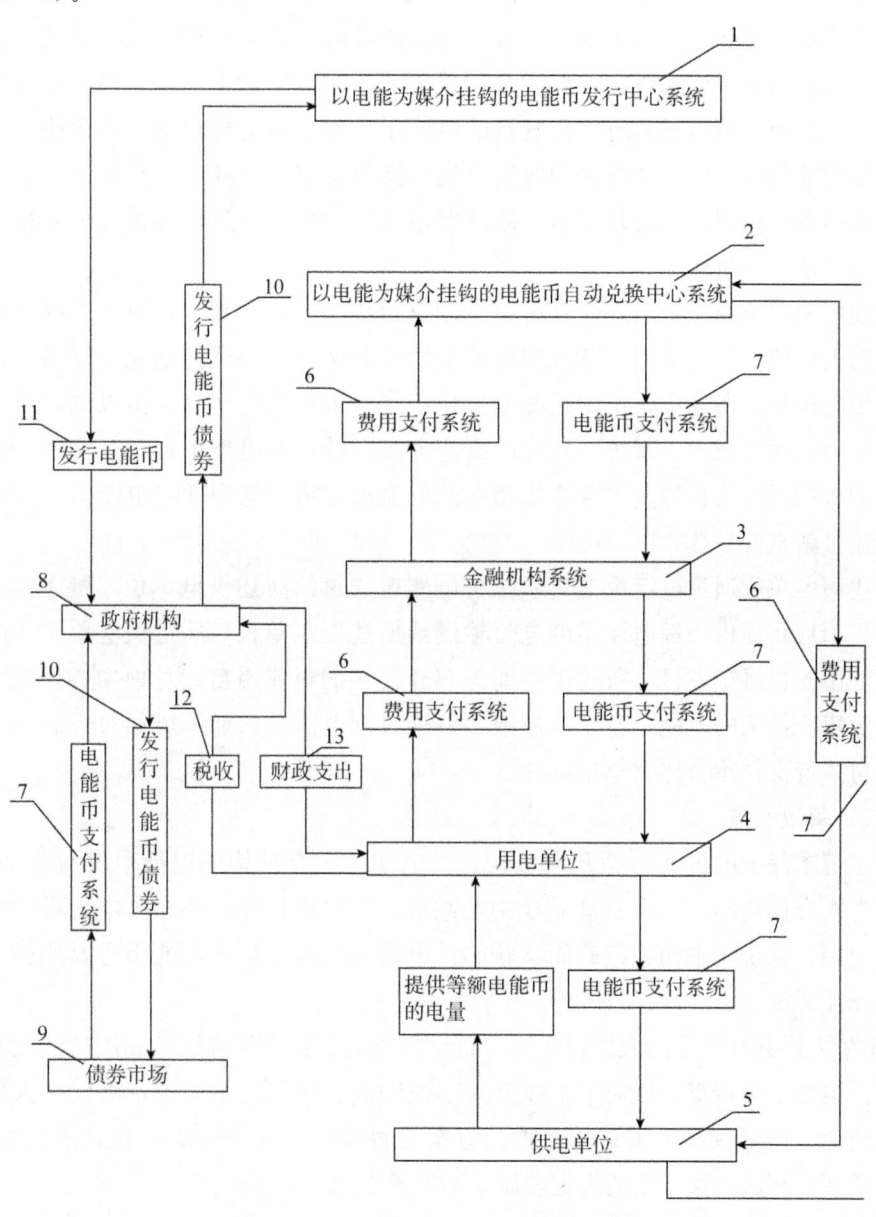

图5—3 电能币使用方法流程示意图

电学领域专利审查疑难案例评析

2. 权利要求请求保护的方案

该案的权利要求书仅包括一项独立权利要求：

权利要求 1. 一种可标准等值兑换的商业交易信用凭证电能币的方法，其特征在于：包括以电能为媒介挂钩的电能币发行中心系统、以电能为媒介挂钩的电能币自动兑换中心系统、金融机构系统、用电单位、供电单位、费用支付系统、电能币支付系统、政府机构、债券市场、发行电能币债券、发行电能币、税收、财政支出，所述政府机构通过发行电能币债券支付给所述以电能为媒介挂钩的电能币发行中心系统，所述以电能为媒介挂钩的电能币发行中心系统将所述政府机构发行的电能币债券通过发行电能币支付给所述政府机构，所述政府机构通过发行电能币债券支付给所述债券市场，所述债券市场将所述政府机构发行的电能币债券通过电能币支付系统将电能币支付给所述政府机构，所述政府机构通过电能币支付系统将财政支出支付给所述用电单位，所述用电单位将收到财政支出后的电能币产生的税收通过电能币支付系统支付的电能币给所述政府机构；

所述用电单位通过费用支付系统将费用支付给金融机构系统，所述金融机构系统将所述用电单位支付的费用换算成相应的电能币并将电能币通过电能币支付系统支付给所述用电单位，所述金融机构系统通过费用支付系统将费用支付给以电能为媒介挂钩的电能币自动兑换中心系统，所述以电能为媒介挂钩的电能币自动兑换中心系统将所述金融机构系统支付的费用换算成相应的电能币并将电能币通过电能币支付系统支付给所述金融机构系统；

所述用电单位通过电能币支付系统将电能币支付给所述供电单位，所述供电单位收到电能币后将提供等额电能币的电量输送给所述用电单位，所述供电单位将电能币通过电能币支付系统支付给所述以电能为媒介挂钩的电能币自动兑换中心系统，所述以电能为媒介挂钩的电能币自动兑换中心系统收到电能币后换算成相对应的费用通过费用支付系统支付给所述供电单位。

（二）争议焦点

该案请求保护的方案包括政府机构、以电能为媒介挂钩的电能币发行中心系统、以电能为媒介挂钩的电能币自动兑换中心系统、金融机构等；包含了电能币的发行和兑换及使用，从说明书相关记载能够获知：申请人请求保护的电能币是要代替人民币参与市场流通的。

《中华人民共和国中国人民银行法》第十六条规定：中华人民共和国的法定货币是人民币。第二十条规定：任何单位和个人不得印制、发售代币票券，以代替人民币在市场上流通。该案权利要求请求保护的方案是否违反了《银行法》的上述相关规定，因而违反《专利法》第五条的规定，属于不授予专利权的客体？

（三）指导意见

《专利法》第五条第一款规定："发明创造的公开、使用、制造违反了法律、社会公德或者妨害了公共利益的,不能被授予专利权。"《审查指南》第二部分第一章的相关规定,"法律"是指由全国人民代表大会或者全国人民代表大会常务委员会依照立法程序制定和颁布的法律。《中华人民共和国中国人民银行法》显然属于《专利法》第五条所规定的"法律"范畴。

人民币是我国的法定货币,是我国以法律形式规定的具有购买能力的货币符号。《中华人民共和国中国人民银行法》规定了人民币的发行主体和人民币的法律地位。根据该案权利要求限定的方案,结合说明书的记载"人民银行可以通过发行大面额电能币的纸币,小面额人民币的纸币,来平衡货币的膨胀",可见,该方案限定的货币发行主体是国家法律规定的人民银行,其并没有违背人民币的发行主体资格,私自印制和发售代币票券。此外,该方案限定的以电能为媒介挂钩的电能币使用方法中,电能币作为一种有价债券,可用于金融机构、供电单位、用电单位、政府机构以及其他参与方之间的兑换和结算,但是其并不属于《中华人民共和国中国人民银行法》第二十条规定的"印制、发售代币票券,以代替人民币在市场上流通"的情形,因此,权利要求请求保护的方案并没有违反相关法律规定,不属于《专利法》第五条第一款规定的"违反法律的发明创造"。

(四)案例启示

通常,法律行为的主体是指行为的实施者,法律行为的内容是指法律行为引起的法律关系的权利义务内容,客体则是权利义务共同指向的对象。

针对本案,从行为主体来说,申请人提出电能币并没有违背人民币的发行主体资格;从方案的内容来看,电能币作为一种可用于金融机构、供电单位、用电单位等参与方之间的兑换和结算的等价物,其目的和作用并不是代替人民币在市场上流通,因而也不涉及法律保护的客体。制定法律的最终目的都是维护公众的正当权益,《专利法》同样是为了平衡申请人与社会公众的利益,法条适用应当客观、准确。

案例4:一种具有电击功能的监狱管理用腕带式标签

(一)案情说明

该案涉及一种具有电击功能的、监狱管理用腕带式标签,在犯人发生暴力事件时对其施以电击,防止犯人继续施暴,事态扩大。

1. 说明书记载的相关内容

监狱中的人员管理一直都是监狱工作的重点:预防服刑人员的出逃、自残,减少监狱犯人结党闹事的概率,秘密监控高危监狱犯人,追查及跟进暴力事件的发生,最大限度地保障管理人员和监狱犯人的人身安全。在警力缺乏和警力疲倦的状况下如何营造一个安全和谐的监狱环境和维护法律尊严,是监狱管理的重要任务。

现有的监狱管理用腕带式标签,该腕带式标签采用RFID电子标签,其内置有使用者的各种信息,与腕带式标签的RFID电子标签配套的还有RFID读写器、PC等,在

电学领域专利审查疑难案例评析

RFID读写器和RFID电子标签中加了定位器，RFID电子标签通过RFID读写器把自身的ID信息和定位器的位置信息准确反馈到电脑系统中，再由系统处理可以清楚地反映出人员的行动大体路线和人员的聚众数量，使管理人员在犯人聚众斗殴等问题上能做出准确而有效的反映，使在人员的管理上效率更高。但是，现有的监狱管理用腕带式标签主要用于监狱管理人员对犯人的行动监视，但难以在必要时实现远程控制，所以无法在必要的时候起到实时威慑犯人的作用，在犯人发生暴力事件时无法发生作用。

基于此，该案提供了一种具有电击功能的监狱管理用腕带式标签包括腕带和安装于所述腕带上的RFID标签（见图5-4），还包括正电极和负电极，所述正电极和所述负电极安装于所述腕带的内侧并分别置于所述RFID标签的两侧，所述正电极的电源输入端和所述负电极的电源输入端分别通过置于所述腕带内的导线与所述RFID标签的脉冲高压输出端的正、负极连接。

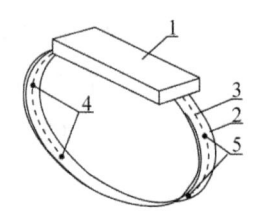

图5-4　腕带式标签外观示意图

为了避免一个电极接触不良的问题，所述正电极为两个，均安装于所述腕带的内侧并置于所述RFID标签的一侧；所述负电极为两个，均安装于所述腕带的内侧并置于所述RFID标签的另一侧。该RFID标签内设有遥控接收电路、压力传感器、中央处理器和升压电路，所述遥控接收电路的输出端和所述压力传感器的输出端分别与所述中央处理器的信号输入端对应连接，所述中央处理器的点击信号输出端与所述升压电路的输入端连接，所述升压电路的输出端为所述RFID标签的脉冲高压输出端（见图5-5）。

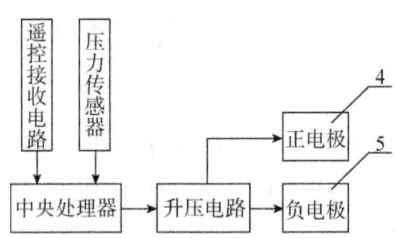

图5-5　腕带式标签内关于脉冲高压发生的部分电路框图

监狱犯人带上该腕带式标签后，如果犯人发生暴力事件，则由监狱管理者通过远程方式主动发出指令信号，或者由腕带式标签内的电路自动发出指令信号，使RFID标签向正电极和负电极分别输出脉冲高压的正、负电压，该电压对犯人实施短时电击功能，以制止其继续实施暴力行为，避免事态扩大。

2. 权利要求请求保护的方案

独立权利要求 1 如下。

权利要求 1. 一种具有电击功能的监狱管理用腕带式标签，包括腕带和安装于所述腕带上的 RFID 标签，其特征在于：还包括正电极和负电极，所述正电极和所述负电极安装于所述腕带的内侧并分别置于所述 RFID 标签的两侧，所述正电极的电源输入端和所述负电极的电源输入端分别通过置于所述腕带内的导线与所述 RFID 标签的脉冲高压输出端的正、负极连接。

（二）争议焦点

该案涉及一种具有电击功能的监狱管理用腕式标签，说明书中记载该腕式标签能够对犯人实施短时电击，可见，该腕式标签输出高电压时会对人体造成伤害。该案是否属于《专利法》第五条第一款规定的"违反法律、社会公德或者妨害公共利益"的发明创造？

（三）指导意见

首先，《专利法》第五条第一款的审查对象是针对整个申请文件，包括权利要求书、说明书、说明书附图、说明书摘要以及摘要附图，只要申请文件中存在违反《专利法》第五条第一款的内容，都是不允许的。因此，该案中虽然关于腕式标签对人体造成伤害的相关内容并未记载在权利要求书中，也仍然属于需要判断其是否符合《专利法》相关规定的审查范围。

其次，《专利法》第五条排除了三种情形，违反法律、违反社会公德和妨害公共利益。对于该案而言，第一，其不属于违反法律的情形。第二，《审查指南》规定：社会公德，是指公众普遍认为是正当的、并被接受的伦理道德观念和行为准则。说明书记载腕式标签可用于监狱管理，产生电击是为了制止犯人继续实施暴力行为，与公众普遍认同的社会公德并无冲突。因而问题聚焦于：对人体造成伤害是否妨害了公众利益？

《审查指南》规定：妨害公共利益，是指发明创造的实施或使用会给公众或社会造成危害，或者会使国家和社会的正常秩序受到影响。例如：发明创造以致人伤残或损害财物为手段的，如一种使盗窃者双目失明的防盗装置及方法，不能被授予专利权。在判断方案是否妨害公共利益时，应当从本领域技术人员的角度出发，整体考量发明创造的实施或者使用行为是否具有危害性，以及这种危害是否针对的是公共利益，如果同时满足上述两个要素，根据《专利法》第五条第一款的规定，该发明创造不能被授予专利权。

该案中，具有电击功能的腕式标签能够在监狱管理者远程控制下或者标签内置控制器自动控制下，向标签上的正电极和负电极分别输出高压脉冲的正、负电压，对犯人实施短时电击功能，以制止其继续实施暴力行为，避免事态扩大。对犯人的手腕部位实施高压电击这一行为可能造成犯人身体不适，甚至造成一定程度的伤害，那么，就"发明创造的实施或者使用行为是否具备危害性"这一要素而言，不能排除其存在一定程度的危害性。但是，实施电击的目的是制止犯人继续实施暴力行为，其作用对象仅限于特定情况下的特定对象，不涉及社会公众，因而并不符合"危害针对公共利益"这个要素。总体而言，利用腕式标签实施电击未对公众或者社会造成危害，也没有使国家和社会的正常秩序受到影响，因而不符合《专利法》第五条"妨害公共利益"的相关规定。

（四）案例启示

公共利益是一定社会条件下或特定范围内不特定多数主体利益相一致的方面，具有主体数量的不确定性、实体上的共享性等特征。尽管公共利益的利益内容和受益对象具有一定的不确定性，其内涵和外延具有一定的动态性和相对性。但从我国法律规定来看，公共利益的概念主要涉及国家、社会、公众等共同体所具有的财产、健康、能源或资源、环境、秩序、安全等不同需要。

《与贸易有关的知识产权协议》（TRIPS协议）第二十七条第二款也规定："各成员国为了维护公众利益或者社会公德，包括保护人类、动物或植物的生命或健康，或者避免对环境造成严重污染，有必要禁止某发明在成员地域内进行商业性实施的，可以排除这发明的专利性，但是以这种排除并非仅仅因为其法律禁止实施为限。"此外，如上文所述，《专利审查指南2010》相关章节也对《专利法》第五条的适应条件做出了相关规定。

判断是否妨害公共利益，应当从发明创造的实施或使用行为是否整体上具有危害性，以及这种危害是否针对的是公共利益两方面来判断。也就是说，行为后果具有危害性并且作用对象针对公共利益，在这两方面要素同时满足的前提下，才能够适用《专利法》第五条来予以排除。

第三节　修改超范围

在专利申请的审查过程中，申请人可以主动对申请文件进行修改，也可以根据审查意见对申请文件进行修改。审查修改是否符合《专利法》第三十三条规定的依据是修改内容能否根据原说明书和权利要求书记载的内容"直接、毫无疑义地确定"。对修改限制过于严苛会导致申请人的权益受损，过于宽松又会损害公众利益并使申请人不当获利。从平衡公众和申请人之间利益的角度出发，如果修改后的内容相对于原始申请文件而言并没有引入新的技术内容，申请人并未由于修改内容不当获利，应当认为修改是允许的。

对于权利要求中增加和/或删除内容的情形，修改后的权利要求请求保护的技术方案能否根据原申请文件的记载"直接、毫无疑义地确定"是判断的难点所在，本节试以实际案例来分析如何以原始申请文件的记载为依据，做出客观、准确的判断。

案例 5：一种多通道心电波形绘制自动调整基线输出位置的方法

（一）案情说明

该案涉及一种多通道心电波形绘制自动调整基线输出位置的方法，通过自动调整各通道的心电波形电压幅值，改善心电图机输出的心电图波形。

1. 说明书记载的相关内容

心电图机是记录心脏生物电活动波形（即心电图）的生理功能检测仪器，可提供各种心脏病确诊和治疗的基本信息，有助于分析和认识各类心律失常，诊断多种心血管疾病，帮助了解某些药物和电解质紊乱以及酸碱失衡对心肌的影响等病理。现有心电图机按照记录器输出道数划分为单道心电图机和多道心电图机，主流多道心电图机一般包括三道、六道和十二道心电图机等，输出的导联波形分别为肢体Ⅰ导联、肢体Ⅱ导联、肢体Ⅲ导联、加压肢体 aVR 导联、加压肢体 aVL 导联、加压肢体 aVF 导联、胸导联 V1～V6。心电图机的波形输出一般有两种方式，波形屏幕显示输出，波形记录输出，无论是屏幕显示输出还是记录输出，均会受到输出区域范围的限制。在现实应用中，记录输出比屏幕显示输出更为重要。目前主流心电图机中（见图 5-6），三道心电图机的记录输出纸宽一般为 80 mm，六道心电图机的记录输出纸宽一般为 112 mm，十二道心电图机的记录输出纸宽一般为 215 mm。多道心电图机同时输出的波形电压幅值如果较大，在波形输出时，如果将波形基线位置均匀分配于绘制区域，囿于输出区域范围的限制，波形就可能产生越界和交越，影响医生诊断。

现在心电图机的一般做法是实时监测同时输出波形的电压幅值，如果发现波形电压幅值过大，超过被分配的绘制区域，软件自动调整波形增益，避免波形产生越界和交越。这种处理方法能有效避免波形越界和交越，但同时存在一些缺陷和不足：（1）将波形基线位置均匀分配于绘制区域，由于各通道波形电压幅值分布不均，电压幅值大的相邻通道波形产生交越，电压幅值小的通道波形浪费绘制空间。波形绘制时，交越与空白并存，绘制效果不美观。（2）各通道波形电压幅值分布不均，判断相邻通道波形产生交越，调小波形增益，会使得电压幅值不大的波形幅度变得更小，对医生诊断产生影响。（3）部分病人波形电压幅值过大，降低增益仍然会出现波形越界和交越，进一步降低波形增益，对医生诊断影响过大。

针对上述缺陷，提出一种多通道心电波形绘制自动调整基线输出位置的方法，该方法是在心电图机上进行波形输出时，依照各通道电压幅值比例合理分配绘制区域空间，计算各通道心电波形最大值、最小值、基线位置值，在各输出通道波形的各自区域计算出心电波形基线放置位置，并自动调整心电波形输出基线位置，保证心电波形放置在各自区域的中心位置，充分利用心电波形绘制区域空间，在心电波形增益尽可能不调整的情况下，避免波形越界和交越，以获得心电波形排列合理，增益适当，美

电学领域专利审查疑难案例评析

观大方的病人心电报告,方便医生阅图(见图5—7)。

具体的方法步骤记载如下:

一种多通道心电波形绘制自动调整基线输出位置的方法,包括如下步骤:

步骤一,计算出各采集通道所获取的心电波形电压幅值An。

具体是,先循环缓冲存储2s各采集通道的心电波形数据,并于心电波形记录指令触发前获取缓冲的各采集通道心电波形数据的电压最大值 $VMAX_n$ 和最小值 $VMIN_n$,由此计算出各采集通道所获取的心电波形电压幅值 A_n,所用公式为

$$A_n = VMAX_n - VMIN_n \quad (n=1, 2, 3, \cdots)$$

上式中,n 为采集通道的标号,$VMAX_n$ 为 n 号采集通道的心电波形数据电压最大值,$VMIN_n$ 为 n 号采集通道的心电波形数据电压最小值。

步骤二,分配各通道心电波形绘制空间高度 H_n。

具体是,由绘制区域的总高度及上述各采集通道的心电波形电压幅值 A_n,计算各通道所占绘制区域的比例,再根据该比例在波形绘制区域分配各通道心电波形的绘制区域高度 Hn,所用公式为

$$H_n = H \times A_n / (A_1 + A_2 + \cdots + A_n) \quad (n=1, 2, 3, \cdots)$$

上式中,H_n 为分配给 n 号采集通道的绘制区域高度,H 为波形绘制区域的总高度,$A_1, A_2, \cdots, A_n$ 为各采集通道的心电波形电压幅值。

步骤三,计算各通道心电波形基线值 $MEAN_n$。

具体是,各采集通道的心电波形数据的平均值视为心电波形基线值,所用公式为

$$MEAN_n = SUM(n) / (SAMPLE \times 2) \quad (n=1, 2, 3, \cdots)$$

上式为各通道2s缓冲心电波形数据的平均值计算公式,$MEAN_n$ 为 n 号采集通道的基线值,$SUM(n)$ 为 n 号采集通道的心电波形数据的总和,$SAMPLE$ 为心电波形的采样率。

步骤四,计算出心电波形基线的放置位 $BASELINE_n$。

具体是,根据各采集通道心电波形的最大值 $VMAX_n$、最小值 $VMIN_n$ 和基线值 $MEAN_n$,计算出各采集通道各自的波形输出区域中的心电波形基线放置位 $BASELINE_n$,该心电波形基线放置位 $BASELINE_n$ 为心电波形基线相对于绘制区域下限的距离值,令该心电波形处于各自区域的中心位置;所用公式为

$$BASELINE_n = H_n \times (MEAN_n - VMIN_n) / A_n \quad (n=1, 2, 3, \cdots)$$

上式中,$BASELINE_n$ 为 n 号采集通道的心电波形基线的放置位,H_n 为 n 采集通道的绘制区域高度,$MEAN_n$ 为 n 号采集通道的波形基线值,$VMIN_n$ 为 n 号采集通道的心电波形数据电压最小值。

当各通道的心电波形电压幅值总和,即 $A_1 + A_2 + \cdots + A_n$ ($n=1, 2, 3, \cdots$) 过大时,自动开启心电图机的波形增益调整,同比缩小各通道的心电波形电压幅值 A_n。

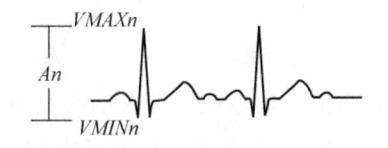

图 5－6　心电图波形示意图

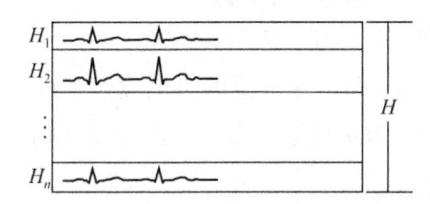

图 5－7　多通道心电波形绘制自动调整基线输出示意图

2. 权利要求请求保护的方案

原独立权利要求 1 和权利要求 2 如下。

权利要求 1. 一种多通道心电波形绘制自动调整基线输出位置的方法，其特征在于包括如下步骤：

步骤一，计算出各采集通道所获取的心电波形电压幅值 A_n。

具体是，先循环缓冲存储 t s 各采集通道的心电波形数据，并于心电波形记录指令触发前获取缓冲的各采集通道心电波形数据的电压最大值 $VMAX_n$ 和最小值 $VMIN_n$，由此计算出各采集通道所获取的心电波形电压幅值 A_n，所用公式为

$$A_n = VMAX_n - VMIN_n \quad (n=1, 2, 3, \cdots)$$

上式中，n 为采集通道的标号，$VMAX_n$ 为 n 号采集通道的心电波形数据电压最大值，$VMIN_n$ 为 n 号采集通道的心电波形数据电压最小值。

步骤二，分配各通道心电波形绘制空间高度 H_n。

具体是，由绘制区域的总高度及上述各采集通道的心电波形电压幅值 A_n，计算各通道所占绘制区域的比例，再根据该比例在波形绘制区域分配各通道心电波形的绘制区域高度 H_n，所用公式为

$$H_n = H \times A_n / (A_1 + A_2 + \cdots + A_n) \quad (n=1, 2, 3, \cdots)$$

上式中，H_n 为分配给 n 号采集通道的绘制区域高度，H 为波形绘制区域的总高度，A_1、A_2，…，A_n 为各采集通道的心电波形电压幅值。

步骤三，计算各通道心电波形基线值 $MEAN_n$；

具体是，各采集通道的心电波形数据的平均值视为心电波形基线值，所用公式为

$$MEAN_n = SUM(n) / (SAMPLE \times t) \quad (n=1, 2, 3, \cdots)$$

上式为各通道 t s 缓冲心电波形数据的平均值计算公式，$MEAN_n$ 为 n 号采集通道的基线值，$SUM(n)$ 为 n 号采集通道的心电波形数据的总和，$SAMPLE$ 为心电波形的采样率。

步骤四，计算出心电波形基线的放置位 $BASELINE_n$。

具体是，根据各采集通道心电波形的最大值 $VMAX_n$、最小值 $VMIN_n$ 和基线值 $MEAN_n$，计算出各采集通道各自的波形输出区域中的心电波形基线放置位 $BASELINE_n$，该心电波形基线放置位 $BASELINE_n$ 为心电波形基线相对于绘制区域下限的距离值，令该心电波形处于各自区域的中心位置；所用公式为

$$BASELINE_n = H_n \times (MEAN_n - VMIN_n)/A_n \quad (n=1,2,3,\cdots)$$

上式中，$BASELINE_n$ 为 n 号采集通道的心电波形基线的放置位，H_n 为 n 采集通道的绘制区域高度，$MEAN_n$ 为 n 号采集通道的波形基线值，$VMIN_n$ 为 n 号采集通道的心电波形数据电压最小值。

权利要求2. 根据权利要求1所述的多通道心电波形绘制自动调整基线输出位置的方法，其特征在于：当各通道的心电波形电压幅值总和，即 $A_1+A_2+\cdots+A_n$（$n=1,2,3,\cdots$）过大时，自动开启心电图机的波形增益调整，同比缩小各通道的心电波形电压幅值 A_n。

为了克服权利要求2中"当各通道的心电波形电压幅值总和，即 $A_1+A_2+\cdots+A_n$（$n=1,2,3,\cdots$）过大时"这一表述不清楚的缺陷，申请人对权利要求2进行了如下修改：

修改后的权利要求2. 根据权利要求1所述的多通道心电波形绘制自动调整基线输出位置的方法，其特征在于：在进行缩小比例的波形增益调整时，同比缩小各通道的心电波形电压幅值 A_n。

（二）争议焦点

申请人将原始权利要求2中记载的"当各通道的心电波形电压幅值总和，即 $A_1+A_2+\cdots+A_n$（$n=1,2,3,\cdots$）过大时"修改为"在进行缩小比例的波形增益调整时"，上述修改是否扩大了权利要求的保护范围？修改内容能否根据原申请文件的记载直接、毫无疑义地确定？对此，存在两种不同的观点。

观点1：原始说明书和权利要求中仅记载了同比缩小各通道的心电波形电压幅值的一种情况，即心电电压幅值总和过大；而修改后的权利要求2将相关判断条件限定为"在进行缩小比例的波形增益调整时"，涵盖了各种条件下进行缩小的情况，根据说明书和权利要求记载的内容以及说明书附图公开的内容均不能直接地、毫无疑义地确认上述修改的内容，故权利要求2的修改超范围。

观点2：在心电图测试领域，测心电图只跟电压有关系，电流是强烈限制的，否则会对人体产生损害，因此，从技术实现上来看，对心电图机的调整只能是对电压的调整，由电压相对控制波形，从而相应地调整图形大小。所以，虽然从文字表述来看，修改后的权利要求2记载的内容不同于原申请文件记载的内容，但是从技术层面而言，允许申请人对其方案进行概括，权利要求2的修改没有超出原申请文件记载的范围。

（三）指导意见

在判断修改内容能否根据原始申请文件直接地、毫无疑义地确定时，既不能仅局限于原始申请文件文字记载的内容，机械地判断修改内容是否与原始申请文件的字面表述完全一致；也不能对原始申请文件记载的内容进行加工或者推论，引入新的技术信息。应当站位本领域技术人员，基于整体发明构思，判断修改后的技术方案能否由原始申请文件直接、唯一地确定。

该案的修改同时涉及权利要求中的特征删除和特征增加。就删除的特征而言，原权利要求2中记载的"当各通道的心电波形电压幅值总和，即 $A_1+A_2+\cdots+A_n$ （$n=1,2,3,\cdots$）过大时"限定了何种情形下执行"同比缩小各通道的心电波形电压幅值 A_n"这一调整动作的条件，但是由于"过大"这个用语本身是含义模糊的，何谓过大是相对而言的，不能准确界定出调整动作执行的前提条件，因而需要申请人对其进行修改以便清楚地限定权利要求的保护范围。

申请人为了克服权利要求不清楚的缺陷，将其修改为"在进行缩小比例的波形增益调整时"。修改后的权利要求2可以抽象为：在进行动作A时，同时对多个通道执行动作A。可见，这一描述并没有有效地限定执行调整动作的前提条件，正如观点1所述，修改后的权利要求2对于何种情形下进行电压幅值调整显然概括得过于宽泛，这一修改内容扩大了权利要求的保护范围，因而是不允许的。

观点2认为，从技术实现上来看，心电图机只会对电压进行调整，然后由电压来控制输出波形，从而相应地调整心电图的图形幅度。在这一观点的推论过程中引入了现有技术中的相关技术知识，并且加入了通常情况下可能存在的常规情形的主观推论，也就是说，这种理解和解释超出了原始申请文件记载的范围以及"直接、毫无疑义地确定"的范围。综上所述，权利要求2的修改不符合《专利法》第三十三条的规定。

（四）案例启示

审查申请文件的修改是否符合《专利法》第三十三条规定的依据是，申请人在申请日提交的原说明书和权利要求书文字记载的内容和根据原说明书和权利要求书文字记载的内容以及说明书附图能直接、毫无疑义地确定的内容。"直接、毫无疑义地确定"包括两方面的要求：

（1）"直接地"是指依据先申请原则，对申请人撰写申请文件时清楚、完整地表达其真实意思表示的要求。申请文件中文字明确记载的技术内容必然符合"直接地"要求，此外，本领域技术人员基于申请文件的记载能够确认其必然包含的技术内容（即隐含公开的技术信息）也符合这一要求。但是需要注意的是：对于申请人在申请文件中没有做出表达，而本领域技术人员结合现有技术或者基于本领域公知常识推论的技术内容，以及本领域技术人员在原始申请文件的基础上需要花费创造性劳动得到的技术信息，均不属于这一范畴。

(2)"毫无疑义地"是指本领域技术人员基于"直接地"判断步骤确定的技术信息,应当是准确的且唯一的,而不允许是模糊不清、模棱两可的信息,否则将违背清楚公开的要求。需要注意的是:由于语言表达的多义性,申请文件中的文字表达在字面意义上进行理解可能有多种可能的解释,其中某些解释可能并非是申请文件真实意愿的表达,因此,判断是否满足"毫无疑义地"这一要求,不能从申请文件记载的文字内容中抽取出个别语句或者个别段落,仅从字面意义上进行解读,而是要基于整体发明构思,进行客观、准确的解读。

第四节 驳回时机

《审查指南》中规定,审查员在做出驳回决定之前,应当将其经实质审查认定的申请属于《专利法实施细则》第五十三条规定的应予驳回情形的事实、理由和证据通知申请人,并给申请人至少一次陈述意见和/或修改申请文件的机会。申请人在答复审查意见通知书时,为克服其中所指出的缺陷,通常会对申请文件进行修改。但是如果修改并没有导致驳回所针对的事实实质上发生改变,例如,修改权利要求书中的表述方式或错别字等,审查员是否可以直接驳回?下面以一个案例为例进行分析。

案例6:一种电容式触摸屏导电线路制作方法

(一)案情说明

该案涉及一种电容式触摸屏导电线路制作方法,该方法通过对涂敷的感光导电材料进行曝光、显影完成线路制作,解决了现有技术中采用丝网印刷工艺无法做成超细线路、产品边框无法缩小的问题,以及现有技术中采用物理真空镀Cu膜需进行曝光、显影、蚀刻,必须用涂覆光刻胶的方式实现线路制作而导致的工艺复杂的问题。

1. 说明书的相关内容

现有触摸屏导电线路的制作方法有采用丝网印刷以及物理真空镀Cu膜并进行曝光、显影和蚀刻实现线路制作。但由于丝网印刷工艺的缺陷及印刷材料的特性,使得印刷线路无法做成超细线路,导致产品边框无法缩小。而对于后一种制作方法,由于镀Cu工艺使用的金属Cu本身不具备感光性能,所以必须用涂覆光刻胶的方式实现线路制作,工艺复杂。

为了实现印刷线路超细线路制作,并避免采用物理真空镀金属导电膜的方法带来的工艺复杂,该案在完成透明导电图形制作的触摸屏功能片上涂覆感光导电材料,将涂覆感光导电材料的触摸屏功能片进行曝光、显影,无需蚀刻、去胶等工艺流程,即可实现可视区外围导电线路的制作。

2. 权利要求请求保护的方案

该案原始权利要求书包括4项权利要求,其中权利要求1为独立权利要求,请求保护一种电容式触摸屏导电线路制作方法，权利要求2～4是权利要求1的从属权利要求。独立权利要求1的方案如下：

权利要求1. 一种电容式触摸屏导电线路制作方法，其特征在于，包括以下步骤：

在触摸屏功能片的可视区制作透明导电图形；

在完成透明导电图形制作的触摸屏功能片上涂覆感光导电材料；

将涂覆感光导电材料的触摸屏功能片进行曝光、显影，实现可视区外围导电线路的制作。

申请人在答复二通时修改的权利要求1如下：

权利要求1. 一种电容式触摸屏导电线路制作方法，其特征在于，包括以下步骤：

在触摸屏功能片的可视区制作透明导电图形；

在完成透明导电图形制作的触摸屏功能片上涂覆感光导电材料；

将涂覆感光导电材料的触摸屏功能片进行曝光、显影，无需刻蚀、去胶，实现可视区外围导电线路的制作。

3. 审查过程

审查员共发出两次审查意见通知书，申请人仅在答复第二次审查意见通知书时，对权利要求书进行了修改，具体情况如下。

审查员在第一次审查意见通知书（下称一通）中指出，权利要求1～3相对于抵触申请文件1（下称D1）不具备新颖性，权利要求1相对于对比文件2（下称D2）和对比文件3（下称D3）不具备创造性，权利要求2～4相对于D2、D3以及公知常识不具备创造性。

申请人在答复一通时，仅提交了意见陈述书，并未对申请文件进行修改。

审查员发出第二次审查意见通知书（下称二通），其中对于权利要求1～4的审查意见与一通相同，并针对申请人陈述的意见进行了答复。

申请人在答复二通时，为克服审查员指出的创造性缺陷，对权利要求1进行了修改，将特征"无需刻蚀、去胶"增加到该方法的第三个步骤中。对于申请人在答复二通时增加的特征"无需刻蚀、去胶"，其已经被D1、D3公开：D1的说明书中虽然没有明确记载"无需刻蚀、去胶"，但在说明书中公开了丝印感光银浆并直接通过对其曝光显影来形成具有较小线宽线距的引线，由此可以直接、毫无疑义地确定D1的导电线路制作步骤"无需刻蚀、去胶"；D3的说明书公开了为缩小布线宽度和布线间隔，在基材上涂布银胶，并使用掩模、曝光、显影，形成布线图案，即D3中的导电线路制作步骤"无需刻蚀、去胶"。

申请人在答复二通时针对新颖性、创造性的审查意见所陈述的意见并不具备说服力，修改后的权利要求1～4相对于现有证据仍不具备新颖性、创造性。

（二）焦点问题

对于修改后的权利要求1～4相对于现有证据不具备新颖性、创造性的审查意见，

电学领域专利审查疑难案例评析

各方观点并无争议，均认为该案不存在授权前景。但对于此案后续处理方式，即直接做出驳回决定，是否满足听证原则存在两种观点，具体如下。

观点1：由于审查员在前两次通知书中已经告知了申请人该案不具备新颖性和创造性的理由，虽然二通后增加了特征"无需刻蚀、去胶"，但该特征已经被D1、D3公开。该案已经发出了两次通知书，且给予了申请人两次陈述意见和/或修改申请文件的机会，虽然申请人在答复二通时对权利要求进行了修改，但是该修改并未使权利要求的方案发生实质性的改变，修改的特征也已被对比文件公开，可以认为针对同样的创造性缺陷，审查员已经给予申请人两次听证机会，遵守了听证原则。同时，兼顾程序节约原则，可以在二通后直接发出驳回决定。

观点2：根据《审查指南》关于驳回申请的条件的规定，"如果申请人对申请文件进行了修改，即使修改后的申请文件仍然存在用已通知过申请人的理由和证据予以驳回的缺陷，但只要驳回所针对的事实改变，就应当给申请人再一次陈述意见和/或修改申请文件的机会。"由于二通后申请人对独立权利要求1进行了修改，即权利要求1~4请求保护的方案发生了改变。而之前两次通知书中关于新颖性、创造性的审查意见均是针对原始提交的权利要求1~4。因此，由于申请人的修改，驳回所针对的事实发生了改变，应当再给申请人一次陈述意见的机会。

因此，该案的争议焦点在于申请人在答复二通时所做的修改是否导致事实发生改变，二通后可否做出驳回决定。

（三）指导意见

1. 关于"事实"以及"事实改变"的正确理解

《审查指南》在第二部分第八章第6.1.1节规定了驳回申请的条件：

审查员在做出驳回决定之前，应当将其经实质审查认定申请属于《专利法实施细则》第五十三条规定的应予驳回情形的事实、理由和证据通知申请人，并给申请人至少一次陈述意见和/或修改申请文件的机会。

如果申请人对申请文件进行了修改，即使修改后的申请文件仍然存在用已通知过申请人的理由和证据予以驳回的缺陷，但只要驳回所针对的事实改变，就应当给申请人再一次陈述意见和/或修改申请文件的机会。

《审查指南》上述规定中的"事实"，是指审查员从申请文件和/或对比文件等证据中筛选出的与结论（即不符合《专利法》及其实施细则的有关规定）相关的事实，是依据申请文件、对比文件等证据和/或本领域技术人员的公知常识提出的与理由相关的事实。审查员在作出驳回决定之前应当告知申请人的事实一般包括：作为审查基础的文本中所记载的内容是否符合《专利法》及其实施细则相关规定的情况，即申请文件中存在的缺陷；审查员提供的对比文件中相关的技术内容；请求保护的技术方案与对比文件中公开的技术内容之间的关系。

作出驳回决定。

（四）案例启示

申请人答复二通时提交的修改文本虽然与原始提交的修改文本相比，看似增加了特征，但该案权利要求所请求保护的技术方案并未发生实质上的改变，即该案相关事实也未发生改变，因此，对该案可以作出驳回决定。

通过该案可以明确，申请人在为克服审查意见通知书中所指出的缺陷而对申请文件进行修改时，所作出的非实质性的修改并不会使得申请人获得再一次陈述意见和/或修改申请文件的机会。申请人在对申请文件进行修改时，除了注意避免修改超范围的缺陷，还应当针对缺陷进行实质性的修改，避免浪费修改机会。

对于《审查指南》上述规定中的"事实改变",应当理解为事实发生了实质上的改变,而不是仅改正了申请文件中的错别字或更换了表述方式。

2. 关于是否存在事实改变的判断

由于申请人在答复二通时对权利要求书进行了修改,并且此次修改不属于"再次修改涉及同类缺陷的"修改,因此判断该案被驳回是否满足听证原则的关键,在于判断该案经认定属于驳回情形的事实是否发生改变,即申请人答复二通时提交的修改文本的权利要求1~4的技术方案相对于此前已经评述过的原始提交的权利要求1~4技术方案,是否发生了实质上的改变,也就是说,申请人在权利要求1中增加的特征——"无需刻蚀、去胶",是否导致了权利要求1的技术方案的实质改变。

首先,站位本领域技术人员理解技术方案。

对于本领域技术人员来说,用感光性浆料制造电极图形及该方法无需刻蚀、去胶步骤应该属于公知常识[参见《感光性银浆用载体树脂的制备与性能》,长沙理工大学学报,第9卷第3期,根据该文献,用感光性浆料制造电极图形的方法在20世纪已经出现,并且已有专著(该文献引用的文献3、4)论述了此种方法的特性]。也就是说,对于本领域技术人员来说,如果发明使用的是常规的基于感光性浆料的电极图形制造方法,则"将涂覆感光导电材料的触摸屏功能片进行曝光、显影,实现可视区外围导电线路的制作"这样的表达本身已经隐含了无需刻蚀、去胶步骤的含义,而不应理解为既包含了无需刻蚀、去胶步骤的可能,又包含了需要刻蚀、去胶步骤的可能,因为后一种解释与本领域技术人员所知晓的现有技术不符。

其次,通过该案说明书实际解决的技术问题进一步印证。

该案说明书描述解决的问题在于:克服现有技术"采用丝网印刷工艺无法做成超细线路、边框无法缩小"及"采用物理真空镀Cu膜需进行曝光、显影、蚀刻的复杂工艺过程,必须用涂覆光刻胶的方式实现线路制作"。

也就是说,该案围绕"制作超细导电线路"并避免"复杂的工艺过程"这一技术问题,形成的技术方案中所采用的技术手段为"涂敷感光导电材料,曝光、显影完成线路制作"。由此可见,"无需刻蚀、去胶"是为了避免复杂的工艺过程,也是该案所要解决的技术问题之一,并且通过说明书描述的效果"避免采用物理真空镀金属导电膜的方法带来的工艺复杂"可以确定,"将涂敷感光导电材料的触摸屏功能片进行曝光、显影,实现可视区外围导电线路制作"的步骤必然"无需刻蚀、去胶"。因此,说明书实际要解决的技术问题进一步印证了原始权利要求中的表达"将涂覆感光导电材料的触摸屏功能片进行曝光、显影,实现可视区外围导电线路的制作"本身已经隐含了无需刻蚀、去胶步骤的含义,申请人将特征"无需刻蚀、去胶"补入并未导致技术方案的实质变化。

综上所述,申请人二通后提交的文本修改并非技术方案的实质改变,二通后可以